高等职业教育市场营销专业系列教材

营销策划

赵鸿鹞 何 琳 主编
黄玉玲 刘 浏 副主编

中国轻工业出版社

图书在版编目（CIP）数据

营销策划/赵鸿鹍，何琳主编. —北京：中国轻工业出版社，2021.12

高等职业教育市场营销专业系列教材

ISBN 978-7-5184-3691-0

Ⅰ.①营… Ⅱ.①赵… ②何… Ⅲ.①营销策划—高等职业教育—教材 Ⅳ.①F713.50

中国版本图书馆CIP数据核字（2021）第204711号

责任编辑：崔丽娜　　责任终审：李建华
整体设计：锋尚设计　责任校对：晋　洁　责任监印：张　可

出版发行：中国轻工业出版社（北京东长安街6号，邮编：100740）

印　　刷：三河市国英印务有限公司

经　　销：各地新华书店

版　　次：2021年12月第1版第1次印刷

开　　本：787×1092　1/16　印张：13.5

字　　数：320千字

书　　号：ISBN 978-7-5184-3691-0　定价：45.00元

邮购电话：010-65241695

发行电话：010-85119835　传真：85113293

网　　址：http://www.chlip.com.cn

Email：club@chlip.com.cn

如发现图书残缺请与我社邮购联系调换

201060J2X101ZBW

Preface / 前言

现代企业的崛起推动了企业经营方式的变革，除了少数高科技企业通过产品创新建立竞争优势之外，更多的企业是通过营销模式的变革来获取竞争优势。通过传统的市场细分和定位的模式来满足消费者的需求已经很难在激烈的市场竞争中生存下来，企业需要进行变革和创新，在激烈的市场竞争中，创新才是企业的发展之本。营销策划是营销原理与营销实践的高度统一，是最具实战性的营销专业活动，企业在营销活动中通过创新来赢得胜利很大程度上是通过营销策划来实现的，在当今充满变化的环境中，优秀的策划已成为各种类型的企业获得成功的必要条件之一。营销策划在企业经营中起到的重要作用，既凸显了各类组织或个人对创新与创意的巨大需求，也彰显了创造性思维与战略性规划的重要价值。

习近平总书记在全国高校思想政治工作会议上指出："教材建设是育人育才的重要依托。建设什么样的教材体系，核心教材传授什么内容、倡导什么价值、体现国家意志，是国家事权"。提高职业教育的人才培养质量，更好地满足学生高质量就业和职业生涯发展的需要，已经成为各级各类职业院校的一项重要工作。职业教育不仅是训练学生基本的职业技能技巧，更要培养他们创新突破、胜任企业营销活动实践的综合性工作任务的能力。本书的编写立足于职业院校培养人才的实际需求，将市场营销原理与企业营销实践进行了有机结合，在理论上，对营销的基本原理与规律加以总结，强调提炼、升华与创新；在实践上，紧密结合企业的营销实际，使营销策划知识项目化，更贴近实际。

本书在编写过程中注重理论知识的系统性和前瞻性，遵循"实用为主，必需、实用、够用和管用为度"的原则，根据营销策划的学科特点构建知识体系。教材体系设计时注意遵循教与学的客观规律，本书每章包括课程导学、课程重难点、技能目标、案例、相关链接、综合训练等板块，内容翔实、形式新颖、图文并茂，增加了教材的生动性和可读性，有利于提高学生的阅读兴趣和自主学习能力。

本书可作为职业院校中市场营销专业、广告策划与营销专业、工商管理专业等相关专业的营销策划课程教材，也可作为应用型人才培养的高等院校的相关专业的营销策划课程教材，同时可作为管理咨询公司、市场调研公司、广告传媒公司及相关企业市场营销人员从事营销策划及相关工作的培训教材或参考书，也可供市场营销、服务管理、广告策划、公共关系、商务谈判等领域的专业人员研读参考。

本书由四川华新现代职业学院赵鸿鹍负责起草课程标准、统稿和定稿。各章节具体编写分工如下：第一章、第二章由赵鸿鹍编写；第三章、第四章、第五章由黄玉玲编写；第六章、第七章、第十章由刘浏编写；第八章、第九章由何琳编写。

本教材的编写得到了编者单位领导和中国轻工业出版社的大力支持，在此表示感谢。同时，在编写过程中，我们参考了营销策划相关的论文和著作，也在此特别说明并向相关作者致谢。由于编者的学识水平和实际经验所限，书中若有不妥之处，敬请各位专家、学者、同仁、读者批评指正。

编者

Contents / 目录

第一章
认识营销策划
- 任务一　营销策划概述 002
- 任务二　营销策划的地位与作用 006
- 任务三　营销策划的内容和分类 010

第二章
营销策划的程序
- 任务一　营销策划的原则 016
- 任务二　策划的方法 019
- 任务三　营销策划的程序 022

第三章
营销策划方案的撰写
- 任务一　拟定策划提纲 032
- 任务二　文稿结构与内容 033
- 任务三　营销策划书的写作技巧 040

第四章
营销策划前的市场调研
- 任务一　认识市场调研 044
- 任务二　市场调研过程 049
- 任务三　市场调研数据分析 050
- 任务四　目标市场定位 059

第五章
产品策划
- 任务一　认识产品策划 071
- 任务二　掌握产品策划的工作过程 075
- 任务三　掌握产品策划的常用方法 080
- 任务四　产品策划的具体应用 083

第六章
价格策划
- 任务一　认识价格策划 090
- 任务二　企业定价策划 094

　　　　　　　　　任务三　企业调价策划 103
　　　　　　　　　任务四　价格策划的具体应用 107

第七章　渠道策划

　　　　　　　　　任务一　认识分销渠道策划 111
　　　　　　　　　任务二　分销渠道设计 113
　　　　　　　　　任务三　分销渠道管理 117
　　　　　　　　　任务四　分销渠道策划的具体应用 125

第八章　促销策划

　　　　　　　　　任务一　认识促销策划 131
　　　　　　　　　任务二　促销策划的工作过程 141
　　　　　　　　　任务三　促销策划的常用方法 146
　　　　　　　　　任务四　促销策划的具体应用 150

第九章　企业形象策划——CIS 系统

　　　　　　　　　任务一　认识企业形象策划——CIS 系统 157
　　　　　　　　　任务二　CIS 的构成要素与设计 162
　　　　　　　　　任务三　CIS 的导入 173

第十章　网络营销策划

　　　　　　　　　任务一　网络营销策划概述 181
　　　　　　　　　任务二　网络营销组合策略策划 188
　　　　　　　　　任务三　微信营销策划 198
　　　　　　　　　任务四　微博营销策划 203
　　　　　　　　　任务五　病毒视频营销策划 205

参考文献 209

第一章
认识营销策划

课程导学

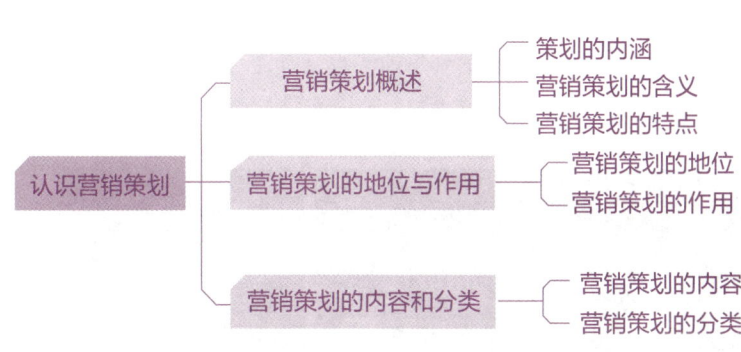

课程重难点

了解策划与营销策划的概念；
掌握营销策划的特点和作用；
熟悉营销策划的内容；
掌握营销策划的分类。

技能目标

能够运用营销策划的基本理论对策划案例进行分析；
初步具有进行营销策划创意的能力；
在教师的指导下能组建策划项目团队，选择适合的策划项目。

案例1-1

"金龙鱼"的成功

在中国,嘉里粮油旗下的"金龙鱼"食用油,在很长一段时间里处于绝对优势。调和油这种产品是"金龙鱼"创造出来的。最开始,"金龙鱼"引进国外已经很普及的色拉油,虽然有市场,但不完全被国人接受。色拉油虽然精炼程度很高,但没有太多的油香,不符合中国人的饮食习惯。后来,"金龙鱼"又研制出将花生油、菜籽油与色拉油混合的产品,使色拉油的纯净卫生与中国人的需求相结合,使得产品创新终于赢得中国市场。

为了将"金龙鱼"打造成为强势品牌,"金龙鱼"在品牌方面不断创新,全新推出"健康生活金龙鱼",然而虽然投入巨大,但这些模糊的品牌概念除了让消费者记住了"金龙鱼"这个品牌名称外,并没有引发更多联想,而且消费者也还没有清楚地认识到调和油到底是什么以及有什么好。

于是在2002年,"金龙鱼"全新打造"1:1:1"的理念。看似简单,单配合"1:1:1"最佳营养配方的理性诉求,既形象地传达出"金龙鱼"由三种油调和而成的特点,又让消费者觉得只有"1:1:1"的"金龙鱼"才是好的食用油。也正是通过这个简单的营销传播概念,"金龙鱼"在2002年才真正让中国消费者认识了调和油,一直稳居小包装食用油行业领先地位。

虽然现在很少有人知道1:1:1具体是什么,但是人们都能够记住1:1:1,并且认为这个比例应该是很科学的。

"金龙鱼"的成功反映了在营销策划和品牌推广中,"健康"牌越来越重要。同时也表明,在同质化的激烈竞争中,中国市场仍然存在大量机会,只是需要企业提供更好的概念和升级品牌推广技巧。

任务一 营销策划概述

在现代管理中,营销的重要性已经被大多数企业所认识,营销策划也已成为企业经营中不可或缺的一部分。但是，仍有一些企业还不能真正理解营销策划的具体含义以及它有什么性质，并灵活应用。从某种程度上说，"企业离不开营销，营销离不开策划"，不进行营销策划的企业是没有活力、没有竞争力的企业，营销策划已成为现代企业竞争必备的利器。企业要获得成功，就必须建立一套以客户为中心，以营销策划为龙头的营销管理机制，协调好内、外以及各部门之间的关系，减少运作过程中的障碍和阻力，重视和做好营销过程中的每一个细节，最大限度地满足客户的需求，实现客户价值。

一、策划的内涵

关于策划的内涵，从古到今，不同的人因出发点不同，理解和解释也不相同。策划一词最早出现在《后汉书·隗嚣传》中，文中"是以功名终申，策画复得"的"策画"就是"策划"，也就是计划、打算的意思；《孙子》虚实篇中"策之而知得失计"中的"策"是动词，指谋划，"划"指筹谋；《史记·汉高祖本纪》中"运筹帷幄之中，决胜千里之外"，这里把策划定义为决定千里战事的谋略。由此可见，策划一词在古代有谋划、筹划、策略、计划、计策、对策等意思。《词源》把策划解释为筹划、计划；《辞海》中策划是指人们的事先筹划活动，就是思维主体运用知识和能力进行思考运筹的过程。

随着社会的发展，从事商业领域的人们逐渐认识到，商场如战场，许多军事上的谋划同样适用于商业场合，于是他们开始对自己的商业活动进行策划，希望通过策划来提高商业活动的成功率。美国把策划称为软科学，也称为咨询业、顾问业或信息服务、公关传播。在20世纪末，美国麦肯锡公司为中国今日集团的发展战略进行了全面策划。其策划报告是《造就一个非碳酸饮料市场的领导者》，这个策划报告长达300页，今日集团为此出资1200万元人民币。今日集团认为，麦肯锡报告的特点在于实用。今日集团按照这份策划书来操作，1998年销售额达到30亿元，比往年销售额上升了100%以上。日本把策划叫作企划，在日本有一定规模的公司、企业几乎都有自己专门的企划部，并且企业都十分重视企划工作。小泉俊一在《企划书实用手册》中指出："在一定意义上，凡是人的思维都可以看作是广义的企划。但是，今日所指的企划，则是其中的特殊内容，即高度计划的有目的的企划。"在20世纪70年代，日本丰田汽车公司进入中国市场时，就策划了一句仿唐诗的广告词："车到山前必有路，有路必有丰田车。"从此，日本丰田汽车的形象连同这句广告词在中国各大城市的街头广泛宣传、家喻户晓。

以上的内容说明策划是一种非常复杂的活动，它不同于一般的"建议"，也不是单纯的"点子"，它其实是一种包含创造性的决策和计划。长期从事于企业经营策划调研的专家和田创认为，策划是通过实践活动获取更佳成果的智慧或智慧创造的行为。而菲利普·科特勒对策划做出了这样的解释：策划是一种程序，在本质上是一种运用脑力的理性行为。本书认为，策划是为了达到某一预期目标，借助科学方法、系统方法和创造性思维，制订出具体可行的方案，达到预期效果的一种综合性创新活动。

从策划的定义中，我们可以看出策划包括以下几个要素。第一，必须有明确的主题目标。策划如果没有主题目标，就成了一些无目的构思的拼凑，不但不是一个成功的策划，而且也解决不了问题。第二，必须有崭新的创意。策划的内容及手段必须新颖、奇特，扣人心弦，使人观后印象深刻，能打动对方的心。第三，必须有实现的可能性。应当在现有人力、财力、物力及技术条件下有实现的可能性，否则再好的策划也是空谈。

二、营销策划的含义

策划因竞争而生，当今面临3C（Change，Challenge，Chance）时代，充满变化、挑战与机会，没有永远的赢家，高度竞争迫使组织必须快速改变，只有善于运筹帷幄，才能把握时机，成为最后的赢家。企业经常要对市场宏观和微观环境进行分析，综合考虑企业外部的机会与威胁、自身的资源条件及优势劣势、竞争对手的谋略和市场变化趋势等因素，对将要发生的营销行为进行超前规划和设计，也就是围绕企业实现某一营销目标或解决营销活动而提供一套系统的有关企业营销的未来方案。因此，企业在市场竞争中越来越重视营销策划。

营销策划是策划的一个分支，是指企业为实现某一营销目标或解决营销活动的问题，在对内外部环境全面分析的基础上，有效地调动企业的各种资源，对一定时间内的营销活动进行创新策略设计。它主要包括市场营销目标、市场机会分析、市场定位策划、营销战略及策略等内容。营销策划同样包含目标、创意和可操作性这三个要素。没有独辟蹊径、令人耳目一新的营销谋略，不能称为营销策划。没有具体的营销目标，策划也落不到实处。而不能操作的方案，无论创意多么巧妙杰出，目标多么具体，富有鼓动性，也没有任何实际价值，这种所谓的策划只能是资源浪费的过程。

相关链接1-1

在澳大利亚一家发行量颇大的报纸上，某日刊出一则引人瞩目的广告，意思是说广场空投手表，捡到者等于免费奉送。这则消息引起了澳大利亚人的广泛关注。空投那天，直升机如期而至，数千只手表从上空天女散花般地纷纷落下，早已等候多时的来自四面八方的人们沸腾了，那些捡到了从几百米高空扔下的手表的幸运者发现手表依然完好无损、走时准确时兴奋不已，一个个奔走相告。西铁城的这一伟大创举成为各新闻媒介报道的一大热点。从此，西铁城手表世人皆知，西铁城手表的质量更是令人叹服！

西铁城手表营销策划的目的是为了扩大西铁城手表的知名度，于是这个策划的一切活动都是为了实现这一目标。手表的宣传本来可以利用电视广告等手段来达到这一目标，但是一般的电视广告不具备创造性，也不会引起如此巨大的轰动，而西铁城手表的策划者在促销活动中融入了自己的创意，运用飞机来表现自己商品的质量，这是一种前无古人的策划。这种策划就当时的条件来说是可以实现的，操作性很强。

三、营销策划的特点

（一）目标性

策划的目标性是指进行策划时，应首先明确该项活动应达到什么样的目标。任何营销策划都必须围绕一定的目标，是为了扩大影响、提高知名度、创建名牌、追求社会效益、还是为了配合营销策略，抢占市场或促进产品销售，追求经济效益，还是为了清除库存、推广新产品、改变企业形象、开拓新的市场。营销策划的出发点是为了更好地实现企业的目标，目标不同，各类资源整合的思路和策略不同。营销策划过程中的一切活动始终不能脱离目标，要根据环境条件的变化，不断创新，以使将要采取的行动产生最佳效果。

（二）创新性

营销策划是从新的视角，用辩证的、动态的、系统的、发散的思维来整合营销策划对象所占有和可利用的各类显性资源和隐性资源，使其在新的排列组合方法的指导下，各种生产要素在生产经营的投入产出过程中形成最大的经济效益。创新性主要包括4个方面的内容：创新思维路径的选择、产品概念的定位设计、内外部资源的整合和营销策划操作过程的监理。营销策划作为创新思维的学科，特别强调将单线性思维转变为复合性思维，将封闭性思维转变为发散性思维，将孤立的、静止的思维转变为辩证的、动态的思维。营销策划所要达到的最终目的是通过对企业各类资源的整合，使营销策划的对象以崭新的面貌出现在市场上，以抢占市场的先机，为企业拓展广阔的市场空间和实现企业综合经济效益最大化的目标。

（三）系统性

系统论认为任何系统都不是它的组成因素的简单相加，而是这些因素在特定联系方式和数量配比下形成的有机总体。总体具有不同于组成因素或子系统的新功能，总体"大于"各组成成分的孤立属性的简单集合。营销策划就是依据系统论的整合原理，寻求市场营销活动的"1+1＞2"的投入产出比。营销策划是用科学、周密、有序的系统分析方法，对企业的市场营销活动进行分析、创意、设计和整合，运用企业市场营销过程中所拥有的资源和可利用的资源，系统地构造一个新的营销系统工程的逻辑思维过程和行动方案。按时间进程来看，策划是对整个营销活动的运筹规划，是有步骤、有重点、分阶段进行的。策划要通过合理、有序的计划而达到系统性。所以营销策划是一项系统工程设计，其主要任务是帮助企业利用开放经济中丰富的各种资源，即区域性资源、国内资源和全球性资源、显性资源和隐性资源、可控资源和不可控资源等，用系统的方法将其进行新的整合，使其在市场营销过程中产生巨大的"核裂变"效应。

（四）前瞻性

通常一个产品项目从策划到实施并最终到达消费者手中的时间都相对较长，这就要求企业进行营销策划活动时要具有一定的前瞻性和预见性。在整个产品的营销策划中前瞻性和预见性需要在多个阶段均得到有效的体现，才能满足未来市场的需求和竞争。首先在产品项目初期的市场调研阶段，就需要对未来一段时间内的市场需求做出方向性的判断，只有在成功预测未来市场需求和考虑到消费终端情况下才能做出准确的判断。接下来在市场分析阶段，需要精准地对产品的开发成本、推广费用和未来价格、利润进行合理推测。最后在产品项目设计阶段，需要拥有超前的理解能力和设计语言，通过对产品项目的市场定位和品牌塑造运用一定前瞻性的方案来满足未来的潜在需求。同时在产品项目的营销推广阶段，需要提前在合理的时间进行富有创造性和预见性的对口宣传。

（五）可行性

可行性是策划的价值所在，营销策划方案的产生要建立在现有人、财、物的基础上，不具有可行性的策划方案，无论怎样新颖独特、富有诗意，都只能是毫无价值的异想天开、胡思乱想，对实际工作毫无意义，不可能实现企业的目标。企业在进行营销策划时，需要拟订出具有现实可操作性的市场营销策划方案，提出开发市场、营造市场的时间、地点、步骤及系统性的营销策略和措施，而且还必须有一定人力、物力、财力的支持，具有特定资源约束条件下的高度可行性。在营销策划过程中，大到企业如何组建、企业管理体系设计、企业的产品实现过程、企业的营销及广告宣传等，小到企业里所做的每一件事，行动之前都必须在对企业竞争对手和所面临的内外部环境进行分析研究的基础上，进行全方位的策划，并在此基础上形成企业建立、生存和发展的战略规划及相应的操作计划，为企业的发展制定明确的方向。营销策划方案形成后必须经过严密的可行性论证或试验，确认可行才可以付诸实施。

任务二 营销策划的地位与作用

营销策划是确定企业长远发展目标，并提出实现长远目标的策略和途径，其实质就是针对顾客需求的水平、时机和性质进行的策划，使企业的产品定位符合产品的特性，突出产品的优良品质，同时使企业产品和服务更好地适应顾客的心理需求特点，与顾客产生共鸣。近年来，随着我国经济的快速发展，国内市场总体上呈现出市场全球化、产品科技化、竞争白热化、消费个性化的特征，各大企业面对的市场竞争越来越激烈，产品的同质化也越来越严重，竞争日益白热化，营销策划在企业发展战略中的重要作用也逐渐凸显出来，一些企业越来越认识到市场营销策划的重要性，并且将营销策划工作放置于企业发展战略的首要位置，希望能够借助高质量的营销策划推进企业获得更好的发展。

一、营销策划的地位

（一）营销策划是营销活动成功的基础

商场并不亚于战场，有时候市场上的争夺与较量也是你死我活的。竞争双方的成败荣辱并不完全取决双方的实力差距，而取决于双方在营销战略策划上的智慧与胆略。

从营销活动的全过程看，营销策划处于营销调查研究之后和营销实务运行之前的关键环节，起着承上启下的核心作用。

1. 营销调查是为营销策划服务的

调查分析所发现的问题以及所收集的相关信息为营销策划确立目标和策划技术方案所用，营销调查必须接受营销策划的指导，只有按照营销策划所确定的调查目的、范围和方法去进行，才能具有目的性、针对性和科学性。

2. 营销策划围绕着企业的营销目标进行

营销活动只有在营销策划的指导下开展才能有明确的方向、强大的动力和科学的方法，才能彼此配合，有条不紊地进行下去。

3. 营销策划决定了营销活动的评估效果

营销策划预先确定了检测营销活动效果的规范、原则和方法，评估过程也只有在营销策划的指导下进行，才能客观公正地评价营销活动的成效，为下一轮营销活动的开展提供事实依据和有益的借鉴。

（二）营销策划是为营销决策的谋划

营销策划与营销决策既有联系又有区别：营销策划是为营销决策谋划，设计营销活动技术方案，重点在"谋"；营销决策是对营销技术方案进行选择和决断，重点在"断"。在决策科学化的现代社会，"谋"已成为专门的策划职能，而"断"则成为专门的决策职能。但两者的目标相同，相互制约，相互补充，共同发挥企业营销决策的经营管理作用。

1. 营销决策是企业营销目标的确定

一般情况下，决策活动包含着目标的确定、技术方案的选择和行为的调整，而策划则是在目标既定的情况下，对实现目标的行动技术方案的设计和规划。企业的营销活动首先必须进行目标的选择，这是一种决策行为。在企业的营销战略活动中，决策可能是最为重要的。因为正确的决策可以使企业及时抓住市场机会，获得良好的市场地位和经济效益，并由此而形成经营活动上的良性循环；错误的决策，则可能给企业带来巨大的经济损失。

2. 营销策划是企业营销目标的设计

在目标确定的情况下，对如何实现目标还要进行具体的设计和规划，这就是策划。一般在重要的营销目标或在环境因素比较复杂的情况下，策划的技术方案可能不止一个，此时就面临第二轮决策，即行动技术方案的选择。对于确定了的行动技术方案，如何具体实施，可能又会需要进行一些策略或方法上的设计，这也属于策划的范畴，至于在技术方案执行过程中，出现偏离目标的行为或发生环境变化的情况，是否需要对行为进行调整，何时进行调整，调整的程度如何，这又会引发一系列的决策。

相关链接1-2

希尔顿饭店创始

著名的希尔顿酒店产业创始于20世纪20年代。当初，创始人希尔顿在达拉斯商业街上漫步，发现这里竟然没有一家像样的酒店，于是萌生了创建一家高级酒店的想法。

希尔顿是一个创造力与行动力都很强的人，想到就去做。他很快就看中一块"风水宝地"。酒店属于典型的服务业，对这个产业，影响最大的因素就是地理位置，选择一个好的地理位置，即使初始投资较大，也会因为顾客盈门在后续的有利经营中快速收回投资。所以，希尔顿决心一定要买下这块风水宝地。

这块地出让价格为30万美元，而他当时可支付的资金仅有5000美元，而且解决地皮之后，还要筹集大量的建设资金。所以，表面上看，这个项目显然不可行。

但他没有放弃，他把这个难题进行了分解。首先，他把30万美元的地皮费用分解到了每年每月。他对土地拥有人说："我租用你的土地，首期90年，每年给你3万美元，按月支付，90年共支付270万美元，一旦我支付不起，你可以拍卖酒店……"对方听后感到占了个大便宜。

签订了土地租赁协议后，希尔顿马不停蹄地将自己开酒店的方案以及诱人的经营远景讲给投资商听，很快与一个大投资商达成了协议，合股建设酒店，酒店如期建成，经营效益超出先期预料，获得了巨大成功，从此，希尔顿走上世界级酒店大王之路，一度跻身全球十大富豪之列。

（三）营销策划是营销计划的依据

在目标既定的情况下，策划的成功与否对于营销活动的成败和企业竞争能力的强弱有着至关重要的影响。有人把营销策划简单地理解为对营销活动阶段和程序的计划与安排，这实际上并未真正认识策划的内涵。策划并不等同于我国传统意义上的计划工作，而是为实现某一既定目标（这由决策而定）而对行动技术方案进行全面设计，对行动步骤进行衔接协调，对行动结果进行预测应变的谋略活动。策划与计划是两个不同的概念，策划在前，计划在后。

1. 策划是计划的依据

策划是指根据营销目标对营销技术方案的谋划和设计，可以说，策划就是为营销活动提供指南，为营销活动提供切实可行的计划。策划与计划根本的不同在于：其要求根据目标和环境的变化不断地进行创新，以使行动能产生最佳的效果。在营销策划过程中，创意只是提出一种思路和想法，它还需要转化为具体营销技术方案的制订，是一个由抽象到具体，由感性到理性的过程。

2. 计划是策划的产物

计划是指根据被审定的营销技术方案的要求，对技术方案的事实做具体的安排。营销技术方案通常是由一系列相互连贯的营销活动计划组合而成的。营销策划的书面表达形式是营销计划书，也是策划的具体体现。营销计划书编写的规范性有助于营销决策人员和组织实施人员最大限度地认识策划者的意图和策划思想，在充分理解的基础上选择和执行营销技术方案，使策划的效果尽可能得以实现。

二、营销策划的作用

（一）营销策划能促进企业自身的发展

对于一个企业来说，其发展是否有前途主要在于企业的经营状况是否良好。善于经营的企业往往都有一套优秀的营销策划方式，将顾客的需求放在了营销策划的重要位置，利用市场的调节作用以及顾客的消费意识来策划出合理的营销方式，从而提升企业的经营状况。虽然营销策划并不是唯一促进企业发展的方式，但却有着不可替代的作用。顾客眼中的营销策划就代表着企业，因此企业能否良好地经营下去并不是由生产者所决定的，而是由顾客决定的。因此，从整体来看，营销策划是企业经营的重要过程，也是企业将消费者与市场有机结合起来从而寻求经营活动机会的有效方式，对于促进企业发展具有重要意义。

（二）营销策划能促进企业营销资源的高效配置

市场营销策划是知识高度密集型的营销活动，它通过多学科知识的集合、碰撞，打破常规和习惯的束缚，用超常的思维、创新的思维和系统的思维，创造性地把企业既有的和可利用的人才、资金、技术、物质基础、信息、市场优势和外界有利的环境因素等资源重新整合，高效配置，可以用较少的费用支出取得更好的效果。根据美国布朗市场调查事务所的统计，有系统营销策划的企业比无系统营销策划的企业，在营销上要节省40%～50%的资金。有效的策划除了可以使营销资源高效配置外，还可以使企业各项活动恰当配合，有机协调，发挥各自优势，产生核裂变效应，实现"1+1＞2"的目的。

（三）营销策划能明确企业未来的发展方向和业务框架

营销策划的重要价值之一是为企业明确未来的发展方向和业务框架。由于营销策划明确规定了企业的业务发展方向和业务框架，对企业的核心业务、增长业务、种子业务是什么都做出了明确的界定，因此，企业领导和管理层在进行业务决策时减少了难度。营销策划可以使企业明白：所有一切有利于实现企业战略目标的业务选择，才是真正有价值和应该进行的业务选择，所有与实现企业发展战略无关的业务选择，尤其是与企业发展战略不一致的新业务的开发，都是应该避免和否定的。一旦确定了未来的营销活动方案，营销活动就会变得井然有序，系统而又严密，更好地实现企业未来的发展方向。

（四）营销策划有利于增强企业的市场竞争实力

市场营销策划以多学科知识集成为基础，用现代多维的创造性营销思维打破传统思维的禁锢，敢于超越时间和空间进行创新思维。用崭新的营销观念和经营哲学指导企业进行营销制度的创新、营销方式和策略的创新以及产品创新和服务创新。企业在进行营销策划时会充分考虑到行业状况和业内竞争对手的竞争态势，在营销策划中制定出针对对手的竞争战略措施，从而有利于企业在与对手的市场竞争中获得竞争优势。在正确的市场营销策划的指导下，以创新为手段，以顾客满意为目的，全面提高企业的整体营销管理水平，增强企业的市场竞争能力。

（五）营销策划有利于提升员工的执行力

营销策划活动不仅可以告诉企业员工具体的业务发展计划，更重要的是，通过制定和实施营销策划，可以让企业所有员工深刻理解企业是一个整体，他们的工作都必须紧紧围绕着公司的营销策划来进行，必须为实现战略目标而服务。根据策划的项目工作计划，员工按照计划有条不紊地开展工作，根据项目进度表了解工作的执行情况和执行力度，营销策划使企业全体员工认识到企业是一个完整的大系统，想要更好更快地实现目标，企业各部门各员工必须认真履行自己的职责，与企业的其他成员紧密配合、协调一致。

任务三
营销策划的内容和分类

营销策划是找出营销活动中的因果关系，衡量未来可采取的途径，作为当前决策的依据，即在营销活动中预先决定做什么，如何做，何时做，谁来做。市场机会是企业生存和发展的生命线，市场上尚未满足的各种需求构成了企业发展的市场机会。市场供求关系和市场环境是在不断变化的，市场机会往往稍纵即逝。如果掌握了现代营销战略策划的理论与方法，就能帮助企业在变幻莫测的市场风云中，及时发现和准确把握对企业发展有利的市场机会。

一、营销策划的内容

（一）细分决策与市场定位的策划

消费者需求的异质性使得企业面对的市场是纷繁复杂的，企业需要按照不同消费者的不同需求对市场进行细分，为此需要企业进行市场细分的决策，找到目标市场。找到目标市场后就需要对市场进行定位，所以说目标定位工序是营销策划的核心，也是主体工作的起始点。在此阶段，一是确立目标。召开项目策划会议，讨论所要解决的问题，并根据讨论意见，择善而取，制定企业整体目标与营销目标及定位。二是量化目标。例如，扩大销量，缩短流通时间等。目标的量化处理，可以使营销策划方案实施由数量标准衡量，为开展创意策划提供依据，为拟定行动方案提供基础。三是目标要切实可行。策划目标要符合企业实际，要有提高企业各项经营指标相关的细分市场、目标市场和营销定位等方面的知识技能。

（二）产品决策与市场开发的策划

现代的市场是一个产品日益丰富、竞争日益激烈的市场。往往是只要人们产生了某种需求的兆头，很快就会有相应产品出现。而且，仿制、更新的产品就会接踵而至，从而又会使这一产品市场很快趋于饱和。这种急剧变化、急剧更新的市场上，企业面临着不开发产品就没有生路，产品无特色就没有竞争优势的局面。因此，积极进行产品和市场开发的决策与策划便显得尤为重要。把握产品开发的正确方向，同时在产品的市场进入、市场开发等方面进行认真的策划，是企业经营活动不可缺少的基本技能，也是企业获取市场竞争优势的首要环节。

（三）渠道决策与市场布局的策划

在现代化的大生产和大市场中，企业占领市场的另一个重要因素就是销售渠道，这是企业同市场沟通的桥梁与纽带。销售渠道的畅通与否，市场分布面的广阔或狭窄，对于企业的竞争能力和发展前景有着重要影响。同时，企业对于销售渠道的选择策略，还会在一定程度上影响企业及其产品的声誉，所以必须在销售渠道的选择和布局上进行认真的决策和策划。销售渠道的选择和策划并不是可有可无的事情，企业不仅要找到能够销售其产品的合适渠道，而且要对怎样能充分利用各种销售渠道促进产品的销售、维护和提高企业与产品的声誉，进行周密的策划。

（四）促销决策与市场扩展的策划

在激烈的市场竞争中不仅要促进企业产品的销售和扩大企业的市场占有率，还需要进行认真的策划，在各种广告活动和促销手段层出不穷、铺天盖地的情况下，策划出具有强大的吸引力和刺激度的、新颖的促销活动，是扩展企业市场、增强竞争实力的重要方面。促销策划的创新意识是至关重要的。要促进企业的销售增长和扩大企业的影响，必须进行精心的设计和周密的策划，才可能取得一鸣惊人的效果，并能最大限度地防止负面效应的出现。在企业遇到势均力敌的竞争对手，或面临命运攸关的市场争夺之时，营销策划便显得更为重要，正确的决策与巧妙的策划可使自己的竞争地位得到大大加强；否则，就可能"一失足而成千古恨"。

二、营销策划的分类

营销策划可以根据不同的标准或途径进行分类，常见的分类方法有以下四种。

（一）根据其涉及的策划层次分类

1. 营销战略策划

战略是指从高处纵观各种要素及其变化，从大局和长远的方向考虑和分析问题，利用科学的方法进行谋略活动。市场营销战略策划是依据企业战略的要求与规范制定市场营销的目标、途径与手段，并通过市场营销目标的实现支持和服务于企业的战略，是企业战略体系的核心，包括市场定位策划、目标市场策划、市场竞争策划、企业形象策划等内容。营销战略策划是对未来较长时期内企业的发展方向、目标、任务、业务重点和发展阶段等问题进行的规划和设计。所以说，营销战略策划是营销策划中至关重要的带方向性和大局性的谋划，它与企业的稳健经营和持续发展具有密切的关系。

2. 营销战术策划

长期的、广阔的、综合的、连续的称为战略，短期的、局部的、个别的、具体的称为战术。营销战术策划是按照营销战术设计的思路和方向综合运用各种市场营销手段，进入和占领目标市场，实现企业的战略意图。具体地说，就是在企业营销战略的指导下，对营销调研、产品开发与设计、定价、营销渠道、市场促销等营销职能或活动进行的一种中短期规划和设计。营销战术策划是企业增强产品或服务竞争力，改善和提高企业营销效果的有效手段。

◎ | 相关链接1-3 |

在凯德Mall中的两家全国性的餐饮连锁品牌商家，一家主打"鱼水饺"，一家主打"虾水饺",自身特点和优势都很明显,可以说是天生的竞争对手。很巧的是,两家的商场外广告牌紧挨着,都是在凯德Mall商场后身,紧邻着两座写字楼。单看"鱼水饺"家的广告,似乎没什么问题,需求清晰,设计精美,整体风格也一直都保持着统一,还细心地在广告柱的两面放了主打的两盘不同水饺产品。而"虾水饺"家则是直接打出了"今天午餐吃点啥?""现包现煮/上餐快速",在广告柱的侧面才是他们家统一的视觉画面和"东北虾仁水饺代表"的字眼。看起来是自己主动把虾仁水饺这个"核心卖点"弱化掉了。那么从这里路过的消费者,会更容易选择谁呢?"弱化卖点,强化买点"的虾水饺胜出并不意外吧?之所以说虾水饺是"买点营销",答案就在前面的陈述中——广告牌立在商场后身,紧邻两座写字楼,工作时间段逛街的消费者路过广告牌的概率不大,而更多经过的人群都是每天中午从写字楼下来,匆匆奔进商场吃工作餐的白领们,虽然"鱼水饺"五颜六色、种类很多,但很少有人会认为自己此时必须尝尝青岛特色,而更多在意的是,吃好点又别耽误上班,这才是真正的买点,也让消费者潜意识产生了互动和决策意识。

(二)根据其涉及的范围分类

1. 营销总体策划

营销总体策划是指企业整体营销过程的全面规划,它涵盖了营销调研、市场细分、目标市场选择、市场定位、营销组合策略设计和营销管理的方方面面。具体来说,主要包括以下几个方面。

(1)总体产品营销策划。企业生产或经营的产品是多元化的,该策划就是针对企业目前生产经营的全部产品进行营销策划。主要是分清产品的主次,分别制订出不同的营销方案,以便企业产品能实现最佳组合,实现最佳效益。

(2)总体市场营销策划。企业面对的市场是纷繁复杂的,企业在进行市场细分并选定其目标市场后,针对该市场进行总体策划,研究以什么样的产品,如何进入该市场,尽快实现产品的转移。

(3)整个时期营销策划。企业的成长计划一般分为短期、中期和长期。整个时期策划是指企业在确定成长计划阶段后,分别对每个阶段的营销方案进行整合策划,以期顺利实现企业的长期战略目标。

2. 营销单项策划

营销单项策划是指企业为实施总体营销策划战略而进行的某项具体营销活动的策划,其目的主要是改善该项营销活动的效果。这一具体营销策划活动可以是企业的某一产品、某一市场、某一时期、单项活动等。其内容主要包括:

(1)单项产品营销策划。单项产品营销策划是指在生产多元化的企业里,对每个产品的营销进行的策划。不同产品有不同的营销策划方案,产品越多,方案越多。

(2)单项活动营销策划。单项活动营销策划是指企业在某一时期内,为达到某特定目的而开展的一项有特定内容的营销活动策划。单项活动营销有开业庆典、新产品推广、有奖销售、社区公益活动、广告活动、服装表演、新闻发布会等。

(3)单个区域营销策划。单个区域营销策划是指针对不同的区域市场,分别策划不同的营销方案。换句话说,就是企业为了把产品打入某区域市场,而针对该市场规划的营销方案。

（4）单个时期营销策划。单个时期营销策划是指企业为了实现某一时期的营销目标而规划的此时期内的营销行动方案。

（三）根据创新方式分类

1. 知识营销策划

知识营销策划是以创新产品为对象，以知识、技术为媒体的营销理念方式，以产品的科技创新和创新产品的知识促销、知识服务为突破口，从而培养和创造出一个崭新的生产体系的全过程及其活动。

2. 关系营销策划

关系营销是把营销活动看成一个企业与顾客，即消费者、供应商、经销商、竞争者、政府机构、社区和其他公众发生互动作用的过程，其核心是建立并发展与这些公众的良好关系。在这一过程中，营销人员对顾客所做的分析、判断、构思、设计、安排、部署等工作，便是关系营销策划。

3. 网络营销策划

网络营销策划是指企业以电子信息技术为基础，以计算机网络为媒介手段，对将来要发生的营销活动及行为进行超前决策（包括网络营销调研、网络产品开发、网络分销、网络促销、网络服务等）。

4. 整合营销策划

整合营销策划是指企业对将要在实现与消费者沟通中的传播行为进行超前规划和设计，以提供一套统一的有关企业传播的未来方案，这套方案是把公关、促销、广告、直销等集于一身的具体行动措施。

（四）根据策划对象分类

1. 企业策划

企业策划是指为了实现企业战略目标，运用各种科学或艺术的方法，对企业发展与运作的方式、方法进行的规划、谋划、筹划或设计。企业策划是对企业整体进行的策划，是综合性的策划，主要目的在于树立良好的企业形象，提高企业的综合实力和竞争能力。如果有一份创意突出，而且具有良好的可执行性和可操作性的企业策划方案，无论对于企业的知名度，还是对品牌的美誉度，都将起到积极的提高作用。

2. 产品策划

产品策划是指从发现和研究消费者需求到用适当的产品满足消费者需求的完整过程。它包含市场需求分析、产品技术研发、产品概念诉求、包装、推广、展示、渠道等内容。产品策划的目的是赋予既有产品感性因素，以利益打动消费者和渠道成员，从而实现销售增长的目标。

3. 服务策划

服务策划是从服务的角度更好地满足顾客需要而进行的策划，主要目的是通过提供更优质的服务来满足顾客的需求，从而提升顾客的满意度，强化顾客忠诚度。服务策划是以

提供无形服务为目标,注重的是服务质量的整体控制。

综合训练一

在学校所在地选择两家大型超市,收集市场婴儿奶粉的品牌和种类信息,记录不同品类婴儿奶粉的价格,了解各品牌营销策划活动的差异,要求了解四个以上的品牌。

将班级每10位同学分成一个小组,每组由1~2人负责。对学生婴儿奶粉商品销售的培训,确定选择四种品牌作为调研的范围。学生按组进入大型超市进行营销策划调研,做好详细记录。对现场调研的资料进行整理分析。依据营销策划的原则和方法,找出各品牌婴儿奶粉营销策划的特点与差异。写出分析报告,并在班级交流、讨论。

综合训练二

选择一个大型综合营销策划案例,班级同学组成小组运用所学理论对案例进行分析和讨论。

班级每10位同学分成一个小组,每组由1~2人负责。任课教师给各组提供一个大型营销策划案例,各组收集资料,并对案例进行完善。要求学生收集策划背景材料,对策划过程进行分析讨论,找出策划基点和创意,形成分析报告和PPT,各组在班级进行交流、讨论。

第二章 营销策划的程序

课程导学

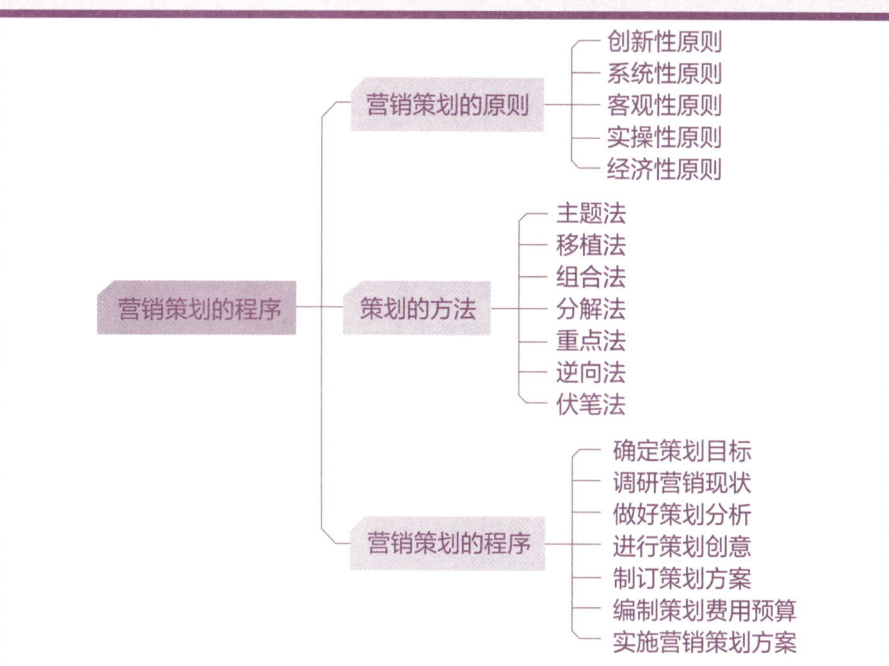

课程重难点

掌握营销策划的原则；
掌握并能运用营销策划的方法；
掌握营销策划的程序。

技能目标

能够运用营销策划的原则对相关案例进行分析；
能初步运用策划的方法进行营销策划创意；
能根据策划的程序进行简单的营销策划活动。

 营销策划

> 案例2-1
>
> ### 小成本电影票房不"失恋"
>
> 2011年11月11日,百年一遇的6个"1"集聚在一天,11月11日俗称"光棍节"。各路商家也押宝在这天,打算大赚一笔。一部曾不被人看好的小制作电影《失恋33天》,打着"光棍节"的招牌,变身为商家的吸金"利器"。《失恋33天》投资仅900万元,上映一周,票房收益就达到2亿元。《失恋33天》是如何挑战宣传发行费与制作成本1∶1这条好莱坞电影成功票房营销模式的呢?
>
> 小成本电影的新媒体营销路线图是什么样的呢?《失恋33天》的制作成本900万元,宣传发行费用600万元。"虽然绝对数字不高,但是整个宣传成本占到制作成本的近66%,这在业内属于很高的。这需要投资方具有胆识和勇气。"按照好莱坞电影的惯例营销模式,宣传发行费用与制作成本能够达到1∶1的比例,是被证明过的营销助推电影票房的成功模式。
>
> 2011年6月10日,距《失恋33天》上映还有5个月之余时,"电影《失恋33天》官方微博"就建立起来,并以此微博向广大网友征集"失恋物语",正式拉开了微博营销的序幕。除了吸引普通粉丝外,运营还从著名的微博用户上进行渗透,各大排名靠前的草根微博中都有关于这部电影的转播,最多的单个微博转发次数达到近10万次。之后又打造了多个"失恋33天"的微博号,诸如"失恋33天精彩语录""失恋33天经典语录"等,微博粉丝数都在10万之上,形成了一个庞大的微博矩阵,由这个矩阵加上话题以及草根名博的推荐,所形成的力量在微博上是巨大的。如果说"微博营销"在当时还是一个"走偏门"意味的尝试行为,那么《失恋33天》的成功已经让"微博营销"正式成为一种"靠谱"的传播媒介了。

任务一 营销策划的原则

营销策划作为现代企业管理的重要内容,是企业竞争力提升的必要途径。所谓"运筹于帷幄之中,决胜千里之外",就是要求企业在决策过程中,不管提出什么样的营销方案,都必须科学地运用策划方法。在营销策划过程中,我们需要遵循以下一些原则。

一、创新性原则

作为企业营销活动的核心工作,营销策划一定要创新,不创新就没有特色,没有特色就没有生命力。创新适用于人类的一切自觉活动,是人类赖以生存和发展的主要手段,没有创新就没有人类社会的发展与进步。在激烈的竞争中,没有新意的营销策划只会使企业销声匿迹。"出奇方能制胜",营销策划者要运用创造性的思维,将过去简单的线性思维

转变为复合性思维，将封闭的思维转变为发散思维，将孤立的、静止的思维转变为辩证的、动态的思维。要善于依据客观变化了的条件来努力创新，不能抱残守缺，因循守旧。创新性决定了营销策划的有效性，如果营销策划依靠鹦鹉学舌的方法，照搬、模仿、抄袭别人固有的模式的话，就无法实现真正意义上的策划。要实现营销策划的目标，必须不断地创造新的方法，别具一格，与众不同，才能够吸引人、打动人，取得既定的成效。策划过程中既要做到创意语言新，注意从生活中提炼警句、名言，使广告词既幽默又有哲理性、富含人情味；还要做到表现手法新，要有新的艺术构思、格调和形式。

| 相关链接2-1 |

某公司为宣传其新型保险柜的卓越功能，别出心裁地登出一则这样的广告："10万美元寻找主人！本公司展厅保险柜里存放有10万美元，在不弄响警报器的前提下，各路豪杰可用任何手段拿出享用！"

广告一出，轰动全城。前往一试身手的人形形色色：有工人、学生、工程师、警察和侦探，甚至还有不露声色的小偷，但都没有一个人能够得手。各大报纸连续几天都为此事进行报道，影响极大，这家公司的保险柜的声誉随之大增。

二、系统性原则

营销策划是一个系统工程，这要求营销策划要有全局的观念，要求部分服从全局、以全局带动局部。营销策划不同于点子，一切都要从系统的概念出发，注意每一个因素的变化所引起的其他因素的变化及产生的影响。系统性原则就是要把策划作为一个整体来考察，从系统整体与部分之间的相互依赖、相互制约的关系中进行系统综合分析，选择最优方案，以实现决策目标。这就要求对系统中各个部分的策略做统筹安排，确定最优目标，系统是个有机整体，整体大于部分之和，具有其中各要素简单相加起不到的作用，策划是要在市场调研和营运管理等各环节都要策划到位的，因为今天的市场，无论是生产、销售、还是传播，都是系统的工程，为使系统最优化，必须对系统中各组成要素全盘考虑，并且要与外部环境协调起来。营销策划的系统性主要表现在以下几个方面：首先，营销策划是企业全部经营活动的一部分，它的完成有赖于企业其他部门的支持与合作，并非营销一个部门所能解决的。其次，营销策划是需要一系列的营销活动来支持和完成的，它的每一个环节总是脉脉相依，环环相扣。最后，进行营销策划时要系统地分析诸多因素的影响。

三、客观性原则

客观性原则是指营销策划运作过程中，策划人员通过各种努力，使创新和创意自觉、能动地符合策划对象的客观实际。营销策划是对企业将要发生的营销行为进行的超前决策，是对未来环境的判断和对未来营销行为的计划安排，属于一种超前行为。这就要求在策划过程中尽可能考虑到影响营销的诸多因素，通过各种努力使自己的策划方案符合客观的实际情况，避免出现营销策划方案与现实脱节的情形。这就需要策划人员深入地了解事实情况，掌握第一手资料，在实际情况中寻找把握消费者的需求，以提高策划的针对性和准确性。营销策划者必须重视并善于进行市场调研工作，掌握充分的客观资料，切不可从主观想象出发，进行脱离客观营销环境的策划。遵循客观事实，就要以顾客为中心，即满足消费者需求，以顾客为中心，生产出符合消费者要求的高质量、低成本、低价格的产品，提供舒适宽松的购物环境和良好的售后服务。在企业的经营过程中，有些策划人员为策划而策划，忽略了顾客的根本需求，过于追求"新""奇"来吸引眼球，最终导致策划的失败。所以说，任何脱离实际、脱离客观环境的策划最终必定是失败的。

四、实操性原则

实操性原则是指营销策划方案形成后，在实施过程中具有实际可操作性，能够达到并符合策划的预期目标和效果。营销策划是一门实践性非常强的学科，是企业在市场调研的基础上通过科学分析，为实现企业战略目标而制定的一种整体谋划和策略，它要解决企业在现实的营销活动中提出的各种疑难杂症，所以策划方案必须要有实际可操作性。具体表现为：一要能够操作，无法操作的策划方案，其创意再新奇也毫无价值可言；二要易于操作，企业资源都是有限的，操作过程耗费大量的人力、物力和财力，或投入大于收益，企业便难以承受。企业最需要的营销策划是如何开拓市场、营造市场以及如何在激烈的市场竞争中保持竞争优势并持续发展。营销策划要在创新思维的指导下，提出开拓市场、营造市场的时间、地点、步骤及系统性的具体可实施的措施和策略，必须在特定资源的约束条件下是高度可行的。营销策划不仅要提出开拓市场的思路，更重要的是在创新思维的基础上制订出切实可行的市场营销行动方案。

五、经济性原则

经济性原则是指在市场营销策划活动中，以成本控制为核心，最小的投入产生最大的收益，获得经济效益与社会效益。企业之所以开展市场营销策划活动，均是有特定目的的，无论是要降低成本，还是要提高市场占有率，或者是为了树立良好的企业形象，无一不是为了达到提高效益的目的。营销策划的经济效益，是策划所带来的经济收益与策划和方案实施成本之间的比率。成功的营销策划，应当是在策划和方案实施成本既定的情况下取得最大的经济收益，或花费最小的策划和方案实施成本取得目标经济收益。如果投入太大，就必然利润太低，就有悖策划的初衷。首先，经济性原则要求节约。节约是减少不必要的开支，而不是降低必要的开支。必要开支不足反而会使营销效果降低，这恰恰是一种浪费。其次，经济性原则要求有详尽的预算。有预算才能使资金的投入最小化，效果最优化，只有每一分钱都发挥了它最大的功能，营销投入才是最经济的。最后，经济性原则要求营销策划必须产生经济效益。营销策划不同于重在沟通的公益策划，营销策划实施之后必须产生直接的经济效益，没有经济效果的营销策划，就是失败的策划。

任务二 策划的方法

一、主题法

营销策划主题是指营销策划为达到某个目的而要说明的基本观念,它是营销策划活动的中心内容,是营销策划方案所要表达的中心思想,是企业进行营销策划的指向。在某些营销策划实践活动中,策划实际上是一个概念挖掘、主题开发的过程。营销策划主题是营销策划的灵魂所在,贯穿整个策划活动的过程中。它是策划、文案、设计人员经过对企业目标的理解,对企业和产品个性的认识,以及对市场和消费者需求的观察、分析、思考而提炼出的,是建立在市场调查的基础之上的。策划、创意、文案、设计均要围绕营销策划的主题,策划主题使营销策划活动的各种要素有机地组合成一则完整的活动作品。营销策划主题是多级、多层面的,它表达的可能是企业发展战略的大主题,也可能是企业实施某方面活动、推进某种营销策略和具体举措的小主题。一个综合性的大型策划活动所体现的主题可能是单一的,更多的则是多层次的。主题的开发要在概念的基础上进行,首先运用创造性思维,发挥丰富的想象力,得到多个构思,然后运用分析性思维进行筛选,依据主题的特点来确定主题。策划主题要因不同营销活动、市场需要的变化以及消费者对象的差异而精心谋划、有所侧重。

二、移植法

移植法是指将某个学科、领域中的原理、技术、方法等,应用或渗透到其他学科、领域中,为解决某一问题提供启迪、帮助的创新思维方法。营销策划中使用移植法,是将其他策划对象的特点和功能合理地移植过来,以达到创造的目的。运用和实施移植法的前提是"相似性",比较常见的有创意移植法和项目移植法。创意移植法是指将他人的构思创意移植到自己的策划项目中来,结合自己策划活动的实际情况,进行新的构思设计。项目移植法是直接将别人在其他地方成功的运作方案,移植到自己所策划的项目中。虽然地区间经济、文化和环境存在差异,但是在相互之间比较类似的项目中使用移植法还是有非常好的借鉴作用。例如,香港中旅集团有限公司总经理马志民赴欧洲考察,参观了融入荷兰全国景点的"小人国",回来后就把荷兰的"小人国"的微缩处理方法移植到深圳,融华夏的自然风光、人文景观于一炉,集千种风物、万般锦绣于一园,建成了具有中国特色和现代意味的崭新名胜"锦绣中华",开业以来游人如织,十分红火。

三、组合法

组合法就是按照一定的内在关系,将多个要素联系起来,把不同的策划内容组合为一体,或把不同的策划过程组合为一个完整的策划项目的方法。"决策环"本来就是由决策点组合出来的,随着人类社会从农业时代到工业社会再到信息时代,人们的"决策环"在不断地变大、变长,就是因为人们一刻也没有停止组合思维。例如,《三国演义》中的诸葛亮借箭、庞统诱使曹操战舰连环、黄盖诈降成功、借东风、火烧连营,诸多要素合成一体,这就是赤壁大战的系统工程。运用组合法时,要善于找到事物发展变化之间的"内在关系",这样才能在策划中将不同的策划内容组合成为一个有机的整体,还要找到事物之间组合的"增值效应",实现"$1+1>2$"的增值。再如,美国《读者文摘》的创刊用的也是组合法。美国一位画家运用组合法成了百万富翁,一天他用铅笔画画,画错后去找橡皮擦,可是画家不知把橡皮擦丢到哪里去了,为了不再发生找不到橡皮擦的事,他将铅笔和橡皮擦用铁丝捆绑在一起。这时,一个创意浮现在脑海——将铅笔和橡皮擦组合成一个产品!这就是现在的带橡皮擦的铅笔。他将自己的发明申报了专利,并将专利出售给了专业制笔公司,获得了数十万美元的转让费。

四、分解法

分解法就是将策划的整体按照其内在的有机联系分成局部,对局部施加作用,以求更为轻易地改变事物整体,实现营销策划的目标。我们可以把分解法理解成组合法的逆过程,和组合法的过程相反,分解法是把看似一个整体的营销项目分解成多个步骤或多个相对独立的营销子项目,把粗分类、分步的策划过程进行多级细分。细分不是最终目的,细分后便于精心策划、细致操作,发现并改造最深层的关键性决策点才是最终目的。营销策划中运用分解法需要注意以下要点:①分解要有根据,要根据事物内部之间的联系去分解;②分解要有效果,就是把复杂的问题简单化,便于策划的实施和操作;③分解要有最终目的,就是各个击破,从局部胜利走向整体制胜。例如,江苏镇江的一位工程师心血来潮,把普通的薄型白手套的指套部分剪去,再在手套的背面印上五笔字型的指法和字根规则,成为专利产品"电脑上机手套"。这样,初学者戴上手套上机就十分方便,如果忘记了规则看一下手套的背面立即可知。西安有一位大学教师与其相反,把手套的指套部分分解出来,成为单独的产品卫生指套,用无菌塑料薄膜做成的指套附在食品包装中,在食用前将指套套上手指,以防手指上的细菌污染食品,特别适合旅行时使用,也获得了专利。

五、重点法

重点法是在面对复杂的策划对象时,从多要素中寻找确定具有带动作用的关键性要素,从关键性要素着手突破,以最小的投入解决整体问题。营销策划过程中,策划人员往往抓住策划的重点问题和重点环节,把策划对象尽量简单化,努力寻求突出某一营销环节、某一资产、某一业务等个别线索，主动地缩小策划对象，精雕细刻，重点突破，将局部重点策划产生的功效传递给整个策划对象，从而完成整个项目。在营销策划中运用重点法，首先要找到具有"带动作用的关键性"要素，这样才能做到"牵一发而动全身"；其次是要形成"聚焦"性策划思维，要在关键的环节投入决定性的力量，使事物向着有利于自身的方向发展；最后要坚定性和灵活性相结合，坚信解决重点问题是解决全部问题的前提，同时注意灵活性。例如，国外某次关于"大气臭氧层"的国际性会议，会议组织者在主会场门前道路旁，放置了一些冰雕的企鹅。因为阳光的照耀，冰雕的企鹅在融化。那天，当地和全世界新闻都出现了"企鹅在融化"图片及关于"大气臭氧层"相关新闻报道。会议的重点是臭氧层保护，臭氧层稀薄会造成全球温度升高，进而导致冰山融化、海平面上升，而冰雕的企鹅正是与冰山有关、与海有关的事物。

六、逆向法

逆向法是指为实现某一创新或解决某一因常规思路难以解决的营销策划问题，而采取反向思维寻求解决问题的方法。世界上的一切事物都是从"因"到"果"，逆向法把当前的思维角度、方向、内容、途径、目标等反过来，寻找解决问题的方案。实践证明，逆向思维在营销策划中是一种重要的思考能力，策划人员的逆向思维能力，对于完成策划工作具有非常重大的意义。策划中运用逆向法时必须深刻认识事物的本质，毕竟逆向不是简单的表面的逆向，而是真正从逆向中做出独到的、科学的、令人耳目一新的超出正向效果的成果。例如，1998年全国各大医院面临医疗体制改革时，华西医科大学附属第三医院改变了"以医生为中心"的医疗体制，导入了以"病人为中心"的系统，推行以华西健康保健网络会员制为基础，在医院全面导入企业理念、销售系统、公关系统、策划系统、VI系统、培训系统，并对医院人事、办公等规章制度进行整合，完全实现了医院医疗服务一体化的模式，消费者对华西医科大学附属第三医院的人性化服务、医疗服务等有了一个全新的、感性的认识，树立了良好的医院风范形象。

七、伏笔法

伏笔法就是当前的策划活动中为将来实现某个预期目标奠定基础，或者用当前表面行为与活动隐蔽、掩护、铺垫真正的行为与活动。优秀的策划人员往往在进行当前策划时，在心目中进行下一个策划案开发，并在企业行动中为今后的深入策划及其实施奠定基础。运用伏笔法需要有一个前提，那就是对未来有所打算、有所预期、有所决策。而伏笔法中的"伏"就是事前要做好充分准备，同时做好保密工作。例如，20世纪50年代，日本丰田公司汽车业务兴隆。这时，丰田公司本应加大对汽车业务的投入，然而，公司却投入大量资金兴建汽车学校。这个决策在当时不被人们理解。然而，十几年之后，人们才恍然大悟：在丰田汽车学校学驾驶，自然用的是丰田车，学会驾车的人们自然对丰田车的性能十分熟悉，当这些"毕业生"具有购买汽车的经济能力时，也自然去选购丰田汽车。原来，丰田公司当初的决策是立足未来市场的考虑，为未来的销售打下了坚实的伏笔。先把"熟悉"

汽车当成利益，奉献给潜在客户，换取的是客户的消费习惯，潜伏在市场中的消费习惯必然在市场显现时变成可靠的利益。

任务三 营销策划的程序

营销策划是一个较为复杂而又科学的运作过程，其顺利进行需要有一定的操作程序来保证。我们可以通过做好事前的准备、时间的安排、调研的分析和创意的筛选等一系列工作，来确保营销策划的成功。

一、确定策划目标

确定营销策划的目的和目标是为整个营销策划活动确定一个总体构想，为以后的工作计划、方案创意、实施和控制、评估营销效果提供一套标准和依据。没有目的和目标，营销活动就不能做到"有的放矢"，以后的所有营销活动将会失去方向，成为"无头苍蝇"。目标设定要使人感到有的放矢、切实可行、明确具体。确定策划目标主要包括制定企业整体目标和企业营销目标。

（一）企业整体目标

企业整体目标就是实现其宗旨所要达到的预期成果，没有目标的企业是没有希望的企业。企业整体目标就是企业发展的终极方向，是指引企业航向的灯塔，是激励企业员工不断前行的精神动力。企业整体目标包含了管理目标、营销目标、销售目标、财务目标、生产目标、人力资源目标、研发目标等。

（二）企业营销目标

企业营销目标是指通过营销策划的实施，希望和达到的销售收入及预期的利润率和产品在市场上的占有率等。

能否制定一个切合实际的目标是营销策划的关键。有的营销策划方案脱离实际，制定目标过高，其结果也必然与实际相差千里，而有的营销策划则显得过于保守，同样也会影响营销组合效力的发挥。总之，制定一个适宜的目标不但是必要的，而且是关键的。

二、调研营销现状

开展营销策划之前，必须对市场进行缜密的分析调查，没有调查就没有发言权。策划调查不仅包括对市场情况、消费者需求进行深入调查，还包括对市场上竞争产品的了解以及对经销商情况的了解。实施营销策划前，需要对策划涉及的信息和内容进行多方面的调查研究，具体包括以下五个方面。

（一）市场形势调研

市场形势调研是指对不同地区的销售状况、购买动态以及可能达到的市场空间进行了解。调研的主要内容包括市场销售总体状况、区域市场销售构成和产品类别销售构成。市场销售现状的资料大多是从第二手资料取得，如正式出版的统计年鉴、经济年鉴、经济方面的报刊、企业的内部报告等。

（二）产品情况调研

产品情况调研是指对原有产品进行了解，找出其不足和有待加强、改进的地方。企业的发展需要对自身产品的现状和未来做一个统筹规划，找出现有产品的优劣势，并为今后的发展找到合适的突破口。

（三）竞争形势调研

对竞争者的情况要有一个全方位的了解，包括其产品的市场占有率、采取的营销战略等方面。竞争形势调研的主要内容包括竞争格局调研、竞争策略调研和主要竞争品牌的优劣势。这部分内容的调研资料，除了部分可以通过公开发表的资料和数据获得，更多的是通过经销商、消费者等途径实际调研获取。

（四）分销渠道调研

对各地经销商的情况及变化趋势要进行适时调查，了解他们的需求。企业采取什么样的流通渠道，将影响着产品销路是否能够打开、打开以后是否能够扩大，企业在进行营销策划时必然会涉及分销渠道。为了更快地打开销售市场，为了更大程度地提升市场销售，必须通过流通渠道调研找到最有效的流通渠道形式，形成稳固的、良好的合作关系。

（五）宏观环境调研

营销人员在进行策划时，要对整个社会大环境有所了解和把握，从中找出对自己有利的切入点。宏观环境是对企业的市场营销有着边界性控制影响而企业又不可控制的外部环境，具体包括人口环境、政治法律环境、经济环境、社会文化环境、自然地理环境、科学技术环境。企业的全部营销活动是在社会"生态环境"中进行的，外部环境在不断地变化，企业不能改变外部环境，而是需要重视和加强对营销环境变化的调研和监测，并把握住外部环境变化带来的市场机会。

三、做好策划分析

随着我国市场经济的不断发展，市场变化的节奏明显加快，市场竞争也日趋激烈。完成一次好的营销策划必须在市场调查的基础上对市场、竞争对手、行业动态有一个较为客观的分析，主要包括机会与风险的分析、优势与弱点的分析、结果总结。

（一）机会与威胁的分析

主要分析市场上该产品可能受到的冲击，寻找市场上的机会。当企业拟计划开发新的产品项目或进入新的行业领域时，必须对该产品和行业的市场规模和市场容量进行调研，否则无法评估进入新的行业领域是否值得。环境因素是企业不能控制的，企业可以通过市场调研进行预测，从而了解宏观环境因素对市场需求趋势的影响方向与影响程度。企业可以加强营销力度，做好市场细分和产品定位，通过产品（Product）、价格（Price）、地点（Place）、促销（Promotion）（以下简称"4P组合"）的优化在市场竞争处于有利位置，实现产品销量随着营销力度的增加而增长。企业策划人员可以利用机会威胁矩阵图等工具，对策划过程中的机会与风险进行分析。

（二）优势与弱点的分析

营销策划人员应该清楚掌握企业的优势和劣势，同时尽可能充分发挥其优势，改正或弱化其不足。调查分析的内容包括以下三个方面：①企业历史业绩，包括对企业过去的销售量与销售额、利润额与利润率、销售增长率、销售利润率、市场占有率、品牌影响力等市场经营业绩和行业竞争位次及排名进行调查和分析。②企业资源与优势，包括对企业的有形资源与无形资源、实际占有的资源和可以利用与整合的社会资源进行调查分析，通过对比分析、提炼出企业的竞争优势与核心竞争力。③企业缺陷与劣势，包括调查企业的人员、资产、设备、技术和产品等硬件要素，文化、制度和管理等软件要素，分析企业的缺陷和不足，找出企业的竞争劣势。

（三）结果总结

通过对整个市场综合情况的全面考虑和综合分析，为制定应当采用的营销目标、营销战略和措施等打好基础。分析情况是一次去粗取精、去伪存真的过程，是营销策划的前奏。

四、进行策划创意

好的创意是营销活动成功的一半，创意对营销的重要性不言而喻。策划人员要在市场营销环境、竞争对手营销策略和方案、消费者心理和行为研究的基础上，策划出具有针对性，能够吸引消费者兴趣，激发消费者购买冲动，且便于操作的创意。

（一）探求策划线索

策划线索的寻找大致可从两个方面进行：一是从现有的知识、信息中获得。发表于报刊、书籍、多媒体资源中的知识或信息能够启发策划人员，给他们以暗示或启迪。策划者运用智慧对这些信息进行选择、加工、整理和组合，就可以获得策划线索。二是通过个人或集体的智慧产生。每个人的先天智商与后天积累聚合成为智能。思维火花的激发，凭借个人的智能，可能产生新奇的点子，或者依靠众人产生真知灼见，最后成为策划的线索。

（二）产生创意灵感

创意既是创意者灵感闪现的过程，也是一种可以引发并需要催生的系统工作。引发创意一般要具备以下条件：即刻反应的灵敏反应能力、卓越的图形感觉、丰富的信息量、清晰的系统概念和思路、娴熟的战略构思和控制能力、高度的抽象化提炼能力、敏锐的关联性反应能力、丰富的想象力；广博的阅历与深入的感性体验、多角度思考问题的灵活性以及同时进行多种工作的能力；等等。

（三）形成策划创意

策划创意是将暗示、灵感、突发念头等初级层次的想法，经过整理、琢磨而形成有结构层次的可能实现的构思。换句话说，单纯的念头只能算一种想法，而不能当作策划创意。在诸多想法中，能发展成策划创意的，则少之又少。

（四）制作创意方案

创意方案又称创意报告，包括命名、创意人、创意的目标、创意的内容、经费预算、参考资料和备注等部分。

> **相关链接2-2**

万佳平价百货广场人群熙熙攘攘，川流不息。但是大家很快就发现，今天的万佳和往日格外不同。在商场门口，扯着一条鲜艳的横幅："吃中秋月饼、喝阿婆炖品。"商场内处处闪动着一群老太太的身影。她们个个精神矍铄，笑容可掬，穿着一袭中国传统的银缎旗袍，慈祥中透着年轻，稳重中透着俏丽，每个人身上还斜披着一条鲜红的绶带："阿婆炖品"。干净利落、神采奕奕，这样的精神头，让人眼睛一亮。无论在商场门口，还是货架旁走道口，她都会对你一笑，像邻居大妈似的，亲亲热热地对你说："来，尝尝阿婆的炖品。"在商场宽敞的大厅里，赫然竖着几块大立牌，上书："免费品尝传统珍品老火靓汤，阿婆炖品。花旗参炖乌骨鸡，淮杞炖甲鱼。"一张大桌上码放着一堆洗干净的乌骨鸡、甲鱼、花旗参、淮杞，桌上还摆着三个很大的电饭煲，煲里正咕嘟咕嘟地冒着热气，随着蒸气散发出一阵阵诱人的香味，让人直咽口水。三位同样装束，慈眉善目的阿婆正忙着从煲里将一罐罐浓浓的汤品捧给大家："来来来，尝尝新上市的阿婆炖品。"围观的顾客有的接过来一尝，果然滋润醇和，非常可口，便纷纷表示想再喝一碗。旁边的人一见，都挤过去要求尝一尝。一时间，桌旁竟然排起了长队，三个阿婆都快忙不过来了。尝过的人纷纷打听哪里有这种炖品卖。旁边的阿婆连忙回应："这里有，这里有!"把他们引到了货架边，不一会儿，商场里到处都是手握一两罐易拉罐式的"阿婆炖品"的顾客，有的还在购物手推车里放了一打。阿婆们有的在给顾客介绍炖品，有的在赠送靓汤食谱。到处人头攒动，

黑压压一片。商场的广播里正播放着《好歌送给你，今晚明洁将与你共享阿婆炖品》音乐节目。

五、制订策划方案

营销活动的开展从时间上到协调上需要制订一个统筹兼顾的方案，要求选择合适的产品上市时间，同时要有各种促销活动的协调和照应。有的营销策划忽略对产品上市最佳时机的确定，这会直接影响到营销活动的展开，而各个促销活动在时间和空间上也要做到相互搭配、"错落有致"。制订一项营销策划方案，其具体内容如下。

（一）设计方案

全面分析市场环境因素和企业资源，明确企业的优势，找出企业的市场机会，设定具体的市场营销目标，在此基础上结合创意，制定可行的营销战略思路（包括战略思想、市场定位）和4P组合的实施策略及具体实施步骤。

（二）方案优化

方案优化主要是对营销目标、实现营销目标所需要的条件、营销战略与战术、营销方案策划的步骤与时间、营销方案策划的人员与经费、营销策划方案的效果与评估、营销策划方案实施的附加条件等内容加以明确。

（三）确定进程

行动方案应注意时间性。各项任务何时开始、何时结束，都要十分具体，应有行动日程表。

（四）设计控制和应急措施

设计控制和应急措施的目的是事先充分考虑到可能出现的各种困难，加强对计划的执行过程、进度进行管理。可以简明扼要地列举出最有可能发生的某些不利情况，制定出有关部门、人员应当采取的对策。

营销策划行动计划的表现形式是营销计划书，是实施营销活动的指导性文件，其主体部分包括现状或背景介绍、分析、目标、战略、战术或行动方案、效益预测、控制和应急措施，各部分的内容可因具体要求不同而详细程度不一。

六、编制策划费用预算

在营销策划中，还必须对营销方案实施的预期效益进行分析，论证营销方案的优劣和可行性。营销策划经费预算是企业综合预算中的重要内容，预期效益分析主要涉及两个方面的问题：一是策划的营销方案可能带来的经济效益，如预期销量、目标利润、市场占有率等。二是实施营销方案可能花费的成本，如产品开发费用、广告宣传费用、促销推广费用以及商品分销费用等。在一些情况下，还应当对实施某种营销方案可能产生的机会成本加以说明，通过对不同方案的机会成本的比较来证明该方案的经济可行性。

营销策划对营销方案费用预算的影响很大。当进行精心的营销策划后，各方面的费用都进行了科学安排，因而可以节省营销费用的投入。而没有经过策划的自由型产品销售，必然导致一定程度的浪费。经过系统策划的产品营销，对营销各部分的费用安排都进行了最优组合，费用投入可以发挥综合相加效应，因而总额大大节省。

营销策划经费预算包括两大方面：策划活动本身发生的经费和营销活动需要发生的经费。内容不同，计算方法也不一样。

策划活动本身发生的经费。策划活动本身发生的经费指企业为策划活动所支付的费用。其主要项目包括市场调研费用、信息收集费用、人力投入费用、策划报酬费用。

营销策划方案费用。营销策划方案费用是指按照营销策划方案执行所要发生的费用。营销策划方案预算一般运用目标任务法进行，也就是将营销方案所要实现的目标分解成具体的任务，再计算完成这些任务所需要的资金投入，然后将其作为实现营销方案的费用预算。

七、实施营销策划方案

营销策划方案的实施是将制订好的营销策划方案转化成具体的营销行动。实施营销策划方案应当注意以下三个方面。

（一）全面贯彻

一个好的营销策划方案必须有好的营销行动来落实。好的营销策划方案未能取得一流的效果，多半是执行不到位所致。设计一个好方案实属不易，如果仅因执行不到位而前功尽弃，不仅令人遗憾，还将造成新的损失。

（二）反馈调整

在实施过程中，任何营销策划方案都可能出现与现实情况不相适应的地方，因此必须及时根据市场的反馈情况对其进行调整。如果一个非常普通的营销策划方案却取得了非常优秀的营销效果，往往是方案在实施中紧贴市场、适时调整，充分遵循市场运行规律的结果。

（三）做好效果测评

在活动过程中或完成后，参与营销活动人员要对本次营销活动进行总结、测评。总结测评的主要内容是活动的目的、目标有没有达到？经费预算执行得如何？营销活动组织突发了什么事件，是如何处理的？如何才能避免这些问题的出现？营销活动评估测评同样要形成完整的书面报告，为下次进行营销活动做准备。

综合训练一

在父亲节来临之际,请为一家百货商场策划一个"父亲节购物活动"。

将班级每10位同学分成一个小组,每组由1~2人负责。小组内部进行分工,形成创意团队,收集商场促销活动资料,讨论形成"父亲节购物活动"策划方案,制订营销策划方案的具体实施计划,拟定项目预算,撰写营销策划书,并在班级交流、讨论。

综合训练二

学院将开展"我和我的校园"抖音小视频大赛,请为该项目进行宣传推广策划。

班级每10~15位同学分成一个小组,每组由1~2人负责。小组形成团队,进行内部分工。运用策划方法对活动进行策划,找出策划基点、形成创意,撰写创意书,各组在班级交流、讨论。

综合训练三

你和你的同学决定毕业后在一个4家高校拥有近10万居民的大学城开办一家小型打印和复印公司。公司一旦成立,将不得不与一些公司竞争。据你所知,一半以上的小公司在成立的第一年就惨遭失败。因此,为了提高成功率,你们决定对复印行业的任务环境进行详细的分析,以便对自己可能遇到的机会和威胁有一个清楚的了解。

将班级每10位同学分成一个小组,每组由1~2人负责。如果想要成功地经营这个公司,需要小组对以下问题进行讨论:(1)未来的顾客是谁?(2)未来的竞争对手有哪些?(3)任务环境中的其他重要因素有哪些?(4)评估进入复印行业的主要障碍是什么?

要求小组完成实训项目并提交以下材料:

1. 撰写复印公司的微观环境分析报告一份。
2. 详细列出你们为了成功经营自己的新复印公司所要采取的行动步骤。

第三章 营销策划方案的撰写

课程导学

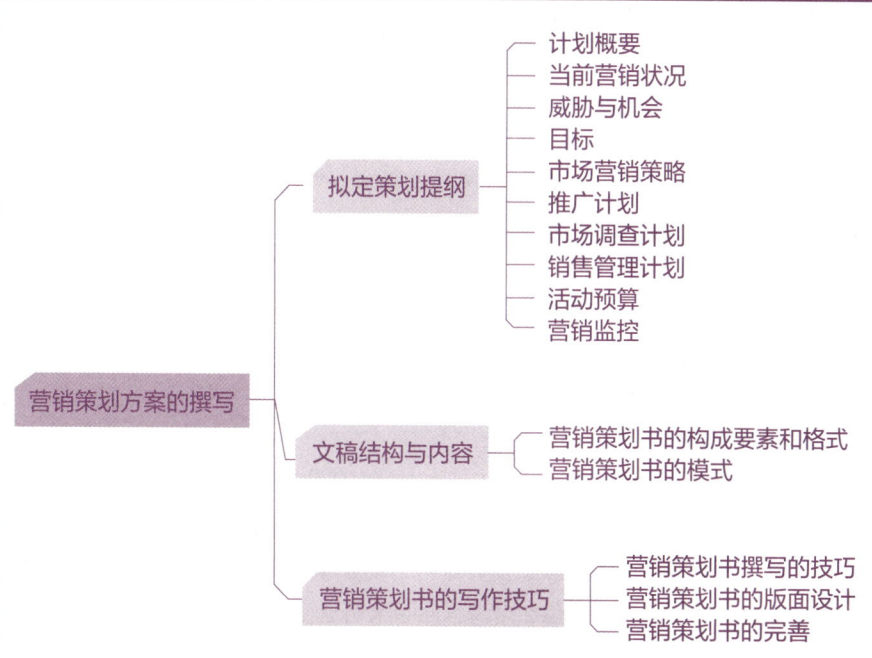

课程重难点

营销策划书撰写的一般格式和内容结构要求。

技能目标

能根据营销策划书的一般格式和内容结构要求撰写营销策划书。

营销策划

案例3-1

海信空调营销策划书

一、营销调研

产品进入市场、占领市场必须解决的两个问题。

1．营销调研的内容

（1）空调市场的现状怎么样？
（2）潜在消费者中有多少消费者愿意购买变频空调？
（3）有多少市民知道海信空调？
（4）海信变频空调今年的销售形势将会怎么样？
（5）其他空调厂家的最新动态如何？

2．调研方法

由于空调市场的数据比较容易统计，调研以案头调研为主，从营销调研部门汇编的资料和专业组织的调查报告中获取信息。

二、市场现状与分析

1．空调市场竞争激烈

近些年来，空调行业一直处在高速增长阶段，市场前景看好，这就导致很多企业蜂拥而至，从而加剧了此行业的竞争。

2．空调品牌繁多

海尔、格力、美的、三洋等众多国内外厂家纷纷抢占利润颇丰的空调市场。空调按摆放方式分为窗式、挂壁式和柜式等几种，现在挂壁式和柜式是各个厂家的主打产品。空调又可分为定速和变频空调。

3．竞争对手分析

由于海信的主打产品是变频空调，而国内变频空调的最初生产厂商主要是海尔和海信，目前多家厂商都瞄准了这一市场。海尔的产品质量好，售后服务好，而且海尔是国内著名的家电企业，已经在国内建立了完善的售后服务制度，深得消费者喜爱，但海尔变频空调的价格偏高。美的、格力也推出了自己的变频空调，但相对海信几年来制造变频空调的经验来说还有一定的差距。

4．消费者分析

空调是比较高档的消费品，在购买空调时，消费者尤其注重品牌和售后服务。空调消费的季节性、地域性也很强，"五一"期间至7月份是空调销售的黄金时期，而各商场举办的空调节也都集中在5月份。空调的消费主体是收入比较稳定的家庭和企事业单位。

三、企业自身分析

1．自身产品优势

从1996年起一直以变频类产品打天下的海信，越来越清晰地感到"变频产品"将是未来空调市场的主导产品。目前，海信有自己的变频空调生产基地，而且在研发力量储备上也已成熟。

2．营销策划经验

2000年海信变频空调营销策划方案是一次经过周密策划的"突袭"行动，这个行动由于对整体市场分析准确到位，对具体的方案设计详尽细致，最终才能在短时间内达到名利双收的目的。如今,海信这次著名的"突袭"行动已经被业界认为是这几年来空调行业中影响最大的营销策划方案。

3. 不足与劣势

(1) 品牌优势不明显。海信同海尔、美的相比,在品牌上还有一定的差距,而消费者更多的是看重空调的品牌。

(2) 市场占有率较小。海信虽然在变频空调领域占有半壁江山,但目前国内变频空调市场仍过于狭小。在变频空调领域,海信要想成为领头羊,必须加大力气宣传变频空调的优点和自身在此领域的优势。

由以上调研分析和结论,制定以下营销战略和营销策略。

四、营销战略规划

1. 市场营销战略规划

充分利用海信变频空调的价格优势,大打功能牌,凸显变频空调省电、舒适性高、噪声小等特点,明晰消费者可获得的超值价值,树立海信工薪阶层变频空调形象,并塑造一个重质量、重品质的企业形象。

2. 战略部署

以全国各地已建立的销售网络为基础,加大宣传力度,争取销售突破,加快开拓南方市场的进度。

3. 品牌形象定位

技术、质量过硬的工薪阶层变频空调。

4. 产品功能定位

省电、环保、舒适性高、静音、控温效能好。

5. 消费人群定位

有稳定收入的工薪阶层以上家庭。

五、营销策略

(一) 产品策略

1. 产品组合策略

以变频空调为主导产品,变频和定速空调同台展出,力求变频空调卖得火爆,定速空调升温。

2. 服务组合决策

由于空调是耐用品,很大一部分消费者是看厂家的服务,因此需要在服务上下苦功。在宣传上要突出服务保障、承诺免费送货、安装、技术咨询、保修年限、态度诚恳、各销售网点附近有维修站。

(二) 营销渠道策略

在各大商场,一律用直销方式,尽可能地降低周转费用。卖得好的地区,设立海信空调专卖店;在小卖场,可采用让利代销、批发零售的方式。

(三) 促销组合策略

1. 广告策略

(1) 商场海报。在标题中,海信空调要醒目。在内容上,以价格宣传为主,突出价格优势和服务承诺。

（2）宣传单。有2~3种样式，鲜明活泼，突出海信变频空调质量和价格优势、服务承诺。

2．促销策略

（1）促销人员培训。要求促销人员在培训后人人都能用方言较好地解释变频空调的优点和机理，态度热情大方。

（2）赠奖活动。购买空调者可获赠其他一些礼品，具体视空调型号而定。

任务一 拟定策划提纲

编写营销策划书应遵循以下步骤，依据营销计划的规律来安排营销活动的内容。

1．计划概要

营销计划首先要有一个内容提要，即对主要营销目标和措施进行简明概括的说明。

2．当前营销状况

在内容提要之后，营销计划的第一个主要内容是提供该产品当前营销状况的简要而明确的分析。

3．威胁与机会

营销计划中第二个主要内容是对市场营销中所面临的主要威胁和机会的分析。

管理者应对威胁和机会进行评估。对环境威胁可以从两个方面进行评估：一是潜在的重要性，重要性的大小根据威胁成为事实时公司的损失多少而定；二是发生的可能性，即威胁成为事实的可能性。对营销机会也可以从两个方面进行评估：一是潜在吸引力，即获利的能力；二是成功的可能性。

4．目标

管理部门要根据已知信息做出与目标有关的一些基本决策。这些目标将指导随后的策略和行动方案的拟订，这里有两类目标要确认，即财务目标和市场营销目标。

5．市场营销策略

应列出主要的市场营销策略纲要，或者称为"精心策划的行动"。在制定市场营销策略时，还常常面对多种可能的选择。每一个目标都可用若干种方法去实现。

通过对每一个目标的深入探讨后，便可找出产品线所面临的主要策略。策略的制定则应在这些可选择的策略中做基本的选择。

6．推广计划

企划者拟定推广计划的目的，就是要协助实现销售目标。企划书必须明确地表示，为了实现整个营销企划案的销售目标，所希望达到的推广活动的目标。决定推广计划的目标之后，接下来要拟定实现该目标的策略。推广计划的策略包括广告表现策略、媒体运用策略、促销活动策略、公关活动策略四大项。广告表现策略：针对产品定位与目标消费群，决定方针表现的主题。媒体运用策略：媒体的种类很多，包括报纸、杂志、电视、网络、传单、户外广告等。要选择何种媒体？各占多少比率？广告的视听率与接触率有多少？促销活动策略：促销的对象，促销活动的种种方式，以及采取各种促销活动所希望达成的效果是什么。公关活动策略：公关的对象，公关活动的种种方式，以及举办各种公关活动所希望达到目的是什么。

7. 市场调查计划

市场调查与推广计划一样，也包含了调查目标、考虑因素、方法设计、预定进度、使用人力以及预算等。

8. 销售管理计划

销售管理计划包括销售主管和职员、销售计划、推销员的挑选与训练、激励推销员、推销员的薪酬制度（工资与奖金）等。

9. 活动预算

营销计划中还要编制各项收支的预算。在收入一方，要说明预计销售量及平均单价；在支出一方，要说明生产成本、实体分配成本及营销费用。收支的差额为预计的利润（或亏损）。

10. 营销监控

营销计划书的最后一部分，要写清计划执行过程的控制。典型的情况是将计划规定的目标和预算按月份或按季度分解，以便于企业的上层管理部门进行有效的监督检查，督促未完成任务的部门改进工作，以确保营销计划的完成。

任务二 文稿结构与内容

一、营销策划书的构成要素和格式

（一）构成要素

营销策划书的种类因提出的对象与内容不同，而在形式和体裁上有很大的差别。但是，任何一种营销策划书的构成都必须有5W2H1E，共8个基本要素：

- What（什么）——营销策划的目的、内容；
- Who（谁）——营销策划相关人员；
- Where（何处）——营销策划实施场所；
- When（何时）——营销策划的时间；
- Why（为什么）——营销策划缘由、前景；
- How（如何）——营销策划的方法和运转实施；
- How much（多少）——营销策划预算；
- Effect（效果）——预测营销策划结果、效果。

任何一种真正意义上的营销策划书必须具备上述8个基本要素。值得一提的是要注意How much和Effect对整个营销策划案的重要意义。如果忽视营销策划的成本投入，不注意营销策划书实施效果的预测，那么，这种营销策划就不是一种成功的策划。只有5W1H的营销策划书不能称为营销策划书，只能算是计划书。

(二) 营销策划书的一般格式

营销策划书的一般格式如表3-1所示。

表3-1 营销策划书的一般格式

项目	营销策划书的一般格式
封面	• 策划书名称 • 策划者的姓名 • 策划书完成时间
前言	• 简要交代接受营销策划委托的情况 • 进行营销策划的原因 • 策划过程的概略介绍和策划实施后将要达到的理想状态
目录	
正文	• 策划的目标 • SWOT分析 • 营销战略和具体营销方案 • 策划方案各项费用预算表 • 策划方案进度表（行事历）
附件	• 参考的文献资料 • 其他注意事项

1. 封面

封面是营销策划书的脸，就像一本杂志一样，阅读者首先看到的是封面。因此，封面能产生强烈的视觉效果，给人们留下深刻的第一印象，从而对策划内容的形象定位起到良好的辅助作用。因此，给营销策划书配上一个美观的封面是绝对不能忽视的。

封面的设计原则是醒目、整洁，切忌花哨，至于字体、字号、颜色，则应根据视觉效果具体考虑。策划书的封面可提供以下信息：策划书的名称、被策划的客户、策划机构或策划人的名称、策划完成日期及本策划书的适用时间段。封面制作的要点如下：

（1）取一个简明扼要的标题。策划书名称，即题目。题目要准确又不累赘，使人一目了然。有时，为了突出策划的主题或者表现策划的目的，可以加一个副标题或小标题。

（2）标明策划者。一般要在封面的最下方标出策划者，如果策划者是公司则须列出企业全称。如果是受委托的营销策划，那么在策划书封面要把委托方的名称列出来，如：××公司××策划书。

（3）标示完成时间。日期一般以正式提交为准。因为营销策划具有一定的时间性，不同时间段市场的状况不同，营销执行效果也不一样。

2. 前言

前言需要简要说明策划的性质，其作用有两个：一是对营销策划书的内容做高度概括性的表述；二是引起阅读者的注意和兴趣，使其产生急于阅读正文的强烈欲望。前言的文字以不超过一页为宜，字数可控制在1000字以内。前言主要内容有：

（1）简要交代接受营销策划委托的情况。如"××公司接受×××公司的委托就2020年度的广告宣传计划进行具体策划"。

（2）进行营销策划的原因。即将营销策划的重要性和必要性表达清楚。

（3）策划的概况。即策划的主要过程和策划实施后要达到的理想状态。

3. 目录

目录的作用有两个：一是可使营销策划书的内容结构一目了然；二是可方便阅读者对营销策划书的阅读，便于查找到营销策划书的相关内容。

如果营销策划书的内容篇幅不长，目录可以和前言同列一页。列目录时要注意的是：目录中所标的页码不能和正文的页码有出入，否则会增加阅读者的麻烦。尽管目录位于策划书中的前列，但实际的操作往往是等策划书全部完成后，再根据策划书的内容与页码来编写。

4. 概要提示

概要提示是对营销策划书的总结性陈述，其目的是使阅读者对营销策划内容有一个非常清晰的概念，便于阅读者理解策划者的意图与观点。通过概要提示可以大致理解策划内容的要点。概要提示的撰写同样要求简明扼要，篇幅不能过长，但不能是简单地把策划内容予以列举。

有的概要提示是在制作营销策划书正文前确定，这样可以使策划内容的正文撰写有条不紊地进行，从而能有效地防止正文撰写的离题或无中心化。有的概要提示是在营销策划书正文结束后确定。这样比较简单易行，只要把策划内容归纳提炼就可以。

5. SWOT分析

营销策划以环境分析为出发点，环境分析是营销策划的依据与基础。环境分析包括外部环境与内部环境两个方面。

环境分析应遵循明了性和准确性原则，明了性是指列举的数据和事实要有条理，使人能抓住重点；准确性是指分析要符合客观实际，不能有太多的主观分析。

对同类产品市场状况、竞争状况及宏观环境要有一个清醒的认识。它是为制定相应的营销策略，采取正确的营销手段提供依据的。"知己知彼，方能百战不殆。"因此，这部分内容需要策划者对市场比较了解，环境分析的主要内容包括：

（1）当前市场状况及市场前景。

①产品的市场性，即现实市场及潜在市场状况。

②市场成长状况，即产品目前所处市场生命周期的阶段，公司营销的侧重点，相应营销策略效果，以及需求变化对产品市场的影响等。

③消费者的接受性，这一内容需要策划者凭借已掌握的资料分析产品市场发展前景。

（2）产品市场影响因素。主要是影响产品的不可控因素，如宏观环境、政治环境、居民经济条件、消费者收入水平、消费结构的变化、消费心理等，对一些受科技发展影响较大的产品，如计算机、家用电器等产品的营销策划还需要考虑技术发展趋势方向的影响。

6. 机会与威胁分析

对环境分析的目的是规避环境威胁，把握企业机会。一些篇幅较小或营销策划内容单一的营销策划书中，环境分析与机会分析往往合二为一，成为一个整体。机会分析是在环境分析的基础上归纳出企业的机会与威胁、优势与劣势，然后找出企业存在的真正问题与潜力，为后面的方案制订打下基础。

营销方案是对市场机会的把握和策略的运用，因此，分析市场机会，就成了营销策划的关键。只要找准了市场机会，策划就成功了一半。

机会分析主要包括以下两个部分：

（1）针对产品目前营销现状进行问题分析。一般营销中存在的具体问题，表现为多方面，如：

①企业知名度不高，形象不佳，影响产品销售。
②产品质量不过关，功能不全，被消费者冷落。
③产品包装太差，提不起消费者的购买兴趣。
④产品价格定位不当。
⑤销售渠道不畅，或渠道选择有误，使销售受阻。
⑥促销方式不合适，消费者不了解企业产品。
⑦服务质量太差，令消费者不满。
⑧售后保证缺乏，消费者购买后顾虑多。

（2）针对产品特点分析优、劣势。从问题中找劣势予以克服，从优势中找机会，发掘其市场潜力。分析各目标市场或消费群特点，进行市场细分，对不同的消费需求尽量予以满足，抓住主要消费群作为营销重点，找出与竞争对手的差距，把握和利用好市场机会。

7. 营销目标

营销目标是在前面目的任务的基础上，公司所要实现的具体目标，即营销策划方案执行期间，经济效益应达到的目标，如总销售量、预计毛利、市场占有率等。

8. 战略和行动方案

这是策划书中最主要的部分。在撰写这部分内容时，必须非常清楚地提出营销宗旨、营销战略与具体行动方案。与治病一样，营销策划在制定营销战略及行动方案时，"对症下药"及"因人制宜"是两条最基本的原则。特别要注意的是，避免人为提高营销目标以及制订出很难施行的行动方案。可操作性是衡量此部分内容的主要标准。在制订营销方案的同时，还必须制定出一个时间表作为补充，以使行动方案更具可操作性。此举还可以提高策划的可信度。

（1）营销宗旨。企业一般可以注重以下几个方面：

①以强有力的广告宣传攻势顺利拓展市场，为产品准确定位，突出产品特色，采取差异化营销策略。
②以产品的主要消费群体为产品的营销重点。
③建立起点广面宽的销售渠道，不断拓宽销售区域等。

（2）产品策略。通过前面的产品市场机会与问题分析，提出合理的产品策略建议，形成有效的4P组合，达到最佳效果。

①产品定位。产品市场定位的关键是在顾客心目中寻找一个合理空间，使产品迅速启动市场。

②产品质量功能方案。产品质量就是产品的市场生命。企业对产品应有完善的质量保证体系。

③产品品牌。要形成一定知名度、美誉度，树立消费者心目中的知名品牌，必须有强烈的创新意识。

④产品包装。包装作为产品给消费者的第一印象，需要能够迎合消费者，采取使其满意的包装策略。

⑤产品服务。策划中要注意产品服务方式、服务质量的改善和提高。

（3）价格策略。可以从以下几个方面入手：

①合理的批零差价，调动批发商、中间商的积极性。

②适当数量折扣，鼓励多购。

③以成本为基础，以同类产品价格为参考，使产品价格更具竞争力。如果企业以产品价格为营销优势，则更应注重价格策略的制定。

（4）销售渠道。考虑产品目前的销售渠道状况以及对销售渠道的拓展有何计划，采取一些实惠政策鼓励中间商、代理商的销售积极性或制定适当的奖励政策。

（5）广告宣传。

①广告宣传的原则：

A. 服从公司整体营销宣传策略，树立产品形象，同时注重树立公司形象。

B. 在一定时段上应推出一致的广告宣传。广告宣传的商品个性不宜变来变去，因为变多了，消费者会不认识商品，反而使老主顾也觉得陌生。

C. 广泛化。选择广告宣传媒体多样式化的同时，注重抓宣传效果好的方式。

D. 不定期地配合阶段性的促销活动，掌握适当时机，及时、灵活地进行，如重大节假日、公司有纪念意义的活动等。

②实施步骤可按以下方式进行：

A. 策划期内前期推出产品形象广告。

B. 适时推出诚征代理商广告。

C. 节假日、重大活动前推出促销广告。

D. 把握时机进行公关活动，接触消费者。

E. 积极利用新闻媒介，善于创造利用新闻事件提高企业产品知名度。

（6）具体行动方案。根据策划期内各时间段的特点，推出各项具体行动方案。行动方案要细致、周密、操作性强又不乏灵活性。还要考虑费用支出，一切量力而行，尽量以较低的费用取得良好的效果为原则。尤其应该注意季节性产品的淡、旺季营销，重点抓住旺季营销优势。

（7）策划项目行动时间表和有关人员职务分配表。在制订具体行动方案时，最好制定出行动时间表，标明各项行动的起止时间和责任人，写明策划所需物品及场地、策划所需的相关资料，使行动方案更加明确，更具可操作性，真正做到责任到人、人尽其职。

9. 营销成本

营销费用的测算要有理有据，简单明了。营销费用测算表记载的是整个营销方案推进过程中的费用投入，包括营销过程中的总费用、阶段费用、项目费用等，其原则是以较少投入获得最优效果。对一些具体项目如电台广告、报纸广告的费用等最好列出具体价目表，如价目表过于详细，可作为附录列在最后。在列成本时要明确区分不同的项目费用，做到醒目易读。

10. 行动方案控制

作为营销策划方案的补充部分，行动方案控制应明确对方案的实施过程的管理方法与措施。对行动方案的控制的设计要有利于决策的组织与施行。在所有的方案执行中，都可能出现与现实情况不相适应的地方。因此，方案贯彻时，必须随时根据市场的反馈及时对方案进行调整。

方案实施从某种程度上来说，其工作难度并不亚于对方案的策划，因为方案在实施过程中可能会碰到很多困难，出现一些意想不到的问题，需要付出艰辛的努力。因此，方案实施过程中要做好以下几个方面的工作：

（1）做好动员和准备工作。新营销方案的出台，往往牵一发而动全身，而且营销方案的实施需要把任务分解到企业的各相关部门去执行。因此，实施之前要做好动员工作，思想上高度重视，做到认识一致。

同时，要做好相应的准备工作，如人员配备、设施添置、资金调度，以及对执行新业务人员的培训等。

（2）选择好实施时机。方案的实施要精心选择好时机，有的放矢，如策划的广告方案，在恰当的宣传时机推出效果会更好，时机选择得准，往往能取得事半功倍的效果。而贻误时机，则有可能前功尽弃。

（3）加强实施过程的调控。在方案实施过程中，首先，要做好任务分解，落实人员，明确责任，熟悉业务操作规程和操作要求。其次，要加强协调。市场营销是一个有机联系的系统，如果企业部门之间，上下级之间协调不够，往往容易造成一处梗阻，全线瘫痪。最后，要加强检查和评估，检查方案的执行情况、实施进度等，如果发现方案设计中有不足，要及时对方案做必要的调整。

评估则是对实施效果的评估。效果的评估一定要深入分析，挖出原因。如果执行效果不理想，未达到预期目的，则要注意总结经验，以利再战。如果执行效果不理想，甚至差距很大，就要客观分析效果不理想的原因：是方案制订的问题，如目的过高、措施不当等，还是客观市场环境变化带来不可克服的障碍，或是方案执行不力，或是实施时机选择不当等。找出原因，有针对性地解决问题。无论是对策划方还是企业一方来说，这都是必要的。它有利于不断提高策划水平，也有利于企业增强驾驭市场营销活动的能力。

11. 结束语

结束语主要起到与前言的呼应作用，使营销策划书有一个圆满的结束，而不至于使人感到太突然。结束语中应再重复一下主要观点并概述策划要点。

12. 附录

附录是策划案的附件，附录的内容对策划方案起着补充说明的作用，便于策划案的实施者了解有关问题的来龙去脉，附录为营销策划提供有力的佐证。在突出重点的基础上，凡是有助于阅读者理解营销策划书内容，以及增强阅读者对营销策划信任的资料，都可以考虑列入附录，如引用的参考文献、权威数据资料、消费者问卷的样本、座谈会记录等。

列出附录，既能够补充说明一些正文内容的问题，又显示了策划者负责任的态度，同时也能增加策划案的可信度。作为附录也要标明顺序，以便于查找。

营销策划书的编制一般由以上内容构成。企业产品不同，营销目标不同，则所侧重的各项内容在编制上也可有详略取舍。

二、营销策划书的模式

（一）模式一

  ××产品策划书
  ××股份有限公司
 策划：×××
 助理：×××
（以上是封面部分）
 目录
 1. 前言
 2. 市场研究及竞争状况
 3. 消费者研究
 4. 市场机会和威胁
 5. 市场建议
 6. 产品定位
 7. 营销建议

（二）模式二

  ××医药股份有限公司营销计划书
  ××年××月××日
（以上是封面部分）
 目录
 第一部分 公司主要情况介绍
 第一章 基本情况
 第二章 风险因素
 第三章 行业状况
 第四章 国家政策
 第五章 生产经营保证措施
 第六章 技术与产品
 第七章 研究与开发
 第八章 市场
 第九章 财务状况
 第二部分 引资方案

第一章　方案设计
第二章　利润预测
第三章　现金流量表预计
（以上第一部分是策划书的正文部分，第二部分是细化部分）
附表：预计利润表
附件：有关报纸对该产品的报道
（以上部分属于附件部分）

任务三　营销策划书的写作技巧

营销策划书和一般文章有所不同，它对可行性、可操作性以及说服力的要求特别高，因此，运用撰写技巧提高可行性、可操作性以及说服力，是策划书撰写的目标。

一、营销策划书撰写的技巧

为了达到营销策划书的撰写目标，在撰写营销策划书时应该注意以下技巧。

1．以理论为依据

要提高策划内容的可信性，并使阅读者接受，就要为策划者的观点寻找理论依据。事实证明，这是一个事半功倍的有效办法。但是，理论依据要有对应关系，纯粹的理论堆砌不仅不能提高可信性，反而会给人脱离实际的感觉。

2．举例印证

这里的"举例"是指通过正反两方面的例子来证明自己的观点。在营销策划书中，适当地加入成功与失败的例子，既能充实内容，又能增强说服力，可谓一举两得。这里要指出的是，举例以多举成功的例子为宜，选择一些国外先进的经验与做法，以印证自己的观点，效果将更加明显。

3．用数字来说话

营销策划书是一份指导企业实践的文件，其可靠程度如何是决策者首先要考虑的。营销策划书的内容不能留下查无凭据之嫌，任何一个论点均要有依据，而数字就是最好的依据。在营销策划书中利用各种绝对数和相对数来进行比照是绝对不可少的。要注意的是，数字需有出处，以证明其可靠性。

4．用图表来辅助

运用图表能有助于阅读者理解策划的内容，同时，图表还能提高页面的美观性。图表的主要优点在于有着强烈的直观效果。因此，用其进行比较分析、概括归纳、辅助说明等非常有效。图表的另一个优点是：能调节阅读者的情绪，从而有利于对策划书的深刻理解。

5．注意细节

细节决定成败，对于营销策划书来说细节仍然是十分重要的。一份策划书中错字、漏字连续出现的话，读者肯定不会对策划者抱有好的印象分。因此，对打印好的策划书要反复、仔细地校对，特别是对于企业的名称、专业术语等更应仔细检查。另外，纸张的好坏、打印的质量等都会对营销策划书本身产生影响，所以也绝不能掉以轻心。

二、营销策划书的版面设计

营销策划书视觉效果的优劣，在一定程度上影响着策划效果的发挥。有效利用版面安排，也是在营销策划书撰写的过程中所要引起重视的地方。

1．版面大小

营销策划书的印制纸张一般都应采用国际标准的纸张，如A4，B5等。特别是不要采用我国原来使用的16开、32开这些规格的纸张，因为这些开本的页面，在以后进行装订、制作封面时，会遇到没有合适的设备与材料的问题。而且，与国外机构交往时，这类策划书也显得不符合国际惯例。

与一般的公文或普通文件排版相比，营销策划书的版心应设计得小一些，即页面边缘空白要留得多一些。这样不仅较为美观，而且便于利用它进行装帧美化，也便于阅读者进行批注。

2．标题格式与位置

各级标题要注意格式与位置的前后统一。不同层级的标题可分别设计，以使版面活泼，更显得好看。标题的格式与位置要前后统一，便于读者知道论证和阐述的策划内容的逻辑关系，也显示出策划人员清晰的思路。

标题可以分为主标题、副标题、小标题等通过简练的文字，可以使营销策划书的内容与层次一目了然。

3．图片

图片在正文中安排，应该尽量做到放在与其内容相关的文字附近，并且应该加上图片的编号和说明文字。对于对开形式装订的策划书，则可以放在对开时的偶数页上，以方便读者阅读，而不会因为来回寻找图片和对应的文字而心生不快。

4．页码、页眉的设计

营销策划书一个可以画龙点睛之处是它的页码与页眉。它不仅可以起到记录页数的作用，更重要的是，它能够进行版面的美化和独特的装帧设计，使营销策划书的外观呈现出独特性和美观性。因此，应考虑做些艺术化的设计或处理。

在营销策划书的页眉处，一般应写上策划人的单位名称、策划书标题等内容，以进一步加深阅读者对营销策划书作者的印象。

5．版面装饰

营销策划书可以通过一些辅助性的装帧图片，使得营销策划书更加活跃，同时用一些强调或能够引起读者注意的特殊符号，将希望引起注意的内容突显出来。

总之，良好的版面可以使营销策划书的重点突出，层次分明。

三、营销策划书的完善

市场营销策划书的完善，就是对营销策划书进行通篇复查，对重点内容进行审核，以修正错误与不妥之处，提高营销策划书的质量。

1. 营销策划书的校正

营销策划书撰写完毕后，要对其进行全面、仔细地校正，就是对营销策划书的内容、结构、逻辑以及文字等进行检查与修改。在营销策划书校正完毕以后，要将营销策划书从头读到尾，进行最后的确认。通过这种方式来确认营销策划内容及其表现手法是否合适，营销策划书文字是否有错误。

2. 营销策划书的装订

营销策划书的撰写、校正工作完成以后，还要对营销策划书进行装订。一份装订整齐、美观得体的营销策划书，同样是使营销策划工作顺利推进的重要内容之一。在装订营销策划书时要注意：营销策划书是否要分成若干册；各大部分之间是否要插入分隔页；如果营销策划书内含彩色图片，则应考虑采用彩色复印；确定营销策划书的复印或印刷册数。

3. 营销策划书的介绍

策划者完成营销策划书并非策划设计工作的结束，还有一项很重要的工作，就是向上级、同仁或顾客介绍营销策划书。这项工作决定了营销策划书能否被接受、采纳，决定了营销策划方案能否付诸实践。

综合训练一

根据策划的目的、对象、内容的不同，营销策划书有着不同的表现形式和体裁类型，概括起来，常见的营销策划书主要有企业发展战略策划案、企业融投资策划案（商业计划书）、企业组织管理策划案（企业重组、人力资源）、企业CIS系统策划案（CIS导入方案）、产品营销推广策划案（品牌塑造计划、整合推广、市场促销等）、产品广告策划案、大型商业性活动策划案（公益性活动的融资赞助方案）等。不同类型的营销策划书，其写作提纲会一样吗？

综合训练二

实训目的：掌握营销策划方案的撰写。

实训内容：选择一款市场上的新兴产品，自拟主题，为其进行营销策划，形成一份营销策划书。

实训形式：以小组为单位，合理分工，共同策划，协力完成一份《××产品营销策划方案》，并以PPT形式进行成果汇报。

第四章

营销策划前的市场调研

课程导学

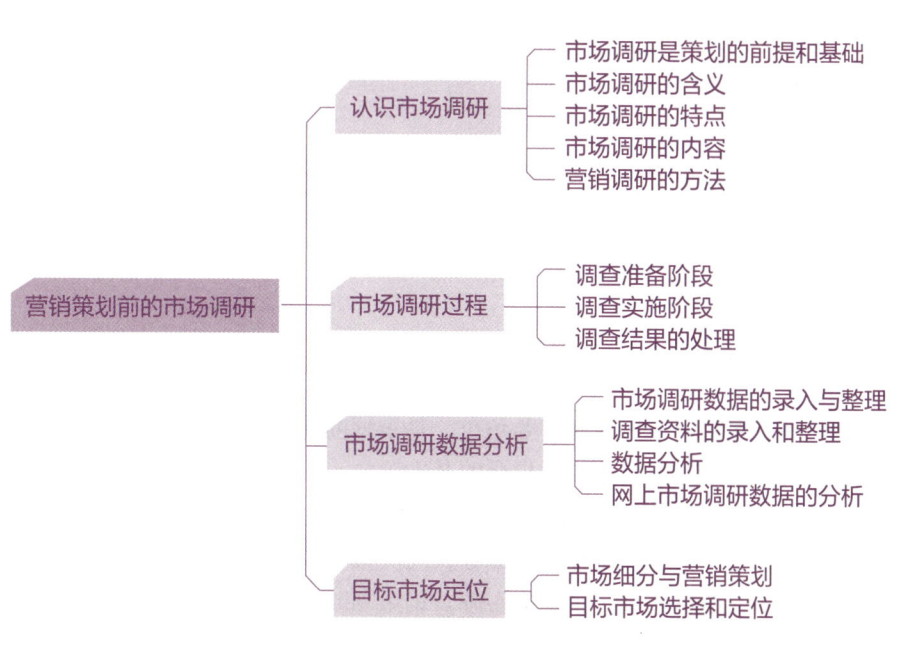

```
                                        ┌─ 市场调研是策划的前提和基础
                                        ├─ 市场调研的含义
                          认识市场调研 ──┼─ 市场调研的特点
                                        ├─ 市场调研的内容
                                        └─ 营销调研的方法

                                        ┌─ 调查准备阶段
                          市场调研过程 ──┼─ 调查实施阶段
  营销策划前的市场调研 ──┤                └─ 调查结果的处理

                                            ┌─ 市场调研数据的录入与整理
                          市场调研数据分析 ──┼─ 调查资料的录入和整理
                                            ├─ 数据分析
                                            └─ 网上市场调研数据的分析

                          目标市场定位 ──┬─ 市场细分与营销策划
                                          └─ 目标市场选择和定位
```

课程重难点

掌握市场调研过程；
理解市场调研数据分析；
掌握目标市场定位。

技能目标

具备市场调研的能力。

| 案例4-1 |

日本人对大庆油田的分析

在市场调研中，文献调查有其特殊的地位，它作为对市场信息收集的重要手段，一直得到世界各国的极大重视。在1960年日本就是通过文献调查获得了我国大庆油田的位置、产量等重要情报。他们从《××画报》上看到铁人王进喜的照片，判断出大庆就在东北地区，并根据××报关于工人从火车站将设备人拉肩扛运到钻井现场，和王进喜在马家窑的言论的报道，弄清了大庆油田的确切位置。从王进喜出席人大会议判定大庆出油了，之后又根据《××日报》上一幅钻塔的照片，推算出了油田的产油能力。在此基础上，日本人又估算出我国将在随后的几年中急需进口大量设备，并按照中国的特点设计了有关设备，从而在谈判中一举击败了欧美各国的竞争对手，使其设备顺利地打入中国市场。

资料来源：李海琼主编，《现代推销技术》，浙江大学出版社，2004。

任务一　认识市场调研

一、市场调研是策划的前提和基础

市场调研在策划中扮演着重要角色，是策划的前提和基础，是策划的一个非常重要的步骤。首先，它是探索新的市场机会的基本工具，策划的很多资料就靠市场调研来获得，通过市场调研，对决策相关的数据进行收集、统筹、分析，并把分析结果与管理者沟通；其次，它是市场情报反馈过程的一部分，向决策者提供关于策划的有效性的信息和进行必要变革的线索。通过调查，企业在实施营销策划时可以得知：企业面临的环境如何？竞争者的行为与企业有何异同？顾客对竞争对手及他们的产品有何看法？产品的供求状况如何？潜在的市场有多大？谁是购买者？他们是哪些类型的人，居住在什么地方，收入和支出如何？企业的4Ps（产品、价格、分销、促销）状况如何？人们对公司的名称、标志和形象有何看法？对企业员工有何意见？

能否有优秀的策划方案产生，策划方案能否产生满意的收益效果，就取决于对所策划的项目的了解与熟悉程度，而了解与熟悉往往离不开市场调研。例如，要进行一次招商引资策划，就必须通过市场调研，熟悉该地的优惠政策、地理优势、交通优势及能够吸引别人投资的一系列优越条件，该地的劣势及不利条件也都应该了解与掌握，在此基础上，再运用策划人的智慧进行系列策划。再如，出版社要搞一个系列图书的出版策划，就要了解此类图书的出版现状，对读者购买此类图书的动向等情况做深入的调查了解。

二、市场调研的含义

市场调研又称为市场调研、营销调研,是指运用科学的方法,有目的、有计划系统地收集、整理和分析研究有关市场营销方面的信息,提出解决问题的建议,供营销管理人员了解营销环境,发现机会与问题,作为市场预测和营销决策的依据。

市场调研的整个过程就如一位医术精湛的医生,通过"望、闻、问、切"的手段,了解病情,收集病人的有关资料。其中"望"就好比市场调研的观察法;"问"就好比市场调研的询问法;"闻"与"切"就好比市场调研的实验法。综合应用各种调查方法,了解病情,分析病因,为把握病情发展提供最佳的治疗决策方案。

没有调查就没有发言权。没有深入地开展市场调研,没有充分地掌握市场信息,就无法把握和预测市场发展变化的客观规律性,也就无法为企业经营决策提供科学依据。

> 相关链接4-1
>
> 美国市场营销协会(American Marketing Association)对于市场调研所下的正式定义:市场调研是一种通过信息将消费者、顾客和公众与营销者连接起来的职能。这些信息用于识别和确定营销机会及问题的产生。提炼和评估营销活动的信息,设计收集的方法,管理并实施信息收集过程,分析结果,最后要沟通所得的结论及其意义。

三、市场调研的特点

作为企业经营活动的基础,市场调研执行着自己的特殊职能和任务,它具有如下基本特点。

(一)市场调研具有针对性

市场调研的针对性是由企业经营活动的目的性所决定的。市场调研工作不但费时、费力,而且还有费用的支出。因此,市场调研在保证达到调研要求的前提下,尽量节约费用,不能盲目进行,即企业必须根据所要生产或经营的产品(或服务)进行市场调研。

市场调研既要针对产品,也要针对竞争对手进行。因为竞争已经成为企业经营战略的重要组成部分,要想在竞争中取胜,就必须了解自身的机会和威胁,以及竞争者的实力和优势,从而确定企业的竞争是采取直接对抗的策略还是采取退避迂回的方式。

(二)市场调研具有普遍性

在激烈的市场竞争中,市场调研工作不能仅停留在生产或经营活动之前的阶段进行,而应该在生产和经营的整个过程中,售前、售中、售后的各个阶段都需要开展市场调研,收集一切可以为企业所用的信息资料,从而对决策随时进行修正、使企业能够适应市场环境的不断变化。同时,市场调研活动也是发现潜在市场的有效方法,对开拓和培育新的市场领域有着积极作用。

此外,多方面经常性地收集、积累情报,是一个企业处于不败之地的至关重要的前提,也是市场调研在动态的市场中所必须执行的职能。

（三）市场调研具有科学性

市场调研不是简单地收集情报和信息的活动，为了在有限的经费和时间的约束下，获取更多更准确的资料和信息，就必须对调研的过程进行科学的安排。采用什么样的调研方式、选择谁作为调查对象、问卷如何设计才能达到预期的效果，这一切都需要进行认真的思考和研究；同时运用一些社会学、心理学和礼仪等方面的知识，以便与被访者更好地交流；在汇集调研资料的过程中，要利用计算机这种现代工具代替传统的手工操作，对大量信息及时进行准确严格的筛选、分类和统计；对资料所做的分析应由具备一定专业知识的人员进行，以便对汇总的资料做出更深入的探究和分析；分析人员还要掌握和运用相关计量经济模型和公式，从而将汇总的资料以理性化的数据表达出来，精确地反映调研结果。

（四）市场调研的结果具有某些不确定性

市场调研根据调研内容的不同可采用不同的方式，但由于被调查者的心理状态常常会有变化，从而增加了对市场调研结果进行分析的难度。如果调研人员只是根据那些可以找到的数据来研究问题，所得出的结果有时会与实际相差甚远，就不能为企业的经营决策提供有价值的资料。

（五）市场调研具有时效性

市场调研是在一定时间范围内进行的，它所反映的只是某一特定时期的信息和情况，其时效性表现为及时按照调查工作计划的进度要求，及时开展调查，及时汇总统计，及时形成调查结论，及时提供给有关部门使用。在市场调研工作开始进行之后，要充分利用有限的时间，尽可能多地收集所需要的资料和信息，调查工作的拖延，不但会增加费用支出，浪费资源，也会使生产和经营决策出现滞后，对生产和经营的顺利进行极为不利。

四、市场调研的内容

（一）营销环境

营销的宏观环境包括人口环境、经济环境、政治法律环境、社会文化环境、技术环境等。通过对宏观环境的变化及其对企业的影响进行调研，寻找企业新的发展机会，同时及早发现可能出现的威胁，以做好应变准备。

（二）市场需求

市场需求调查包括需求量调查、消费结构调查、消费者行为调查等。

（三）产品调查

产品调查主要包括产品生产能力调查、产品本身各种性能的好坏程度调查、产品的包装调查、产品生命周期的调查、产品价格的调查等。

（四）竞争调查

竞争调查主要调查竞争者的类型、经济实力、生产能力、产品特点、市场份额、销售策略、竞争的优势和劣势以及竞争战略等。

（五）营销活动调查

营销活动调查主要是在分销渠道、促销活动以及销售服务等方面进行调查。

五、营销调研的方法

根据调研的目的、内容和调研的对象不同，在具体的调研过程中可以选择不同的调研方法。通常，市场调研有现场观察法、实验法、访谈调研法、问卷调研法和文献调研法。

（一）观察法

观察法就是对调查对象进行直接观察，在被调查者没有意识到自己受到调查的情况下，观察和记录被调查对象的行为及反应等。观察法用于某些不愿回答或无法回答的情况，这是一种不可缺少的直接收集资料的方法。

观察法简单灵活，成本费用较低，受外界的干扰因素较小，被观察者处于自然状态，所以取得的资料更具真实性。但观察的只是表面现象，对内在的因素不能深入了解，比如消费者的心理变化和市场变化的原因和动机等。观察法主要有三种不同形式：

（1）直接观察法。直接观察法指调研人员到现场观察被调查者的行动来收集资料的方法。例如，在商品展销会、订货会、博览会，或是在工厂、商店等调查对象集中的场所进行调研。直接观察法简单易行、方便灵活，在市场调研中应用比较广泛。

（2）现场计数法。在市场活动现场，通过一定时间的观察计数而得到信息。一般情况下，用现场计数法进行调研时，计数的工作量较大，工作内容比较单调、枯燥，因此，在安排调研人员时，尽量选择工作态度认真、责任心强的员工担任此项工作。

（3）痕迹观察法。调查员不亲自观察购买者的行为，而是观察行为发生后的痕迹，如设置顾客意见簿、用户要求联系簿等做法，就是属于痕迹观察法。痕迹观察法的主要特点是：由于观察对象并未意识到正在被调查，因此调查对象不受外界因素的影响，往往能得到较为真实、自然的结果，搜集的资料具有较高的准确性和可靠性，有目的地调查现场发生的情况。

观察法的不足之处就是通过对调查者的观察，只能了解被调查者的行为，无法掌握被调查者内在的心理变化，无法了解被调查者的思路。有时被观察者活动的痕迹比观察活动本身更能取得准确的信息，例如，通过意见簿、回执单和优惠卡等。

在营销的应用上，观察法主要应用在橱窗布置调查、交通流量调查、店内商品摆设调查、顾客购买动作调查、商店位置调查、销售现场巡回调查等方面。

（二）实验法

实验法是指在给定的条件下，对市场经济现象中某些变量之间的因果关系及其发展变化的过程加以分析，从而获得第一手资料的方法。实验法起源于自然科学的实验求证。自然科学的实验是通过实验室，而市场研究的实验则通过实验市场。上述的观察法属于记录性研究，其结果主要说明事物间的关系。实验法是为了验证某个假设，其目的是说明因果关系。所以，实验法是说明因果关系的较好方法。但目前这种方法仍然处在发展阶段，只有在以下方面，才会被常常使用：

（1）测验市场销售的策划。例如，测验广告策略中心的销售成果，就经常使用这种方法。测验的销售区域越广，所了解的变量越多，所获得的结果也越好。

（2）测验销售促销方法。例如，测验数家商店的销售情况，即在一定期间，记录其进货、销售情况，最后计算出销售增加比例。

（3）在市场研究中，使用实验法的还有对商品价格的决定，某一商品以若干不同价格出售，详细记录其销售情况，然后确定价格。

实验法最大的缺点是：控制变量复杂、应用范围较小。只适合对当前市场变量的观察和分析，对于过去和未来的变化信息不能准确把握，并且采用实验法的费用较高。

（三）访谈调研法

访谈调研法就是以询问被调查者问题的方式来收集资料的一种方法。它包括个人访问法、电话调查法、邮寄调查法三种主要方式。

（1）个人访问法。个人访问法，又称面谈调查法或直接访问法，是指派调查员根据规定的访问程序向所选出的对象当面询问，以取得有关资料的方法。个人访问调查时既可以根据事先拟订的问卷上的问题顺序发问，也可以通过自由交谈来获得资料。

个人访问法具有以下特点：①可观察性；②灵活性；③可控制性；④面谈费用高。

（2）电话调查法。电话调查法，就是利用调查问卷由调查者用电话向调查对象询问意见收集资料的方法。

电话调查法的特点是：①迅速、及时地获得事件发生当时的情报，凭借电话作为调查工具，可以在很短的时间内，立即获得调查资料，对于某些极具时效性的资料收集来说，电话调查法是一种最有效的资料收集工具；②所需要的费用低，仅需支付电话费即可；③调查者与被调查者不直接接触，避免心理压力；④调查时按标准问卷发问，便于资料整理；⑤电话调查法具有局限性，无法获得观察资料，无法控制不合作者。

（3）邮寄调查法。邮寄调查法，就是将设计好的问卷，邮寄给被调查者，请他填好后寄回。为了提高回收率，采用此法时，一般可采取赠送纪念品的办法。

邮寄调查法的特点是：①调查区域广泛，对样本能做地理上的分配；②所需要的费用低；③被调查者有足够的时间考虑问题，不会受时间上的限制。但采用这种办法，回收率低；各细分市场的回收率不一致，使设计样本的地理分布产生误差；调查表必须简短，不适于探测个人内在动机；被调查者答复迟缓，无法控制问卷回收时间，往往费时较长。因此，在被调查的要件并非十分重要的情况下，邮寄法是一种既经济又有效的调查方法。

（四）问卷调查法

问卷调查法有很多有利之处，有利于扩大调查区域，增加调查对象的数量，而且不受地域限制。由于问卷是由被调查者自由填写，可以避免一些受调研人员态度和情绪影响的弊端，信息更加客观、真实。采用问卷调查，可以节省大量的费用，而且还可以省去很多的人力。

问卷调查的不足之处有：问卷调查一般花费的时间较长，如果不能进行很好的控制，很容易使资料失去时效性；问卷的回收率较低；容易产生差错和误解。

（五）文献调研法

文献调研法，又称二手资料调研法、案头调研法，是市场研究人员通过收集已有的资料、数据、报告、文章等有关二手信息，并加以整理、分析、研究和利用的一种市场营销调研方法。常用于探索性研究阶段。

文献调研法的优点是：所获得的信息资料较多，资料的获得也比较容易，花费的时间较少，费用较低。缺点是：时效性不足，针对性差。

任务二　市场调研过程

市场调研的全过程（图4-1）可划分为三个阶段，即调查准备阶段、调查实施阶段和调查结果处理阶段。每个阶段又可分为若干具体步骤。

一、调查准备阶段

调查准备阶段主要解决调查目的、要求、范围、规模及调查力量的组织问题，并在此基础上制订一个切实可行的调查计划。这个阶段的工作步骤大体如下。

（一）确定调查目标，拟定调查项目

调查目标是指为什么要进行调查？调查要了解什么问题？了解这些问题后有什么用处？等等。调查项目是指调查什么样的对象？应该收集哪些方面的信息资料？

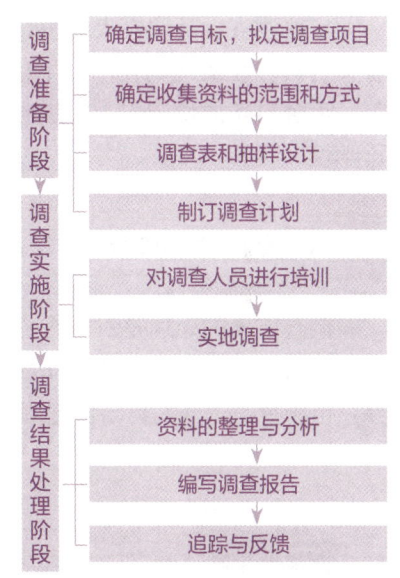

图4-1　市场调研的过程

（二）确定收集资料的范围和方式

确定收集资料的范围是指空间范围和资料数量，就是确定应收集什么资料？向谁收集资料？在什么时间、什么地方收集资料？收集资料的方式是通过实地调查取得第一手资料还是收集第二手资料？是一次性调查还是多次调查？是普查还是抽查？等等。

（三）调查表和抽样设计

调查表或问卷设计要符合简明、突出主题和便于统计分析的要求。抽样设计需要解决

好抽样方式和样本量大小的选择问题。

（四）制订调查计划

调查计划是市场调研的行为纲领。它应包括以下内容：采用什么调查方法，分几个步骤，调查人力的安排及如何组织分工，整个调查工作的时间和进度，调查费用预算等。

二、调查实施阶段

调查实施阶段的主要任务，是组织调查人员按照调查计划的要求，系统地收集资料和数据，听取被调查者的意见。这个阶段大体可以分为以下几个步骤。

（一）对调查人员进行培训

对调查人员进行培训，是保证调查质量的一项重要措施。培训的内容主要包括明确调查计划，掌握调查技术，了解同调查目标有关的经济知识与业务技术知识。

（二）实地调查

实地调查就是调查人员按计划规定的时间、地点、方法、内容进行具体的调查，收集有关资料。在实地调查中，不仅要注意收集第二手资料（现在资料），而且更要注意收集第一手资料（原始资料）。实地调查的质量取决于调查人员的素质、责任感和组织管理的科学性。

三、调查结果的处理

调查结果的处理是对调查资料的分析和总结。它是市场调研能否充分发挥作用的关键一环。因为对这一阶段的工作如果草率从事，会导致整个调查工作功亏一篑，甚至前功尽弃。市场营销调查人员要切记调查的"营销"宗旨，通过调查真正找到并把握市场机会。

任务三 市场调研数据分析

一、市场调研数据的录入与整理

数据资料的处理过程是从回收第一份问卷开始的。按照事先调查方案的计划，尽量确保每份问卷都是有效问卷（所谓"有效"问卷，指的是在调查过程中按照正确的方式执行完成的问卷）。问卷回收以后，督导员必须按照调查的要求，仔细地检查问卷。检查问卷的目的在于挑出不完整或不规范的问卷，保证数据的准确性。所谓错误填写即出现了那些不合逻辑或根本不可能的结果，通过对调查员的复核，可以检查出哪些调查员没有按照调查的要求去访问，那么，该调查员完成的问卷可能存在很多问题。还有可能出现漏答了某些必须回答的问题，比如被访者的人口特征等基本情况，造成问卷回答不完整。

鉴于这些情况，不管是由于调查员造成的还是被访者的原因，通常有两种方式进行补救：对于出现漏答的问卷，通常要求调查员对受访者进行重访，以补充未答的问题；如果不便于重访或重访后的问卷还有问题，数目不是很多，可以当作缺失值计。如果数量非常大，这份问卷就只能当作废卷处理，并且按照被访对象的抽样条件，补做相关的样本。

1. 问卷检查

问卷的检查一般是指对回收问卷的完整性和访问质量的检查，目的是要确定哪些问卷可以接受，哪些问卷要作废。检查的要点包括：

（1）规定详细的检查规则，一份问卷哪些问题是必须填写完整的，哪些问题出现缺失时可以容忍等，使督导员明确检查问卷的每一项流程。

（2）对于每份调查员交回来的问卷必须彻底地检查，以确认调查员或者被访者是否按照相关的要求完成了访问，并且完整地记录在问卷恰当的位置。

（3）应该将问卷分成三种类型：一种是完成的问卷；另一种是作废的问卷；最后一种是有问题的问卷，但是通过追访还可以利用的问卷。

（4）如果抽样中有配额的要求，那么应将完成的问卷中的配额指标进行统计分析，确定问卷是否完成配额的要求，以便及时地补充不足的样本。

（5）通常有下面的情况的问卷是不能接受的：所回收的问卷明显不完整，缺了一页或者多页；问卷中有很多内容没有填答；问卷的模式说明调查员（被访者）没有理解或者遵循访问指南进行回答；问卷的答案几乎没有什么变化，如在态度的选项上全部选择第 x 项的情况；问卷的被访者不符合抽样要求；问卷的回收日期超过了访问的时限等。

2. 问卷的校订

为了加强问卷的准确性，对那些初步接受的问卷还要进行进一步的检查和校订，在校订的过程中，通常会发现问卷中存在有字迹模糊、问题漏选的、前后回答不一致的、答案模棱两可的和跳答错误的问题。

问卷的某些问题答案可能出现字迹模糊的情况，特别是碰上无结构的开放式的问题时，因为调查员记录得不好，答案不容易识别。如果发现这样的问题，必须对受访者进行追访，将积极不清楚的地方填写清楚。

对于漏选的问题处理方法也是一样，出现漏选的题目因为各种原因，无法进行补充访问时，普通的问题，而且数目不大的情况，通常作为缺失值处理；如果涉及内容是受访对象的个人特征的问题，通常只能作为废卷处理。

问卷中有些问题的答案会出现不容易理解的模棱两可的情况，或者是使用了不是通用的缩写方式或词语，或者在该单选一项的问题中，圈选了两项等，都必须通过追访进行补救。另外就是回答时可能出现跳答错误的情况，这可能是因为被访对象没有很好地理解问题。如果出现这种情况，首先要核实被访对象是否符合抽样调查的条件（跳答题目往往是筛选条件），如果符合，进行追问补充，如果不符合条件，问卷只能作废，重新补充样本。

问卷的回收、检查与校订可能是非常烦琐且工作时间很长的工作，但是却是保证数据处理过程中较少误差的重要的步骤。

3. 问卷的编码

编码是指对一个问题的不同答案进行分组和确定数字代码的过程。大多数问卷的大多数问题都是封闭式的，在调查之前就已经完成了编码的过程，即每一组问题的不同答案的数字编码已经确定。

开放式问题，因为不知道会得到什么答案，或者是希望得到比列出的封闭式的选项更详尽的答案，所以在调查结束后，必须对这些开放式的问题进行事后编码。开放题的事后编码的工作量很大，无法预知会出现多少个新的代码和答案，而且有些答案是非常类似的，必须决定是否合并成一类，还是分成不同的代码。具体地说明编码需要以下几个步骤：

（1）每个需要编码的项目都必须有一份编码表，将问题和项目的代码详细地标注在编码表的顶端位置，由于事先不知道会有多少新的代码或答案出现，所以一定要预备足够的空间。

（2）如果编码的工作由一个编码员完成，出现错误的可能性相对较小。但实际上，因为需要编码的问题可能很多，一个人是没有办法按时完成的，这就需要多个编码员。在这样的情况下，一定要注意多个编码员工作的协调。应该安排编码员在不同的时间，或者相同的时间相同的地点，使用同一个编码表。这样可以避免编码重复的情况。

（3）研究人员应详细制定编码的守则，指导编码员如何识别答案，并且将其归类，以及如何分配编码等，并同时对编码的过程进行监督和检查。编码员在编码的过程中可能有两种倾向：一种是事无巨细地将出现的每一种答案都给予新的代码，结果代码的数量比预料的要多出很多；另一种情况是对答案的归类过于粗糙，可能丢弃了数据中有意义的差异。对于这两种情况都必须通过守则的规定，尽量避免。碰到无法确认的分类时，通常的做法是赋予一个新的代码，如果需要合并，可以在将来的数据处理过程中完成。

（4）可以对"不知道""无所谓""不清楚""缺失"事先规定，但是一定要注意规定的编码与实现对该问题的最大编码的预计数量一致。

（5）编码的字迹必须清楚，如果可能的话，及时地进行计算机的录入管理。可参考表4-1问卷的编码。

表4-1 问卷的编码

变量编号	变量名称及说明	变量位数	编码说明
1	问卷编号（被访者编号）	3	001~500
2	城市编码	1	1.北京、2.上海、3.广州、4.成都
3	访员编号	3	首位是城市编码，后两位是访员编码（01~50）
4	Q1被访者性别：（　）（访员记录）	1	1.男、2.女

续表

变量编号	变量名称及说明	变量位数	编码说明
5	Q2被访者年龄：（　　）岁	2	按照访问对象的实际年龄填写，16～60
6	Q3被访者的学历：小学及以下、初中、高中或中专、大学专科、大学本科、研究生或以上	1	1. 小学及以下、2. 初中、3. 高中或中专、4. 大学专科、5. 大学本科、6. 研究生或以上
…	……	…	……
15	Q12-1 请问您在购买时考虑的因素有（限选3项）：商品的功能、商品的品质、商品的外观、商品的价格、商品的品牌、商品的售后服务、朋友的推荐、其他	1	1. 商品的功能、2. 商品的品质、3. 商品的外观、4. 商品的价格、5. 商品的品牌、6. 商品的售后服务、7. 朋友的推荐、8. 其他
16	Q12-2 请问您在购买时考虑的因素有（限选3项）：商品的功能、商品的品质、商品的外观、商品的价格、商品的品牌、商品的售后服务、朋友的推荐、其他	1	1. 商品的功能、2. 商品的品质、3. 商品的外观、4. 商品的价格、5. 商品的品牌、6. 商品的售后服务、7. 朋友的推荐、8. 其他
17	Q12-3 请问您在购买时考虑的因素有（限选3项）：商品的功能、商品的品质、商品的外观、商品的价格、商品的品牌、商品的售后服务、朋友的推荐、其他	1	1. 商品的功能、2. 商品的品质、3. 商品的外观、4. 商品的价格、5. 商品的品牌、6. 商品的售后服务、7. 朋友的推荐、8. 其他
18	Q13 真正的好产品不需要广告：非常同意、同意、无所谓、不同意、非常不同意	1	5. 非常同意、4. 同意、3. 无所谓、2. 不同意、1. 非常不同意
19	Q14 买东西时我经常货比三家：非常同意、同意、无所谓、不同意、非常不同意	1	5. 非常同意、4. 同意、3. 无所谓、2. 不同意、1. 非常不同意
…	……	…	……

二、调查资料的录入和整理

数据录入是指将问卷或编码表中的每一个项目对应的代码转化成计算机能够识别的形式的过程。目前，正式的问卷调查主要以纸面问卷调查的形式居多，所以在问卷完成后，需要对问卷进行录入的操作。

大多数问卷信息通过智能录入系统进行，即使用相关的数据库软件包。数据库软件不仅可以存储数据，而且在录入过程中，通过事先的数据库结构的编辑，可以对录入员录入的过程进行逻辑检查，避免数据录入过程中出现某种类型的错误，如录入无效的编码或者是太广的编码，同时对于跳答问题的录入也能进行很好的控制，减少错误的条约模式。

数据库软件的录入检查的范围，限制在最常见的逻辑错误上，对于在选项范围内，因为录入员的疏忽而出错的信息，往往不能察觉，而录入员在问卷的输入过程中，因为速度非常快，即使是非常老练的录入员，也会出现录入错误的情况。

为了保证数据录入的准确性，有必要对录入的结果进行核查，核查的方式主要有双机录入或三机录入。所谓双机录入的方式，是将同一份问卷分别由两个录入员进行两次录入，将两次的结果进行逐个比较，相同的部分是被认为没有错误的，如果出现不同的部分，检查问卷，及时修正。所谓三机录入，即将同一份问卷由不同的录入员录入3次，将3次的结果通过计算机进行比较，采用"2排1"的选择，如果2个结果是相同的，排除那个不同的答案。三机录入的方式可以减少翻阅问卷的人工。

无论是双机录入还是三机录入，都会增加调查的时间和费用成本，而且是成倍地增加。但是为求得数据的收集录入各个环节的准确性，越来越多的企业和市场调研公司要求数据要正确录入的操作。

如将在表4-1问卷的编码中出现的问题进行录入，问卷编号，城市编码，调查员编号，Q1、Q2、Q3、Q12-1、Q12-2、Q12-3、Q13、Q14，对应的数据库结构见图4-2。这样，输入时每份问卷按数据库中指定的位置输入相应变量的取值，一行数字就是一份问卷。结果是所有问卷依次输入完毕就形成了一个数据库。

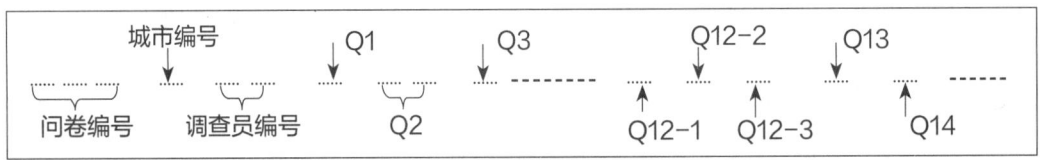

图4-2 数据录入结构

（1）问卷编码是001号，城市是北京市，12号调查员完成的问卷，圈选的结果是：Q1 男性；Q2 30岁；Q3 大学专科；Q12圈选的是2 3 5；Q13 非常同意；Q14 不同意。

（2）问卷编码是005号，城市是上海市，2号调查员完成的问卷，圈选的结果是：Q1 女性；Q2 22岁；Q3 大学本科；Q12圈选的是1 3；Q13 不同意；Q14 非常同意。

对应的数据库①0011121304……23552；②0052022225……13045数据的整理。如果在录入过程中，没有实行双机录入（三机录入）的措施，在录入完成之后，有必要对数据进行全面的整理检查。数据整理主要是尽可能地处理错误或不合理的信息以及进行一致性的检查。虽然经过回收问卷、编码过程以及录入的重重检查，但是数据的整理过程是使用计算机进行的，对数据的矫正将更为彻底。

数据整理可使用SPSS或SAS统计软件进行，可以很方便地寻找出超出选项范围、极端值或逻辑上不一样的数据。通常的做法是首先对所有变量进行频数的计算，对连续性的变量进行均值、标准差、最小值、最大值等统计分析，超出范围的数据和极端的数值很容易检查出来。例如，问卷的编码的调查中，关于年龄的填写，假定缺失值为"0"，如果出现小于16，或者大于60的数值就是超出范围的。根据对应的问卷编号，变量编码找出问卷，进行核实。

数据整理是对数据进行的最后一道检查程序，这一步完成后，数据应该是"整齐、干净的"，然后进入下一步，对数据进行统计处理分析。

三、数据分析

（一）常用的统计方法

1. 变量类型

在编码时已经提到过，问卷的每一个题目都可以看作是一个变量，由于所提问题的性质不同，对应的变量类别也不一样，变量的类别由低到高依次为：定类变量、定序变量、定距变量（定比变量）。

（1）定类变量。变量的不同取值仅仅代表了不同类的事物，这样的变量称为定类变量。问卷的人口特征是最常使用的问题，而调查被访对象的"性别"，就是定类变量。对于定类变量，加减乘除等运算是没有实际意义的。

（2）定序变量。变量的值不仅能够代表事物的分类，还能够代表事物按某种特性排序，这样的变量称为定序变量。问卷的人口特征中最常使用的问题"教育程度"，以及态度量表题目等都是定序变量，定序变量的值之间可以比较大小，或者有强弱顺序，但两个值的差一般没有什么实际意义。

（3）定距变量。变量的值之间可以比较大小，两个值的差有实际意义，这样的变量称为定距变量。有时问卷中出现的调查被访者的"年龄"和"每月平均收入"，都是定距变量。

定比变量与定距变量在市场调研中一般不加以区分，它们的差别在于，定距变量取值为"0"时，不表示"没有"，仅仅是取值为0。定比变量取值为"0"时，则表示"没有"。上面举例的"年龄""每月平均收入"也是定比变量，因为它们的"0"值都表示"没有"。而像"温度"这样的变量中的"0"值并不表示"没有"，而是表示"0℃"这一特定温度，这样的变量是定距变量，但不是定比变量。

在统计分析时，对不同类型的变量要选用不同的方法。一般的原则是适用于较低类别变量的统计方法也可用于较高类别的变量，反之则不行。比如适用于定类变量的分析方法，同时也可用于其他类别的变量，反过来适用于定距变量的分析方法，一般不能用于其他类别的变量。

由于市场调研中的定类、定序变量较多，为了能够使用更多的统计方法，常常将有些定类和定序变量通过某些转换变成定距变量或近似看成定距变量，这样只适用于定距变量的统计方法，就可以用于定类和定序变量了。

2. 对于缺失值的处理

在数据整理中，经常会碰到缺失值的问题，缺失值的数量过多的话，说明数据收集过程中存在着严重的问题。可以接受的标准是，缺失值的数量在10%以下。处理缺失值的方法有下面四种：

（1）用一个样本统计量的值代替缺失值。缺失值可以使用一个样本的统计量去代替，最典型的做法就是使用该变量的样本平均值。由于该变量的平均值保持不变，其他的统计量如标准差、相关系数等都不会受到影响。例如，在收入或者年龄问题中出现缺失值，可以使用收入、年龄的平均值代替缺失值。

（2）用从一个统计模型计算出来的值去代替缺失值。另一种缺失值的处理方法就是利用由某些统计模型计算得到的比较合理的值代替，常使用的模型有回归模型、判别模型等。例如，"个人收入""年龄"与"品牌的选择"可能存在关系，利用这三个问题的被访者问答数据，可能构造出一个回归方程。根据这个回归方程，对于没有回答"品牌选择"的被访者，可以根据"个人收入"和"年龄"的选项，利用回归方程式，计算出品牌选择的值。

（3）将有缺失值的个案删除。将有缺失值的个别删除的方法，结果可能会导致样本量的减少，如果调查在收集过程中控制得不是很好，被访对象多多少少都会出现一些问题没有回答的情况，删除个案的方法，会导致大量的样本减少。

（4）将有缺失值的个案保留，仅在相应的分析中做必要的删除。将有缺失值的个案保留，仅在相应的分析中做必要的排除的方法，会使分析中不同计算的样本量不同，也有可能导致不适宜的结果。调查的样本量比较大，缺失值的数量又不是很多，而且变量之间也不存在高度相关的情况下，市场研究者经常采用这种方式处理缺失值。

（二）数据分析方法

1. 回归分析

回归线是一条最能代表散点图上分布趋势的直线。常用拟合回归线的原则是使各点与该线纵向距离的平方和为最小。确定这条线的方程称为回归方程。

一元线性回归是指只有一个自变量的线性回归。常用最小二乘法或求截距的方法计算回归系数。二元线性回归方程是指一个因变量对两个自变量的线性回归方程。二元线性回归方程用最小二乘法来确定回归系数。多元线性回归方程中的自变量多于两个。其目的是从组成回归方程的所有自变量中选择最优的自变量，或对所有可能的回归方程逐一检查、逐步回归，选择一个显著性程度最强的方程。

2. 判别分析

判别分析是判别样本所属类型的一种多元统计方法，在生产、科研以及日常生活中都经常用到。例如，在天气预报中根据气温、气压、温度等气象因子来预报第二天的天气是晴天、阴天还是雨天；医生可以根据体温、血压以及各项检验指标来判断病人疾病的严重程度；经济研究者则根据经济、政治、科技、军事、人口、资源等多种指标来判断国家的竞争力；在市场调研中，市场调研人员可以根据调研数据，判断产品是畅销、一般还是滞销。

判别分析就是在已知研究对象分为若干类型（组别）并已经取得各种类型的一批已知样品的观测数据基础上，根据某些准则，建立起尽可能把属于不同类型的数据区分开来的判别函数，然后用它们来判别未知类型的样品应该属于哪一类。根据判别的组数，判别分析可以分为两组判别分析和多组判别分析；根据判别函数的形式，判别分析可以分为线性判别和非线性判别；根据判别时处理变量的方法不同，判别分析可以分为逐步判别、序贯判别等；根据判别标准的不同，判别分析有距离判别、Fisher 判别、Bayes 判别等。

3. 聚类分析

聚类分析，又称群分析和类分析，它是依据某种准则对个体进行多元分类的一种多元统计分析方法。通俗地讲，聚类分析就是多元统计分析中研究所谓"物以类聚"现象的一种方法。其职能是对一批样本或指标,按照它们在性质上的亲疏程度进行分类。比如在一项全国范围的市场调研中,需要对我国各省、市、自治区的经济发展状况进行分析。一般不是逐个省、市、自治区去分析,较好的做法是选取能反映经济发展状况的有代表性的指标,如国民生产总值(GNP)、工业生产总值、第三产业比重、固定资产投资额、人均国民收入、城市和农村平均每人月收入及通货膨胀率等指标,根据这些指标对各省、市、自治区进行分类。然后依据分类结果,对经济发展情况进行综合评价,这就易于得出科学的结论。

4. 相关分析

两个变量之间不精确、不稳定的变化关系称为相关关系。用来描述两个变量相互之间变化方向及密切程度的数字特征量称为相关系数,一般用 r 表示。相关系数的值仅仅是一个比值,它不是由相等单位度量而来(即不等距)的,也不是百分比,因此,不能直接做加、减、乘、除。

相关系数只能描述两个变量之间的变化方向及密切程度,并不能揭示两者之间的内在本质联系。当两个变量都是正态连续变量,而且两者之间呈线性关系时,表示这两个变量之间的相关称为积差相关。等级相关是指以等级次序排列或以等级次序表示的变量之间的相关。质与量的相关是指一个变量为质,另一个变量为量,这两个变量之间的相关性。

5. 时间序列

时间序列是随机过程的等时间隔的离散数值记录。通常在工商企业和政府机构的数据库中,有大量的数值记录是时间序列。它们各自反映了客观现实世界某一特定对象的运动状态和发展过程。以横坐标为时间、以纵坐标为序列的状态数值,绘出时间序列的图形,可直观地看到某一过程的历史演变情况。

许多企业是根据过去的实际销售业绩来预测未来销售发展趋势的。例如,某种产品历年销售量(Y)的时间序列,可按趋势(Trend)、周期(Cycle)、季节(Season)和偶然事件(Erraticevents)等主要因素进行分析。

(1)趋势(T)。人口、资金构成和技术等要素发展变化的基本情况。这些可从过去的销售曲线的变化规律中推测出来,也可看作是过去销售曲线的自然延伸。

(2)周期(C)。经济周期波动的影响,剔除周期性的影响,对中期预测相当重要。

(3)季节(S)。一年中销售变化的周期固有模式,如与日、周、月或季节相关的规律性变动。这种变动往往是与气候、假日、交易习惯,甚至顾客上下班时间相联系的。季节性模式常作为短期销售预测的一种依据。

(4)偶然事件(E)。包括暴风雪、火灾及其他偶然性的灾害、动乱等。这些因素都是可能遇到而又无法预测的,根据历史资料进行销售预测时,应剔除这些偶然因素的影响,以求得较规范的销售行为模式。

时间序列分析法可以根据上述要素(T、C、S、E)分析原始销售数据,再结合这些要素预测未来的销售。例如,某公司今年10月份售出2000台新产品,现在预测明年10月份的销售量。根据近5年数据分析可以看出发展趋势是每年销售递增5%,因此,明年10月份的销售量估计为2100(2000×1.05)台。但由于经济环境的波动,预计明年的销售量只能达到正常情况下的95%,即1900(2000×95%)台。

（三）几种主要的常见图表

图表能简洁、形象、系统地说明各种有关的数字资料，是一种较好的数据分析表现形式。通过图表的视觉效果，可以直接查看数据的差异和发展趋势，并能对有关数据进行对比，反映变量的变化趋势及其相互关系。

1．环形图

环形图是由两个及两个以上大小不一的饼图叠在一起，挖去中间的部分所构成的图形。

2．曲线图

曲线图是利用线段的升降来说明现象的变动情况，主要用于表示现象在时间上的变化趋势、现象的分配情况和两个现象之间的依存关系。曲线图可分为简单曲线图和复合曲线图。简单曲线图用于描述一段时间内单个变量的历史状况及发展趋势，复合曲线图用于描述两个或两个以上变量在一段时间内单个变量的历史状况及发展趋势。

3．柱形图

柱形图是利用相同宽度的条形的长短或高低来表现数据的大小与变动。柱形图可以直观地表现各种不同数值资料相互对比的结果。柱形图可分为简单柱形图和复合柱形图，简单柱形图适用于说明一段时间内一个变量的变化，复合柱形图适用于说明两个或两个以上变量及其对比关系。

四、网上市场调研数据的分析

（一）选择数据处理方法

根据网上市场调研的目的和方式选择数据处理方式和工具，如时间序列分析、相关分析、聚类分析等方法，确定哪些数据直接采用计算机处理，哪些数据需要人工干预。根据要求可以采用成熟的计算机数据处理软件，也可以根据需要设计开发专门软件。

（二）进行数据处理

网上调研结果数据处理，首先要排除不合格的问卷，然后对大量回收的问卷资料进行综合的分析和论证。对从互联网上获取的信息和数据进行整理和分析，可以直接利用计算机软件进行快速分析，分析结果一般是真实可靠的，如互联网应用网上调研数据统计分析处理或者网上新闻热点看法调研等。

（三）归纳分析处理结果

根据数据汇总统计分析处理的结果，采用定性与定量相结合的办法，对于数据结果进行深入分析，得出有规律性的结果，产生相关的统计分析图标和初步分析结果，由此可以看到事物发展的趋势和现状，为网上市场调研分析报告的撰写提供基础资料，为企业决策提供依据。

任务四 目标市场定位

一、市场细分与营销策划

（一）市场细分的概念和作用

1. 市场细分的概念

所谓市场细分，就是企业通过市场调研，依据消费者的需求、欲望、购买行为和购买习惯等方面的差异，将某一产品的整体市场划分为若干个具有不同需求的消费者群的市场分类过程。每一个消费群就是一个细分市场，每一个细分市场都是由具有类似需求倾向的消费者构成的群体，所有的细分市场之和便是整个市场。

现代企业由于受到自身实力的限制，不可能向市场提供能够满足一切需求的产品和服务，为了有效地进行竞争，企业必须进行市场细分，选择最有利可图的目标细分市场，集中企业的资源，制定有效的竞争策略，以取得和增加竞争优势。在市场上，消费者总是希望根据自己的独特需求去购买产品，由于消费者所处的地理位置、社会环境不同，自身的心理和购买动机不同，造成他们对产品的价格、质量款式上的需求具有差异性。在同一地理条件、社会环境和文化背景下的人们形成有相对类似的人生观、价值观的亚文化群，他们的需求特点和消费习惯大致相同。正是因为消费需求在某些方面的相对同质，市场上绝对差异的消费者才能按一定标准聚合成不同的群体。因此，市场细分的基础有三点，即消费者需求的差异性、消费者需求的相似性、企业有限的资源。企业有限的资源和消费者需求的差异性造成了市场细分的必要性，消费者需求的相似性则使市场细分有了实现的可能性。

2. 市场细分的作用

市场细分有利于选择目标市场和制定市场营销策略。市场细分的理论可以帮助企业更好地研究市场、分析市场，市场细分后的子市场比较具体，比较容易了解消费者的需求，为选择适合企业的目标市场、制定合适的营销策略提供可靠的依据。市场细分有利于发掘市场机会，开拓新市场。通过市场细分，企业可以对每一个细分市场的购买潜力、满足程度、竞争情况等进行分析对比，发现尚未得到满足的细分市场，探索出有利于本企业的市场机会，使企业及时做出投产、异地销售决策或根据本企业的生产技术条件编制新产品开拓计划，进行必要的产品技术储备，掌握产品更新换代的主动权，开拓新市场，以更好地适应市场的需要。

市场细分有利于合理配置企业资源，提高企业竞争优势。任何一个企业的资源、人力、物力、资金都是有限的，不可能向市场提供所有产品，满足市场所有消费需求，通过细分市场，选择适合自己的目标市场，有利于企业将有限的资源有效利用，避免资源浪费，维持现有消费者和吸引潜在消费者，巩固市场地位，给企业带来更大的经济效益和社会效益。

（二）市场细分的依据和方法

1. 市场细分的依据

一种产品的整体市场之所以可以细分，是由于消费者的需求存在差异性，企业要区分不同消费群体的差异性，需要找到造成差异性的原因，这些原因是市场细分的依据。消费者市场细分的依据一般可概括为四大类：地理细分、人口细分、心理细分和行为细分，每个方面又包含了一系列的细分因素。

（1）地理细分。地理细分是根据消费者所处的地理位置、自然环境等地理变量来细分市场，如根据国家、地区、城市规模、地形地貌等方面的差异将整体市场分为不同的小市场。地理变量之所以可以作为市场细分的依据，是由于不同地区的自然条件、气候、文化传统和消费水平等方面存在差异，致使不同地区消费者的需求、习惯和偏好也存在较大差异，他们对企业所采取的市场营销组合策略可能会有不同的反应。

（2）人口细分。人口细分是根据反映消费者个人基本特点的人口变量来细分市场，包括消费者年龄、家庭规模、家庭生命周期、性别、收入、受教育程度、宗教信仰、民族、国籍等。例如，根据年龄划分为婴儿市场、青少年市场、中老年市场，显然奶粉、纸尿裤等针对婴儿市场，保健品在中老年人群中市场比较大；根据性别分为男性市场和女性市场，如护肤品、化妆品，就有男女的区分；家庭规模和生命周期不同，所需的产品类型和消耗水平也不一样，汽车、餐饮、娱乐等可分高、中、低档，与收入密切相关。

（3）心理细分。心理细分是指按照消费者的生活方式、个性特点等心理变量进行细分，消费者心理因素很复杂，下面介绍几个方面。

①社会阶层。社会阶层是指在一个社会中具有相对的同质性和持久性的群体，它们是按等级排列的，每一阶层成员具有类似的价值观、兴趣爱好和行为方式。一个人的社会阶层归属不仅仅由某一变量决定，而是受到职业、收入、教育、价值观等多种因素的制约。

②生活方式。生活方式是指消费者对自己工作、休闲和娱乐的态度。不同的生活方式的群体对产品和品牌有不同的需求。例如，美国有些服装公司把妇女分成朴素型、时髦型、有男子气型三种，分别为她们设计不同式样和不同颜色的衣服。

③个性。个性是一个人特有的心理特征，具有稳定性，营销者也越来越注重给自己的产品赋予品牌个性，树立品牌形象，以迎合相应的顾客个性。例如，福特汽车和雪佛兰汽车在促销方面就强调个性的差异，有人认为购买福特汽车的顾客有独立性、易冲动、有男子气概、敏于变革并有自信心，而购买雪佛兰汽车的顾客往往保守、节俭、缺乏阳刚之气、恪守中庸之道。

④偏好。偏好指消费者对某种商品所持的喜爱程度。在市场上，企业为了维持和扩大经营，需要努力提高顾客满意度，寻找忠诚拥护者，并掌握其需求特征，进一步从商品形式、销售方式以及广告宣传等方面去满足他们的需要。

（4）行为细分。行为细分是指企业按照消费者对产品的了解程度、态度、使用情况或反应等进行市场细分。特别是消费者收入水平不断提高的条件下，行为因素越来越重要。用来行为细分的变量包括购买时机、利益、使用者地位、使用率、消费者待购阶段和消费者对品牌的态度等。

①购买时机。许多企业往往通过消费者购买商品的时机与使用商品的时机细分市场，

例如，不少企业在春节、元宵节、中秋节等传统节日大做广告，借以促进产品销售。

②利益细分。消费者往往因为各自具有不同的购买动机，追求不同的利益，所以购买不同的产品或品牌。例如，人们都在使用牙膏，但所追求的功能却各有不同，有的是为了清洁牙齿，有的是为了清新口气，有的是为了预防疾病，因此市场上也有各种不同品牌和不同功能的牙膏供消费者选择。

③使用者状况。许多市场可根据消费者的使用情况进行细分。例如，将某种产品的整体市场细分为非使用者、曾经使用者、经常使用者、初次使用者、潜在使用者。

④使用率。许多商品还可以按照消费者对其使用频率来划分为少量、中量和大量使用者。例如，啤酒的大量使用者为中青年人，化妆品的大量使用者为成年女性，玩具的大量使用者为儿童等。企业往往把大量使用市场作为自己的目标市场。

⑤消费者待购阶段。对于每一种产品来说，都可能同时存在对产品不了解、有所了解、感兴趣、想要购买、打算购买的各种各样的消费者，企业对于处于不同阶段的消费者酌情运用适当的营销策略，才能促进销售。

⑥消费者态度。消费者对企业产品的态度有五种：热爱、肯定、不感兴趣、否定和敌对。企业必须针对不同态度的消费者制定不同的营销策略，以巩固热爱和喜欢态度的消费者，争取无所谓态度的消费者，转化或放弃敌对的消费者。

2．市场细分的方法

在进行市场细分时，并不是每种商品都需要按照所有市场细分的依据来进行市场细分，而只需根据商品的特点，选取一种或几种有意义的依据来细分市场。市场细分的方法一般可以分为单一因素法、综合因素法和系列因素法。

（1）单一因素法。单一因素法是选用一个市场细分标准，对市场进行细分。它是根据市场营销调研结果，选择影响消费者或用户需求最主要的因素作为细分变量，从而达到市场细分的目的。这种细分法以公司的经营实践、行业经验和对组织客户的了解为基础，在宏观变量或微观变量间，找到一种能有效区分客户并使公司的营销组合产生效益的变量而进行的细分。

（2）综合因素法。综合因素法是运用两个或两个以上市场细分标准对市场进行细分。这是根据影响消费者需求的两种以上的因素综合进行细分，又称多变量因素组合法，它的核心是并列多因素分析，所涉及的各项因素无先后顺序和重要与否的区别。例如，服装市场可根据性别、年龄、消费水平三个因素分为不同的细分市场，按性别可分为男装和女装，按年龄可分为童装、青少年装、中老年装，按消费水平可分为低档、中档和高档服装，三种因素综合考虑，则会产生18个细分市场，如中档的青少年女装等。

（3）系列因素法。系列因素法也是运用两个或两个以上的标准来细分市场，但必须依据一定的顺序由粗到细依次细分，下一阶段的细分是在上一阶段选定的子市场中进行的，细分的过程实质上就是一个比较、选择子市场的过程。

（三）市场细分的原则与步骤

1．市场细分的原则

企业进行市场细分的目的是通过对顾客需求差异予以定位，来取得较大的经济效益。

众所周知，产品的差异化必然导致生产成本和推销费用的相应增长，所以，企业必须在市场细分所得收益与市场细分所增成本之间做一个权衡。由此，想要得出有效的细分市场必须遵循以下原则。

（1）可区分性。这是指不同的细分市场的特征可清楚地加以区分。一方面指各细分市场的消费者对同一市场营销组合方案会有差异性反应；另一方面指对于细分市场，企业应当分别制订出独立的营销方案。

（2）可衡量性。这是指细分市场是可以识别和衡量的，即细分市场不仅范围明确，而且对其容量大小也能大致做出判断。如果细分变量很难衡量的话，就无法界定市场。比如，按年龄、性别划分市场，就会很容易得到各组的人口资料；但有些细分变量，如要测量同一年龄组有多少消费者是追求生活质量的人，则很难办到。

（3）可营利性。这是指细分市场足以使企业获利，即细分后的市场要有适当的规模和发展潜力，以适应企业发展壮大的需要。细分后的市场规模与营销费用密切相关，如果细分市场的规模过小，市场容量太小，细分工作烦琐，成本耗费大，获利小，就不值得去细分。

（4）可进入性。这是指细分市场必须与企业自身状况相匹配，企业有优势占领这一市场。可进入性主要表现在三个方面：一是企业具有进入这些细分市场的资源条件和竞争能力；二是企业能够把产品信息传递给该市场的众多消费者；三是产品能经过一定的销售渠道抵达该市场。

（5）相对稳定性。这是指细分后的市场具有相对的稳定性，以便企业可以长期有效地占领该市场。如果市场变化太快，企业来不及实施其营销方案，市场细分则没有意义。

2．市场细分的步骤

美国市场学家麦卡锡提出了一套市场细分的程序，被企业界广泛接受，包括以下五个步骤。

（1）选定产品的市场范围，即在明确企业任务、目标，对市场环境充分调查分析之后，首先从市场需求出发考虑选定一个可能的产品市场范围，如进入什么行业，生产什么产品，提供什么服务。

（2）估计市场范围内所有潜在顾客的需求情况。根据细分标准，比较全面地列出潜在顾客的基本需求，企业可以在地理、心理和行为等方面，通过"头脑风暴"对潜在顾客的要求进行大致分析，作为以后深入研究的基本资料和依据。

（3）分析潜在顾客的不同需求，初步划分市场。企业对于所列出的各种需求，通过抽样调查进一步搜集有关市场信息与顾客背景资料，然后初步划分出一些需求相近的细分市场。

（4）剔除潜在顾客的共同需求，即对初步形成的几个分市场之间共同的需求加以剔除，以它们之间需求的差异作为市场细分的依据。虽然共同需求也很重要，但只能作为市场营销组合决策的参考，不能作为市场细分的依据。

（5）为细分市场定名。为便于操作，可结合各细分市场上顾客的特点，用形象化、直观化的方法为细分市场定名。

（四）互联网思维下的市场细分

互联网思维就是要以用户为中心，将产品和服务做到极致。随着移动互联网的发展，人们的需求日益多样化和个性化，在互联网思维下的市场分工越来越细致，同时由于人们对产品和服务的要求日益提高，细分市场必然朝着专业化方向发展。尤其是中小型企业，要想在激烈的市场竞争中赢得一席之地，需要集中自己有限的资源，朝着具有优势的专业化市场发展。

大数据也为市场细分提供了依据，通过对大数据的深度挖掘与分析，可以深度了解消费者的需求，针对消费者的不同需求进行市场细分，可以实现更为精准的营销。以用户为中心，就是要尊重用户，尽全力去满足用户需求，实现用户个性化定制，同时根据用户的反馈不断改进和完善产品和服务，才能赢得人心，在市场竞争中脱颖而出。

随着互联网和新科技的发展，产业与行业的边界渐渐模糊，跨界思维给人们带来了很多新的尝试，在市场细分中，进行一些不同的跨界尝试，可能会发现不一样的市场机会。颠覆式创新也是互联网思维的重要方面，颠覆并不一定是什么惊天动地的变化，也许只是把产品变得简单，比如微信里发语音、发照片，在当时来说就是体验上的颠覆。如今细分市场的细致化与专业化，更需要不断发现新的微小的创新，从用户出发，围绕用户做很多微小的细节，让用户对企业的产品或服务产生依赖。

互联网思维的提出，使得利基市场迎来了更多的机会与挑战。利基市场指向那些被市场中的统治者或有绝对优势的企业忽略的某些细分市场或者小众市场。在互联网思维下的利基市场战略能够依托互联网获得更大的用户资源空间，通过开放、公平、协作、共享的方式面向更广阔的市场。

二、目标市场选择和定位

（一）目标市场选择

企业进行市场细分的最终目的是为了有效地选择并进入目标市场。所谓目标市场，是企业在细分市场的基础上，根据自身资源优势所选择的，主要为之服务的那部分特定的顾客群体。

1. 细分市场评估

企业要确定目标市场，离不开对细分市场的评估，企业应从以下三个方面分析和评估细分市场。

（1）有一定的规模和发展潜力。企业进入某一市场是期望能够有利可图，如果市场规模狭小或者趋于萎缩状态，企业进入后难以获得发展。当然，企业也不宜以市场吸引力作为唯一取舍，与竞争企业遵循同一思维逻辑，将规模最大、吸引力最大的市场作为目标市场。大家共同争夺同一个顾客群的结果是，造成过度竞争和社会资源的无端浪费，同时使消费者的一些本应得到满足的需求遭受冷落和忽视。

（2）细分市场结构的吸引力。细分市场可能具备理想的规模和发展特征，然而从盈利的观点来看，它未必有吸引力。波特认为有五种力量决定整个市场或其中任何一个细分市场的长期的内在吸引力。在这里主要是针对细分市场评估来阐述五力模型。

①细分市场内激烈竞争的威胁：如果某个细分市场已经有了众多的、强大的或者竞争意识强烈的竞争者，那么该细分市场就会失去吸引力。

②新竞争者的威胁：如果某个细分市场可能吸引拥有新的生产能力和大量资源并争夺市场份额的新的竞争者，那么该细分市场就会没有吸引力。根据行业利润的观点，最有吸引力的细分市场应该是进入的壁垒高、退出的壁垒低，在这样的细分市场里，新的公司很难打入，但经营不善的公司可以安然撤退。

③替代产品的威胁：如果某个细分市场存在着替代产品或者有潜在替代产品，那么该细分市场就会失去吸引力。替代产品会限制细分市场内价格和利润的增长。

④购买者讨价还价能力加强的威胁：如果某个细分市场中购买者的讨价还价能力很强或正在加强，该细分市场就会没有吸引力。较好的防卫方法是提供顾客无法拒绝的优质产品供应市场。

⑤供应商讨价还价能力加强的威胁：如果公司原材料和设备供应商，能够提价或者降低产品和服务的质量，或减少供应数量，那么该公司所在的细分市场就会没有吸引力。与供应商建立良好关系和开拓多种供应渠道是防御上策。

（3）符合企业目标和能力。某些细分市场虽然有较大的吸引力，但不能推动企业实现发展目标，甚至分散企业的精力，使之无法完成其主要目标，这样的市场应考虑放弃。此外，还应考虑企业的资源条件是否适合在某一细分市场经营。只有选择那些企业有条件进入、能充分发挥其资源优势的市场作为目标市场，企业才会立于不败之地。

2. 目标市场选择模式及战略

（1）目标市场的选择模式。企业在选择目标市场时，首先要确定目标市场选择模式，然后把科学合理的策略应用其中，企业在选择目标市场时，有五种可供考虑的市场覆盖模式，如图4-3所示。

①市场集中化。市场集中化是指企业选择一个细分市场，经营一种类型的产品，满足某一类顾客特定的需要，集中力量为之服务。较小的企业一般会专门填补市场的某一部分空白。集中营销使企业深刻了解该细分市场的需求特点，采用针对的产品、价格、渠道和促销策略，从而获得强有力的市场地位和良好的声誉，但同时也隐含着较大的经营风险。

②产品专业化。产品专业化是指企业集中生产一种类型的系列产品，并将其销售给各个顾客群，满足其对一种类型产品的需要。例如，服装厂商向青年、中年和老年消费者销售高档服装，企业为不同的顾客提供不同种类的高档服装产品和服务，而不生产消费者需要的其他档次的服装。这样企业在高档服装产品方面可以树立很高的声誉，但一旦出现其他品牌的替代品或消费者流行的偏好转移，企业将面临巨大的威胁。

③市场专业化。市场专业化是指企业决定生产多种不同类型的产品，只将其销售给某

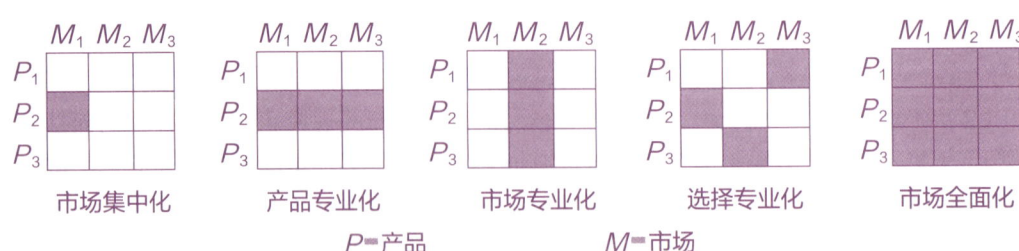

图4-3 选择目标市场的五种方案

一个特定的顾客群，满足其多种需要。例如，企业专门为中年消费者提供各种档次的服装。企业专门为这个顾客群服务，能建立良好的声誉，但一旦这个顾客群的需求潜量和特点发生突然变化，企业就要承担较大风险。

④选择专业化。选择专业化是指企业决定有选择地同时进入若干个具有吸引力并且符合企业的目标和资源的细分市场作为目标市场，其中每个细分市场与其他细分市场之间的联系较小。企业要有针对性地向各个不同的顾客群提供不同类型的产品，以满足其特定的需要。这一般是生产经营能力较强的企业在几个细分市场均有较大吸引力时所采取的决策，其优点是可以有效地分散经营风险。

⑤市场全面化。市场全面化是指企业生产各种类型的产品，全面地满足市场上所有顾客群的不同需求，也就是企业以所有的细分市场作为目标市场，例如，服装厂商为不同年龄层次的顾客提供各种档次的服装。一般只有实力强大的企业才能采用这种策略，如IBM公司在计算机市场、宝洁公司在洗护用品市场开发众多产品，满足各种消费需求。

（2）目标市场战略。通过对目标市场的评估，可能会有不止一个细分市场符合企业要求。一般来说，企业可以根据条件选择三种目标市场战略。

①无差异市场营销战略。该战略是把整个市场作为一个大目标开展营销，企业以一种产品、一种营销组合，力求在一定程度上满足尽可能多的顾客的需求。这种营销战略强调消费者的共同需要，而忽视其差异性，适合用于消费需求偏好比较一致、市场集中的产品。

无差异营销的理论基础是成本的经济性，其优点在于对单一的产品进行大批量的生产储运和销售，减少了生产与储运成本；无差异的广告宣传和其他促销活动可以节省促销费用；不搞市场细分，可以减少企业在市场调研、产品开发、制订各种营销组合方案等方面的营销投入。然而单一产品要以同样的方式广泛销售并受到所有购买者的欢迎，几乎是不可能的，因为不能满足不同消费者之间的差异需求，难以适应市场需要的发展变化，而且极易造成市场竞争激烈和市场饱和，而较小的细分市场又被忽视，致使企业丧失机会，一般不宜长期采用这种战略。

②差异性市场营销战略。该战略通常是把整体市场划分为若干细分市场，针对不同目标市场的特点，分别制订出不同的营销计划，按计划生产目标市场所需要的商品，满足不同消费者的需要，充分肯定了消费者需求的异质性。

差异性市场营销战略的优点是：小批量、多品种、生产灵活、针对性强，使消费者需求更好地得到满足，由此促进产品销售。例如，宝洁公司生产多种多样的洗发水，如去屑的海飞丝、柔顺的飘柔、滋养的潘婷等，以此满足各类不同需求的消费者。此外，由于企业是在多个细分市场上经营，一定程度上可以减少经营风险，一旦企业在某些细分市场上获得成功，既有助于提高市场占有率，又能提高企业的形象。

差异性市场营销战略不足之处主要体现在两个方面：一是增加营销成本，由于产品品种多，管理和存货成本将增加，并且由于公司必须针对不同的细分市场发展独立的营销计划，会增加企业在市场调研、促销和渠道管理等方面的营销成本；二是可能使企业的资源配置不能有效集中，顾此失彼，甚至在企业内部出现彼此争夺资源的现象。

企业采取差异化市场营销战略必须满足以下条件：企业的人力、物力、财力比较雄厚，能进行多品种生产；企业的技术水平、设计能力能够适应多品种生产的要求；企业的营销管理人员水平较高,能适应多种市场的要求;产品销售额的提高大于营销费用增加的比例。

③密集性市场营销战略。该战略是在市场细分的基础上,企业集中力量推出一种或少数几种产品和市场营销组合手段,对一个或少数几个子市场加以满足的战略,这种战略又被称为"弥隙"战略,即弥补市场空隙的意思。它着眼于消费者需求的差异性,重点放在某一个或几个消费者群,以谋求在较小的市场上占有较大的市场份额,一般适合于资源薄弱的小企业。

无差异性市场营销战略和差异性市场营销战略是以整个市场为目标,而密集型市场营销战略则是选择一个或少数几个子市场为目标,这使得企业可集中采用一种营销手段,服务于该市场。在一个或几个细分市场占据优势地位,不但可以节省市场营销费用,增加盈利,而且可以提高企业与产品的知名度并可迅速扩大市场。其不足体现在两个方面:一是市场区域相对较小,企业发展受到限制;二是潜伏着较大的经营风险,一旦目标市场突然发生变化,如消费者兴趣发生转移或强大竞争对手进入,或新的更有吸引力的替代品出现,都可能使企业因没有回旋余地而陷入困境。

(二)目标市场定位

企业选择和确定了目标市场及目标市场策略后,就进入了目标市场营销战略(STP战略)的第三个步骤——市场定位。市场定位是目标市场营销STP重要的组成部分。它关系到企业及产品在激烈市场竞争中占领消费者心理、树立企业及产品形象、实现企业市场营销战略目标等一系列至关重要的问题。

1. 市场定位的概念与程序

(1)市场定位的概念。市场定位是指针对消费者对企业或产品属性的重视程度,确定企业相对于竞争者在目标市场上所处的市场位置,通过一定的信息传播途径在消费者心目中树立企业与众不同的市场形象的过程。所以,市场定位的依据有两点:一是消费者的需求特征;二是该产品的主要竞争者的产品主要特征。

市场定位的实质是使企业与其他企业严格区分开来,突出企业及其产品的特色,使消费者明显感觉和认识到这种差别,在消费者心目中占有特殊的位置,给消费者留下良好的印象,从而取得目标市场的竞争优势。市场定位的关键不是对产品本身做什么,而是在消费者心目中做些什么,单凭产品质量上乘或价格的低廉已难以获得竞争优势。

市场定位在现代市场营销实践中具有极其重要的作用。市场定位通过向消费者传播信息使产品差异性清楚凸现于消费者面前,从而有利于赋予产品个性,树立产品独特形象。市场定位由于针对消费者对企业或产品不同属性的重视程度,这样就能适应细分市场的特定要求,又因为与消费者实现了有效的信息沟通,强有力地塑造了企业或产品的独特市场形象,所以使得企业与市场竞争对手与众不同,从而有效增强了企业的市场竞争力。市场定位可以避免企业恶性竞争,有利于促进企业良性发展。市场定位是制定市场营销组合策略的基础,企业市场营销组合策略要受到企业市场定位的制约。

(2)市场定位的程序。市场定位的主要任务就是通过集中企业的若干竞争优势,将自己与其他竞争者区别开来。市场定位是企业明确其潜在竞争优势、选择相对的竞争优势和市场定位策略以及准确地传播企业的市场定位的过程。

①明确企业潜在的竞争优势。明确企业潜在的竞争优势,主要包括:调查研究影响定位的因素,了解竞争者的定位状况、竞争者向目标市场提供的产品及服务、竞争者在消费者心目中的形象,对其成本及经营情况做出评估,了解目标消费者对产品的评价标准。企业应努力搞清楚消费者最关心的问题,以此作为决策的依据,并要确认目标市场的潜在竞争优势,是同样条件下能比竞争者定价低,还是能提供更多的特色满足消费者的特定需要。企业通过与竞争者在产品、促销、成本、服务等方面进行对比分析,了解企业的长处和不足,从而认定企业的竞争优势。

②选择企业相对的竞争优势和市场定位策略。相对的竞争优势是企业能够胜过竞争者的能力。有的是现有的,有的是具备发展潜力的,还有的是可以通过努力创造的。简而言之,相对的竞争优势是企业能够比竞争者做得更好。企业可以根据自己的资源配置,通过营销方案差异化突出自己的经营特色,使消费者感觉自己从中得到了价值最大的产品及服务。

③准确地传播企业的市场定位。这一步骤的主要任务是企业要通过一系列的宣传促销活动,使其独特的市场竞争优势准确传播给消费者,并在消费者心目中留下深刻印象。为此,企业首先应使目标消费者了解、知道、熟悉、认同、喜欢和偏爱企业的市场定位,要在消费者心目中建立与该定位相一致的形象。其次,企业通过一切努力,保持对目标消费者的了解,稳定目标消费者的态度和加深目标消费者的感情来巩固企业市场形象。最后,企业应注意目标消费者对其市场定位理解出现的偏差或由于企业市场定位宣传上失误而造成目标消费者的模糊、混乱和误会,及时纠正与市场定位不一致的市场形象。

2.市场定位策略

(1)迎头定位策略。迎头定位策略是指企业选择靠近于现有竞争者或与现有竞争者重合的市场位置,争夺同样的消费者,彼此在产品、价格、分销及促销等各个方面差别不大的策略。迎头定位策略就是与市场上最强的市场竞争对手"对着干"的策略。

(2)避强定位策略。避强定位策略是指企业回避与目标市场上的竞争者直接对抗,将其位置定在市场"空白点",开发并销售目前市场上还没有的产品,开拓新的市场领域的策略。避强定位策略的优点是:能够迅速地在市场上站稳脚跟,并在消费者心中尽快树立起一定的企业形象。由于这种定位策略市场风险较小,成功率较高,常常为多数企业所采用。

(3)重新定位策略。重新定位策略是指企业变动产品特色,改变目标消费者对其原有的印象,使目标消费者对其产品的新形象有一个重新认识过程的策略。市场重新定位对于企业适应市场营销环境、调整市场营销战略是必不可少的。企业产品在市场上的定位即使很恰当,但在出现下列情况时也需考虑重新定位:一是竞争者推出的产品市场定位在本企业产品的附近,侵占了本企业品牌的部分市场,使本企业品牌的市场占有率有所下降;二是消费者偏好发生变化,从喜欢本企业某品牌转移到喜爱竞争对手的品牌。

综合训练一

假设你作为一家企业新上任的市场研究部经理,为了提高公司各类人员,尤其是管理人员对市场调研部门重要性的认识,增加公司对市场研究部的资源支持,拟定一个宣传提纲(300字左右),并且发表5分钟的关于市场调研重要性的演讲。看看哪位同学的演讲更能使与会者感动。

综合训练二

卖萌有理，撒娇无罪：三只松鼠来啦

三只松鼠股份有限公司是安徽芜湖的本土电商企业，自2012年6月登陆淘宝以来，在短短几十天内跃居淘宝坚果品类销量第一位，并将领先优势持续至今。三只松鼠通过准确的市场细分，明确的消费者定位，充分的消费者数据分析，用激萌的卡通形象、新鲜高质量的产品和种种贴心的服务赢得了年轻消费群体的青睐。

1．坚果混搭互联网

"为什么要给企业起名叫三只松鼠呢？"

"动物好记啊，大家都觉得可爱，我们开始也就是卖坚果的。"

"那为什么是三只呢？"

"三只才能编故事啊！"

每当被人问起这些问题，已经38岁的章燎原都会露出一副有些得意的萌态。而三只松鼠玩儿命卖萌，就是为了在顾客心中"刷存在感"，让他们觉得"更爽"。章燎原认为自己创造了一个跟淘宝的"亲"可以相媲美的称呼——"主人"。章燎原的目标是只要顾客们想到任何坚果零食，无论何时何地，都会不自觉地想到曾经有一只喊他们"主人"的松鼠。

为了打造极致的网购体验，章燎原亲自编写了一篇上万字的《松鼠客服秘籍》，推出客服十二招，首页就是"做一只讨人喜欢的松鼠"，将消费者和客服的关系演化成主人和宠物的关系。

三只松鼠在产品推荐方面下足了心思，如为每位顾客的包裹里放置了吃坚果所需的果壳袋、湿巾、封口夹等物品，使顾客真正感受到了一对一服务的亲切感。

2．年轻一族动起来

三只松鼠定位高端品牌，消费对象是白领。很多人认为应该直接向销售对象建立诉求。章燎原认为得先搞人气，让图便宜的人到处去传播，影响白领决策。

第一波营销用低价赚人气、赚口碑，刺激准客户掏腰包，等这些人的品位拉升起来之后，产品价格也就理性回归了，让客户为满足感而付费：大家都买三只松鼠我为什么不能买呢？

思考题：

1. 结合本章的内容，分析三只松鼠的STP营销战略。
2. 相比于其他的坚果类产品，三只松鼠STP战略有哪些创意？

第五章

产品策划

课程导学

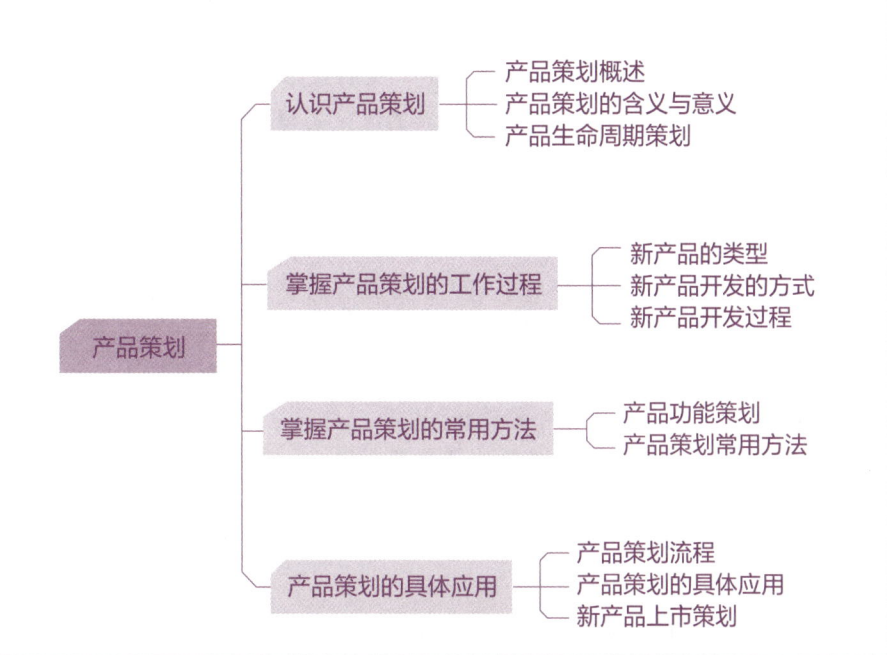

课程重难点

理解产品生命周期策划;
掌握产品策划流程。

技能目标

能够进行新产品策划。

> **案例5-1**

冠生园大白兔：长期品牌管理之道

"大白兔"是冠生园的宝贵品牌资产。诞生于1959年的大白兔奶糖，有着新中国第一代糖果的美称。大白兔在消费者心智中的醇醇奶香味、圆柱形糖体，以及一层糯米衣包裹的形象简直无敌能挡。1993年，大白兔商标就被认定为中国驰名商标。2000年左右，大白兔的销售额一直是全国同类产品市场综合占有率高达30%。

1. 产品线延伸（多口味）战略（2002—2007年）

2002年后，大白兔经典原味奶糖却受到了国内品牌金丝猴的严重威胁。当时的市场调研表明，大白兔总体具有较好的表现，但包装处于明显的劣势；与消费者普遍满意的两个糖果品牌（阿尔卑斯和怡口莲）对比，大白兔在糖体设计、口味、易获得性等方面表现不佳。其次，市面上模仿大白兔的低档次奶糖越来越多，严重影响大白兔的市场地位。再者，随着国内外糖果企业的发展，糖果市场的产品结构发生明显的变化，市场上出现了全新概念的功能糖果。

大白兔在2002年到2007年之间，采用多口味的战略，推出了原味鲜乳牛奶糖、鲜乳太妃糖。后又推出多口味奶糖系列，除了经典的原味奶糖，还有酸奶味、红豆味、清凉味、巧克力味和玉米味等多口味的奶糖产品。

2. 品牌延伸战略（2007—2012年）

2007年，糖果市场上出现了新的畅销品类，凝胶软糖以其特有的弹性、咀嚼性深受消费者的喜欢，功能性糖果的市场越来越大，防蛀、润喉、补充维生素的糖果产品在国内市场已经比较常见。虽然大白兔在奶糖方面的市场占有率还是榜首，但阿尔卑斯、悠哈依然是大白兔强劲的竞争对手。另外，国内的糖果品牌喔喔、金丝猴先后纷纷也推出了硬糖系列，牛奶硬糖的市场人气远高于牛奶软糖。

2007年以后，大白兔再次探索新的品牌活化战略，借助品牌延伸战略，采用了副品牌战略，推出了定位于年轻白领市场的硬糖副品牌"优浓"，但"优浓"在包装和广告等传播途径方面，突出了"优浓"，而淡化了"大白兔"，"优浓"没有很好地借到大白兔的品牌资产，这影响了市场对此新品牌的接受度。

2009年，新的管理层决定采取直接品牌延伸的战略，即把"大白兔"品牌从软糖品类延伸至硬糖品类，此外还推出功能性硬糖"|全草堂"，同时突出集团品牌"冠生园"。

3. 大白兔品牌核心资产战略（2012年至今）

随着强生、吉利莲、RITTER、施华、傲兰等外国糖果公司加快进入中国市场的步伐，再加上多年的竞争对手阿尔卑斯与悠哈，大白兔所处的糖果市场的竞争更加激烈。为了应对激烈的市场竞争与寻求年轻消费者的青睐，大白兔淘汰了现有不盈利或盈利能力弱的产品，开始借助品牌核心资产要素，通过创新性的包装设计，推出新产品。

2012年，大白兔先后推出了巨白兔牛奶糖、大白兔100牛奶糖、牛奶瓶装大白兔、粉红色巨白兔，以及蘑菇兔等产品，这些产品以创新性的包装形式，强化甚至是"夸张性"地凸显大白兔品牌资产。

2012后推出的新产品博得了广大消费者的眼球，大白兔的品牌形象也在无形中发生了改变。2014年《大白兔品牌定性研究报告》表明，大白兔品牌形象在消费者眼中变化显著，呈"创新、改变"与"经典、传承"相结合的平衡状态。同时，该定性研究还表明，消费者对大白兔品牌形象的感知主要集中在"分享、成熟、现代感、日常化"等方面，表明大白兔的传统形象发生了变化。

资料来源：何佳讯，张燕燕. 冠生园大白兔：长期品牌管理之道. 中国管理案例共享中心.

任务一 认识产品策划

产品是市场营销组合中最重要的因素，这是因为企业的市场营销活动以满足市场需求为中心，而市场需求的满足只能通过提供某种产品或服务来实现。产品策略直接影响和决定着其他市场营销组合因素，对企业市场营销的成败关系重大。在现代市场经济条件下，每一企业都应该致力于产品质量的提高和组合结构的优化，以求更好地满足市场需求，取得最佳经济效益。

本章将从策划的角度详细探讨与产品相关的产品策划、产品生命周期策划、新产品开发和扩散策划、产品策划的工作过程、常用方法和具体应用。

一、产品策划概述

产品是指能提供给市场，用于满足人们某种欲望和需要的任何事物，包括实物、服务、场所，观察和主意等。产品的范围非常广泛，可以是电视机、空调等实物，也可以是律师、注册会计师等人员提供的服务，甚至可以是一种观念或主意，如广告公司的广告创意。

（一）产品整体概念

在设计和销售产品时，市场营销者必须从产品的整体概念出发考虑产品，即市场营销中所指的产品是一个整体概念。从整体的角度出发，产品包括核心产品层、形式产品层、附加产品层和潜在产品层。

1. 核心产品层

核心产品又称为实质产品，是指产品能向顾客提供的基本利益和效用。这是产品最基本的层次，是满足顾客需要的核心内容。顾客购买某种产品，不是为了获得它的所有权，而是由于它能满足自己某一方面的需求或欲望。例如，人们购买化妆品，并不是为了获得它的某些化学成分，而是要获得"美"；人们买空调是为了"凉爽"。

2. 形式产品层

形式产品是指核心产品借以实现的形式或目标市场对某一需求的特定满足形式。形式产品包含五个要素：包装、品牌、质量、式样和特征。这五个要素，物质产品都具备，而服务也具有相类似的要素，可能具备其中的部分或全部特点。形式产品是呈现在市场上可以为顾客所识别的，因此它是顾客选购商品的直观依据。

3. 附加产品层

附加产品是指顾客购买产品时所获得的全部附加利益与服务，包括安装、送货，保证、提供信贷和售后服务等。如今的竞争主要发生在附加产品的层次，这正如美国学者西奥多·莱维特指出的："现代竞争的关键，并不在于各家公司在其工厂中生产什么，而在于它们能为其产品增加些什么内容——诸如包装、服务、广告、用户咨询、融资信贷、及时送货、仓储以及人们所重视的其他价值。每一公司应寻求有效的途径，为其产品提供附加价值。"能正确发展附加产品的企业必将在竞争中获得优势。

4. 潜在产品层

潜在产品是指最终可能实现的全部附加部分和新转换部分，或者说是指与现有产品相关的未来可发展的潜在性产品。潜在产品指出了产品可能的演变趋势和前景，如彩色电视机可发展为电脑终端机等。

产品的整体概念体现了以顾客需求为中心的营销观念。没有产品的整体概念的充分认识，就不能真正贯彻现代市场营销观念。

（二）产品类别

在现代市场营销观念下，每一个产品类型都有与之相适应的市场营销组合策略。所以，要制定科学的市场营销策略就必须对产品进行科学的分类。根据不同特征可以将产品划分为不同类别。

1. 按产品的耐用性和有形性划分

按产品的耐用性和有形性可将产品划分为耐用品、非耐用品及服务耐用品。耐用品，指在正常情况下能够多次使用的物品，如住房、汽车等；非耐用品，指在正常情况下一次或几次使用即被消费掉的有形物品，如食品、化妆品等；服务耐用品，指非物质实体产品，是为出售而提供的活动或利益，如修理、理发和教育等。

2. 按产品的用途划分

按产品的用途可将产品分为消费品和工业品两大类。对消费品，按消费者的购买习惯又可分为：便利品、选购品、特殊品和非渴求物品。而对工业品，可以根据它们如何进入生产过程和相对昂贵这两点来进行分类，可以把工业品分成三类：材料和部件、资本项目以及供应品与服务。

二、产品策划的含义与意义

产品策划是指企业如何使自己的产品或产品组合适应消费者的需要与动态的市场开发活动的谋划。产品策划的内容包括：产品组合策划、产品生命周期策划、新产品开发和扩散策划、产品品牌与商标策划和产品包装策划。

产品策划在企业的市场营销活动中处于十分重要的地位，也具有十分重要的意义。

（1）保证企业产品的适销对路和利润的实现。通过产品策划，使企业的生产经营有的放矢，以适合的产品适应消费者需求。

（2）减轻市场竞争压力，增强竞争实力。面对日益激烈的市场竞争，为了使企业更好地生存和发展，一方面产品策划要减轻市场竞争给企业带来的压力，规避环境威胁；另一方面依据企业内部资源，充分利用市场机会。

（3）通过产品策划提高企业的营销水平，树立和优化企业市场形象，强化企业产品和产品整体组合效果，提高市场满意度。

三、产品生命周期策划

一种产品进入市场后，它的销售量和利润都会随着时间推移而改变，呈现一个由少到多、由多到少的过程，就如同人的生命一样，由诞生、成长到成熟，最终走向衰亡，这就是产品的生命周期现象。所谓产品生命周期，是指产品从进入市场开始，直到最终退出市场为止所经历的市场生命循环过程。产品只有经过研究开发、试销，然后进入市场，它的市场生命周期才算开始。产品退出市场，则标志着生命周期的结束。

（一）产品生命周期阶段

典型的产品生命周期一般可分为四个阶段，即介绍期（投入期）、成长期、成熟期和衰退期，如图5-1所示。

1. 介绍期（投入期）

新产品投入市场，便进入介绍期。此时，顾客对产品还不了解，只有少数追求新奇的顾客可能购买，销售量较低。为了扩展销路，需要大量的促销费用，对产品进行宣传。在这一阶段，由于技术方面的原因，产品不能大批量生产，因而成本高，销售额增长缓慢，企业不但得不到利润，反而可能亏损，产品也有待进一步完善。

2. 成长期

这时顾客对产品已经熟悉，大量的新顾客开始购买，市场逐步扩大。产品大批量生产，生产成本相对降低，企业的销售额迅速上升，利润也迅速增长。竞争者看到有利可图，将纷纷进入市场参与竞争，使同类产品供给量增加，价格随之下降，企业利润增长速度逐步减慢，最后达到生命周期利润的最高点。

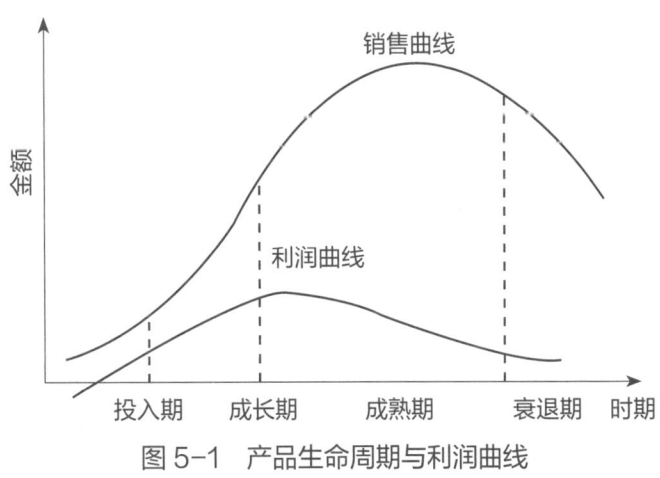

图5-1 产品生命周期与利润曲线

3. 成熟期

市场需求趋向饱和，潜在的顾客已经很少，销售额增长缓慢直至转而下降，标志着产品进入了成熟期。在这一阶段，竞争逐渐加剧，产品售价降低，促销费用增加，企业利润下降。

4. 衰退期

随着科学技术的发展，新产品或新的代用品出现，将使顾客的消费习惯发生改变，转向其他产品，从而使原来产品的销售额和利润额迅速下降。于是，产品又进入了衰退期。

（二）各阶段的营销策略

典型的产品生命周期的四个阶段呈现出不同的市场特征，企业的营销策略应以各阶段的特征为基点来制定和实施。

1. 介绍期的营销策略

介绍期的特征是产品销量少，促销费用高，制造成本高，销售利润很低甚至为负值。根据这一阶段的特点，企业应努力做到：投入市场的产品要有针对性；进入市场的时机要合适；设法把销售力量直接投向最有可能的购买者，使市场尽快接受该产品，以缩短介绍期，更快地进入成长期。

在产品的介绍期，一般可以由产品、分销、价格、促销四个基本要素组合成各种不同的市场营销策略。仅将价格高低与促销费用高低结合起来考虑，就有下面四种策略：快速撇脂策略，即以高价格、高促销费用推出新产品；缓慢撇脂策略，以高价格、低促销费用推出新产品；快速渗透策略，以低价格、高促销费用推出新产品；缓慢渗透策略，以低价格、低促销费用推出新产品。

2. 成长期市场营销策略

新产品经过市场介绍期以后，消费者对该产品已经熟悉，消费习惯也已形成，销售量迅速增长，这种新产品就进入了成长期。进入成长期以后，老顾客重复购买，并且带来了新的顾客，销售量激增，企业利润迅速增长，在这一阶段利润达到高峰。随着销售量的增大，企业生产规模也逐步扩大，产品成本逐步降低，新的竞争者会投入竞争。随着竞争的加剧，新的产品特性开始出现，产品市场开始细分，分销渠道增加。企业为维持市场的继续成长，需要保持或稍微增加促销费用，但由于销量增加，平均促销费用有所下降。

针对成长期的特点，企业为维持其市场增长率，延长获取最大利润的时间，可以采取下面几种策略。

（1）改善产品品质。如增加新的功能，改变产品款式，发展新的型号，开发新的用途等。对产品进行改进，可以提高产品的竞争能力，满足顾客更广泛的需求，吸引更多的顾客。

（2）寻找新的细分市场。通过市场细分，找到新的尚未满足的细分市场，根据其需要组织生产，迅速进入这一新的市场。

（3）改变广告宣传的重点。把广告宣传的重心从介绍产品转到建立产品形象上来，树立产品名牌，维系老顾客，吸引新顾客。

（4）适时降价。在适当的时机，可以采取降价策略，以激发那些对价格比较敏感的消费者产生购买动机和采取购买行动。

3. 成熟期市场营销策略

进入成熟期以后，产品的销售量增长缓慢，逐步达到最高峰，然后缓慢下降；产品的销售利润也从成长期的最高点开始下降；市场竞争非常激烈，各种品牌、各种款式的同类产品不断出现。

对成熟期的产品，宜采取主动出击的策略，使成熟期延长，或使产品生命周期出现再循环。为此，可以采取以下三种策略。

（1）市场调整。这种策略不是要调整产品本身，而是发现产品的新用途、寻求新的用户或改变推销方式等，以使产品销售量得以扩大。

（2）产品调整。这种策略是通过产品自身的调整来满足顾客的不同需要，吸引有不同需求的顾客。整体产品概念的任何一个层次的调整都可视为产品再推出。

（3）市场营销组合调整。即通过对产品、定价、渠道和促销四个市场营销组合因素加以综合调整，刺激销售量的回升。常用的方法包括降价、提高促销水平、扩展分销渠道和提高服务质量等。

4. 衰退期市场营销策略

衰退期的主要特点是：产品销售量急剧下降；企业从这种产品中获得的利润很低甚至为零；大量的竞争者退出市场；消费者的消费习惯已发生改变等。面对处于衰退期的产品，企业需要进行认真的研究分析，决定采取什么策略，在什么时间退出市场。通常有以下几种策略可供选择。

（1）继续策略。继续沿用过去的策略，仍按照原来的细分市场，使用相同的分销渠道、定价及促销方式，直到这种产品完全退出市场为止。

（2）集中策略。把企业能力和资源集中在最有利的细分市场和分销渠道上，从中获取利润。这样有利于缩短产品退出市场的时间，同时又能为企业创造更多的利润。

（3）收缩策略。抛弃无希望的顾客群体，大幅度降低促销水平，尽量减少促销费用，以增加目前的利润。这样可能导致产品在市场上的衰退速度加快，但也能从忠实于这种产品的顾客中得到利润。

（4）放弃策略。对于衰退比较迅速的产品，应该当机立断，放弃经营。可以采取完全放弃的形式，如把产品完全转移出去或立即停止生产；也可采取逐步放弃的方式，使其所占用的资源逐步转向其他的产品。

任务二

掌握产品策划的工作过程

由产品生命周期理论可见，世界上没有一种产品是能永久畅销的，迟早要被市场所淘汰。作为产品的生产经营者，企业也就不能单纯依靠现有产品求得发展，而必须顺应市场的变化，开发出适销对路的新产品。新产品开发是满足新的需求，改善消费结构，提高人民生活素质的物质基础，也是企业具有活力和竞争力的表现。

一、新产品的类型

从市场营销学角度来看，所谓新产品，是指与旧产品相比，在结构、功能、用途或形态上发生了改变，推向了市场，能满足新的顾客需求的产品。

新产品大体上包括以下四类产品。

（一）全新产品

全新产品指应用新的技术、新的材料研制出的具有全新功能的产品。这种产品无论对企业或市场来讲都属于新产品，如汽车、飞机等第一次出现时都属于全新产品。全新产品开发通常需要大量的资金、先进的技术水平，并需要有一定的需求潜力，因此企业承担的市场风险较大。全新产品在创新产品中只占很小的比例。

（二）换代产品

换代产品指在原有产品的基础上，采用或部分采用新技术、新材料、新工艺研制出来的新产品，如计算机由第一代的电子管元件到现在的第四代的大规模集成电路元件及正在研制的具有人工智能的第五代。换代产品与原有产品相比，性能有了改进，质量也有了相应提高。它适应了时代发展的步伐，也有利于满足消费者日益增长的物质需要。

（三）改进产品

改进产品指对老产品加以改进，使其性能、结构、功能用途有所变化，如电熨斗加上蒸汽喷雾，电风扇改成遥控开关等。与换代产品相比，改进产品受技术限制较小，且成本相对较低，便于市场推广和消费者接受，但容易被竞争者模仿。

（四）仿制产品

仿制产品指对市场上已经出现的产品进行引进或模仿、研制生产出的产品。开发这种产品不需要太多的资金和尖端的技术，因此比研制全新产品要容易得多。但企业应注意对原产品的某些缺陷和不足加以改造，而不应全盘照抄。

除此之外，企业将现行产品投向新的市场，对产品进行市场再定位，或通过降低成本，生产出同样性能的产品，则对市场或企业而言，也可以称为新产品。企业开发新产品一般是推出上述产品的某种组合，而不是进行单一的产品变型。

二、新产品开发的方式

在现代市场上，企业要想得到新产品，并不意味着必须由企业独立完成新产品的创意到生产的全过程。除了自己开发外，企业还可以通过购买专利、经营特许、联合经营，甚至直接购买现成的新产品来取得新产品或自己开发。

（一）获取现成的新产品

获取现成的新产品包括以下四种形式。

（1）联合经营。如果某小企业开发出一种有吸引力的新产品，另一家大企业就可以通过联合的方式共同经营该产品。这样做，小企业可以借助大企业雄厚的资金和销售力量扩大该产品的影响，提高自己的知名度，同时也能收回其开发费用并获得满意的利润；大企业则可以节省开发新产品的一切费用。也有的大企业直接收购小企业，取得该企业的新产品经营权。

（2）购买专利。企业向有关科研部门、开发公司或别的企业购买某种新产品的专利权。这种方式可以节省时间，这在复杂多变的现代市场上极为重要。

（3）经营特许。某企业向别的企业购买某种新产品的特许经营权，如世界各地的不少企业都争相购买美国可口可乐公司的特许经营权。

（4）外包生产。一般来说，当企业的销售能力超过其生产能力，或没有能力自己生产该产品，或觉得自己生产不合算时，就会把新产品的生产外包给别的企业。这种方式可以分为全部外包和部分外包、部分自制两种。前者如汽车生产企业把零部件的生产全部包给小企业，自己只进行加工组装；后者在服装行业中较常见。

（二）自己开发

自己开发包括两种基本形式。

（1）独立研制开发。企业通过自己的研究开发力量来完成产品的构思、设计和生产工作。

（2）协约开发。雇用独立的研究开发机构或企业为自己开发某种产品。

前者与后者相比，可以对产品进行有效的控制，包括产品的设计、质量、品牌等，甚至在某种程度上对价格也有决定权。后者则可以克服企业技术力量不足的缺陷。

三、新产品开发过程

不同行业的生产条件和产品项目不同，新产品开发具体过程也有所差异，但企业开发新产品的过程一般由八个阶段构成，即寻求创意、甄别创意、形成产品概念、制定市场营销策略、商业分析、产品开发、市场试销和批量上市。

（一）寻求创意

新产品开发过程是从寻求创意开始的。所谓创意，就是开发新产品的设想。虽然并不是所有的设想或创意都可变成产品，但寻求尽可能多的创意却可为开发新产品提供较多的机会。所以，现代企业都非常重视创意的开发。新产品创意的主要来源有：顾客、科学家、竞争对手、企业推销人员和经销商、企业高层管理人员，市场研究公司、广告代理商等。此外，企业还可以从大学、咨询公司，同行业的团体协会、有关报刊媒体那里寻求有用的新产品创意。一般来说，企业应当主要靠激发内部人员的热情来寻求创意。这就要求建立各种激励制度，对提出创意的职工给予奖励，而且高层主管人员应当对这种活动表现出充分的重视和关心。

营销人员寻找和搜集新产品构思的主要方法有以下几种。

（1）产品属性排列法。将现有产品的属性一一排列出来，然后探讨，尝试改良每一种属性的方法，在此基础上形成新的产品创意。

（2）强行关系法。先列举若干不同的产品，然后把某一产品与另一产品或几种产品强行结合起来，产生一种新的构思。例如，把衣柜、写字台、装饰柜的不同特点及不同用途相结合，设计出既美观又较实用的组合型家具。

（3）多角分析法。这种方法首先将产品的重要因素抽象出来，然后具体地分析每一种特性，再形成新的创意。例如，洗衣粉最重要的属性是其溶解的水温、使用方法和包装，根据这个因素所提供的不同标准，便可以提出不同的新产品创意。

（4）聚会激励创新法。这种方法最具代表性的方式是"头脑风暴法"。将若干名有见解的专业人员或发明家集合在一起（一般以不超过10人为宜），开讨论会前提出若干问题并给予时间准备，与会者可畅所欲言，彼此激励，相互启发，提出种种设想和建议，经分析归纳，便可形成新产品构思。

（5）征集意见法。指产品设计人员通过问卷调查、召开座谈会等方式了解消费者的需求，征求科技人员的意见，询问技术发明人、专利代理人、大学或企业的实验室、广告代理商等的意见，并且经常坚持，形成制度。

（二）甄别创意

取得足够创意之后，要对这些创意加以评估，研究其可行性，并挑选出可行性较强的创意，这就是创意甄别。创意甄别的目的就是淘汰那些不可行或可行性较低的创意，使公司有限的资源集中于成功机会较大的创意上。甄别创意时，一般要考虑两个因素：一是该创意是否与企业的策略目标相适应，表现为利润目标、销售目标、销售增长目标、形象目标等方面；二是企业有无足够的能力开发这种创意。这些能力表现为资金能力、技术能力、人力资源和销售能力等。

（三）形成产品概念

经过甄别后保留下来的产品创意还要进一步发展成为产品概念。在这里，首先应当明确产品创意、产品概念和产品形象之间的区别。所谓产品创意，是指企业从自己的角度考虑能够向市场提供的可能产品的构想。所谓产品概念，是指企业从消费者的角度对这种创意所做的详尽的描述。而产品形象，则是消费者对某种现实产品或潜在产品所形成的特定形象。企业必须根据消费者的要求把产品创意发展为产品概念。确定最佳产品概念，进行产品和品牌的市场定位后，就应当对产品概念进行试验。所谓产品概念试验，就是用文字、图画描述或者用实物将产品概念展示在一群目标顾客面前，观察他们的反应。

（四）制定市场营销策略

形成产品概念之后，需要制定市场营销策略，企业的有关人员要拟定一个将新产品投放市场的初步的市场营销策略报告书。报告书的内容由以下几个部分组成：

（1）描述目标市场的规模、结构、行为；新产品在目标市场上的定位；头几年的销售额、市场占有率、利润目标等。

（2）简述新产品的计划价格、分销策略以及第一年的市场营销预算。

（3）阐述计划长期（一般3~5年）销售额和目标利润以及不同时间的市场营销组合等。

（五）商业分析

新产品开发过程的第五个阶段是进行商业分析。在这一阶段，企业市场营销管理者要复查新产品将来的销售额、成本和利润的估计，看看它们是否符合企业的目标。如果符合，就可以进行新产品开发。估计销售额要特别注意三个购买量：首次购买量、更新购买量和重复购买量。

（六）产品开发

如果产品概念通过了商业分析，研究与开发部门及工程技术部门就可以把这种产品概念转变成为产品，进入试制阶段。这一阶段应当搞清楚的问题是，产品概念能否变为技术上和商业上可行的产品。如果不能，除了在全过程中取得一些有用副产品即信息情报外，所耗费的资金则全部付诸东流。产品原型准备好以后，还必须通过一系列严格的功能测试和消费者测试。

（七）市场试销

如果企业的高层管理者对某种新产品开发试验结果感到满意，就着手用品牌名称、包装和初步市场营销方案把这种新产品装扮起来，把产品推上真正的消费者舞台进行实验。这是新产品开发的第七阶段。其目的在于了解消费者和经销商对于经营、使用和再购买这种新产品的实际情况以及市场大小，然后再酌情采取适当对策。市场试验的规模决定于两个方面：一是投资费用和风险大小；二是市场试验费用和时间。投资费用和风险越高的新产品，试验的规模应越大一些；反之，投资费用和风险较低的新产品，试验规模就越小一些。从市场试验费用和时间来讲，所需市场试验费用越多、时间越长的新产品，市场试验规模应越小一些；反之，则可大些。不过，总的来说，市场试验费用不宜在新产品开发投资总额中占太大比例。

（八）批量上市

在这一阶段，企业高层管理者应当做以下决策：何时推出新产品；何地推出新产品；向谁推出新产品和如何推出新产品。只有这几个方面的问题都得到解决，企业才能真正实现其批量上市的目的。

营销策划

任务三
掌握产品策划的常用方法

产品策划是一种理性的思维活动，它是在消费者与动态市场需求调查的基础上，以市场定位的思想为指导，选择某种策划方法，设计企业的产品与产品构成方案所进行的一系列企划活动。产品策划从类型上说包括新产品开发、旧产品的改良和新用途的拓展三个方面的内容，从现有产品的营销策划角度上说，其过程和内容主要是：个别产品策划、品牌的产品组合策划和新产品开发与推广策划。一般来说，产品策划的思路或方法总结有三个出发点，即功能效用型、外观形象型和附加型。现主要介绍产品功能策划和常见的产品策划方法。

相关链接5-1

美国可口可乐公司前任董事长罗伯特·士普·伍德鲁夫曾说，只要"可口可乐"这个品牌在，即使有一天，公司在大火中化为灰烬，那么第二天早上企业界新闻媒体的头条消息就是各大银行争着向"可口可乐"公司贷款。对此说法你如何看待？

一、产品功能策划

产品策划以功能效用为出发点是指在产品策划时，着重于产品的功能特性，思考产品能解决用户哪方面的功能性需求。比如使用电熨斗的产品目的是使衣服定型，而电熨斗的基本功能是提供热平面；电烤面包机的用户要求（或产品目的）是自动烤制面包，而产品基本功能则是产生热量。

产品的功能可以分为基本功能、从属功能、使用功能与美学功能。

产品的基本功能是为达到其（使用）目的所不可缺少的主要功能。钟表的基本功能是"提示时间"，剪草机的基本功能是"剪草"，这是用户购买产品时要求的必需功能。在通常的情况下，一个产品有一个基本功能，但是，在有些情况下则可以有两个或两个以上的基本功能。

从属功能表示除基本功能以外的其他附属与并辅助或支持基本功能实现的功能也称为辅助功能。比如照相机的功能是"拍摄图像"，而"自动测光"和"提供闪光"则是为了拍摄到好的图像而附加的从属功能。从属功能所占比例一般很大，有时功能占到20%～80%。

使用功能是产品满足用户的实质性需求后的那部分功能，又称"剩余功能"。

产品的美学功能是指产品能够满足人们的审美要求方面的功能。比如，产品的外观是色彩、造型等。不管是使用功能还是美学功能，它们都是通过基本功能和从属功能来实现的。

面对激烈竞争和同质化的市场，能够发现和开发出现有市场内还没有企业提供的功能性需求的产品，不仅需要有丰富经验的策划人员，更需要能把产品概念变成产品的高级科研技术人员。因此，产品功能开发有一定的技术含量，需要企业资金和技术支持。这类产品策划不太适合规模较小的公司。

顾客购买一种产品，不仅是为了占有一件有形的、可触摸的物体，而是为了满足自身特定的需要和欲望。因此，在产品策划中必须以产品的核心为出发点和归宿，设计出真正满足消费者需要的产品。

二、产品策划常用方法

产品营销策划直接决定着产品营销的成败，那么，如何才能做好产品营销策划？介绍七种常用的产品策划方法。

（一）合二为一组合策划法

合二为一组合策划法主要分为以下几种：

（1）产品和产品合二为一组合法，如收音机笔，就是把微型收音机和圆珠笔组合在一起，这样这种产品同时具有了收音和书写功能，受到那些喜欢听广播并做笔记的人的喜爱。由此思维而扩展开来，可以发明的东西很多，例如，使用钢笔经常会发生墨水用完的情况，我们可以把钢笔和圆珠笔合二为一，发明钢笔圆珠笔，也可以把钢笔内的墨水储囊设置成两个，这样钢笔墨水用完了，可以用圆珠笔书写，也可以用第二个备用墨水储囊的墨水书写。

（2）产品和形象合二为一组合法，如幼儿穿的虎头鞋、猫头鞋，就是把动物形象和鞋合二为一组合的。同理，也可以把生活中的物品，形象和鞋组合在一起，如选择一个漂亮的游船做参照，把鞋和游船的形象组合起来，做成游船鞋。

（3）理想和产品合二为一组合法，如魔术照相可以把人拍照成站在太阳上，在海底游泳等，就是把人的理想、思维和照片组合在一起的。例如，某人绘画很好，经常在过年的时候写对联、画年画卖，但是价钱高，画得也没有印刷得好，销量很小，其实就可以把买画人也画进去，如财神送宝的年画就画成财神手捧送元宝给买画人的年画，同样观音送子的年画就把年画里面的观音画成买画的夫妇的形象，这样的年画包含了卖画人的理想和思维，当然畅销。

（二）顺藤摸瓜营销策划法

目前市场很多产品营销策划都在用这种方法设计产品，打开市场，它的原理就是立足于引申需求，创造新市场，如大米加工成免淘洗米饭，满足于不愿淘洗米而直接做饭的人的需要，顺这个藤再摸下去，大米再加工成米饭，满足于不愿意做饭的人的需要，再继续下去加工成八宝粥，满足不同口味的人的需要，加工成速食米饭，满足于出差、旅游的人的需要。由此而看出，一件普通物品，为了满足不同的需要，就可以用这个藤结出不同的瓜，进而类推，可以发明出更多的商品，来满足不同人士的需要，比如羽毛球的球体做出夜光的，这样就可以在夜里也能打球锻炼，满足了白天工作繁忙而无暇打球的人的需要。

也可以把球体或者球拍里面加装电子音乐播放器，这样不仅能打球还能听音乐，满足于喜欢音乐的人的需要。

（三）比拟营销策划法

比拟即比较，模仿。在设计一种产品或营销活动中，如果没有现成的产品，营销方案可以模仿、借鉴，那么就大而化之，把相近的、相远的事务作为参照物来设计产品或制定营销活动。比拟不是简单的模仿，而是去取比拟对象的可去之处。例如，被领导安排筹办新闻发布会，虽然是第一次，但是有筹备新产品发布会的经验，可以就按照产品发布会筹办的程序来办新闻发布会。这就是比拟产品营销策划法的精髓。

（四）移花接木营销策划法

一支鲜花的花枝完好，花已经凋谢，一支鲜花花完好，花枝折断，怎么办？把断枝的花移接另一支花的完好花枝上不就行了？这就是移花接木营销策划法，我们可以把产品通过不同的嫁接增加新的功能或提高质量或成为另外一种新产品。例如，某牙刷厂厂长，一次质量故障，生产了大批废品牙刷，于是将计就计把废品牙刷融化了，添加到松香和银粉里面做成补漏膏。使用的时候直接点火涂抹到物品裂缝里面填补。这样废品牙刷就成了另一种新产品，不但没赔钱还多赚了不少钱。同理，市场上很多产品用移花接木法提高了产品功能或质量，如把防盗报警器和皮包嫁接就成了防盗皮包，防盗报警器也可以和笔记本电脑嫁接就成了防盗笔记本等。

（五）金玉其外策划营销法

这个方法比较简单实用，也容易理解操作。例如，糖酒展销会上，来参加展销会的厂家宣传资料发了很多，可是效果并不好，很多人稍微看下就丢掉，为什么呢？资料大同小异，无新意，难以吸引人。其中一个酒厂就往他们的宣传资料上面洒了一点酒，果然效果大不一样，接过宣传资料的人闻到资料上强烈的酒香，不由地多闻几下，来参加展销会的人基本都是懂酒的，酒的好坏一闻酒香就知道个大概，引起了人们强烈的兴趣，促销小姐再不失时机地进行介绍，请参观者品尝，结果销售了大批的白酒。

（六）双赢协作营销策划法

双赢协作，通过两个或者多个企业的资源互补，设备共用，协调合作等方式来达到降低成本、增加利润的目的。例如，一个农场办了一家养鸡场，养鸡场的鸡粪发酵后送给一家养猪场添加到猪饲料里面喂猪，猪粪送给这个农场的沼气池产生沼气供农场照明、取暖、做饭，沼气液（渣）作肥料肥田。这样一来，农场降低生产成本，养猪场降低饲料成本。随即，养猪场和一家肉食品超市各出资三分之一，建了一个食品加工厂，农场的水稻、小麦加工成大米、面粉，养猪场的猪和养鸡场的鸡加工成肉食品，肉食品一半按照成本价，一半按照市场价销售给肉食品超市。这样一来，农场的产品增值了出售，肉食品超市降低了采购价格。

（七）细分市场营销策划法

现在的商品市场是供过于求的市场，只有更好地满足于消费者的需要才能更好地占领市场，就像一件衣服一样，按性别分有男士、女士，按季节分有春秋装、夏装、冬装，按样式分有西装、裙装等。进而类推，很多东西都可以细分化，比如家具店做产品细分化方案，把家具细分为男士家具、女士家具、单身用家具、家庭用家具、成人家具、儿童家具、办公家具、现代家具、仿古家具、多功能家具、拆解式家具等来满足不同地域、文化、用途的人士需要。

任务四 产品策划的具体应用

一、产品策划流程

产品策划是复杂又极具风险的，它直接关系到企业经营的成功与失败。据统计，新产品从开发构思到投入市场，成功率仅有1%～2%。所以，为了减少新产品开发的风险，开发必须依据一定的科学程序来进行，才能对各种新产品的构思和创意进行层层筛选和试验，从而确保新产品开发的效益。产品策划流程如图5-2所示。

（一）构思与创意

（1）新产品的构思。即寻求一种能够满足某种需要或欲望的产品。企业可以通过内部产品试产或销售人员、消费者、分销商、竞争对手及政府相关的调研分析后，在中间进行探索和发现。

（2）筛选构思方案。对初步的构思根据科学依据和企业的可实现度进行抉择和取舍。

（3）建立产品概念。概念是对产品的功能、形态、结构以及基本特征的详细描述，可立即按其进行生产的具体设计方案，同时，针对选定的细分市场设计可以转化为多个不同的产品概念。

（二）可行性分析

（1）前期市场评估。对于新产品的目标市场进行的分析：一是向消费者征求待开发的产品概念的意见；二是分析待开发产品在市场上的竞争力。

（2）技术分析。从广义的角度来说，技术分析是指企业的资源能否保证产品的开发。从狭义的角度来说，就是企业的生产技术能力是否符合新产品开发的要求。

（3）市场调查。任何营销活动都离不开市场调查，新产品更是如此。企业需要通过市场调查，了解消费者对新产品的态度，划分出新产品的目标市场，从而有效地修正新产品

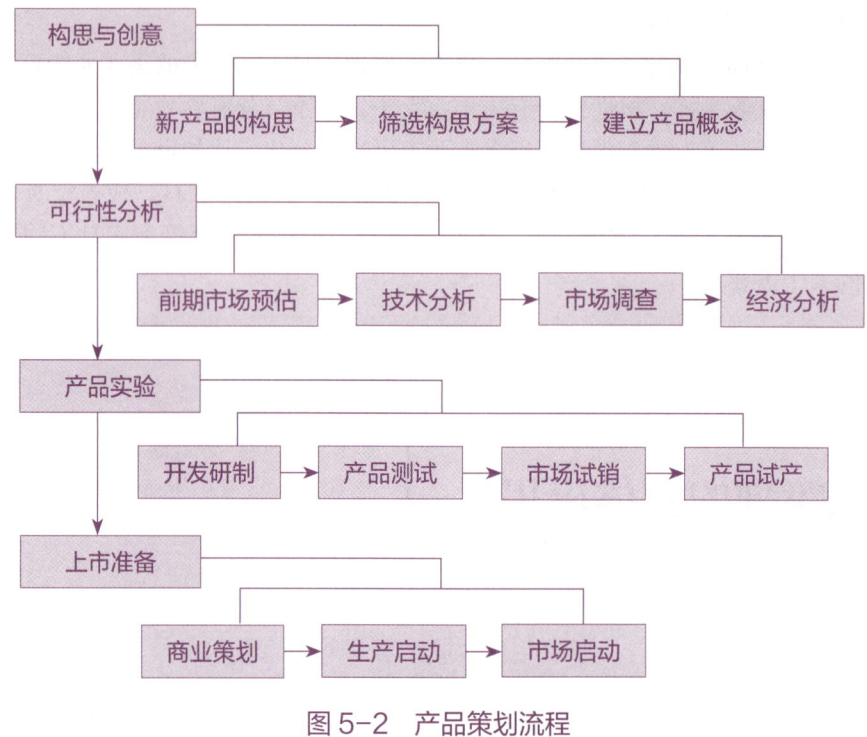

图 5-2 产品策划流程

的概念及开发方案。

（4）经济分析。对新产品开发的投入与收益进行可行性分析，评论新产品的盈利能力。

（三）产品实验

（1）开发研制。将产品从概念进入实际研制，试制出新产品样品或实体模型。其中包括设计和实验、再设计和再实验的反复过程，品牌和包装设计过程等。

（2）产品测试。先进行内部测试，企业内部对产品的性能进行检验，并且与内部人员交流意见和看法；然后进行外部测试，让专业机构进行检验评估，了解消费者、经销商等对产品概念整体或部分的意见。

（3）市场试销。将少量的产品提供给消费者或用户进行试用，获取产品的修改意见，确认新产品的市场需求情况。

（4）产品试产。为全面生产做好准备，通过产品的试生产，检验生产设备的准备情况及生产流程（从供应商到生产线到分销商）的运作情况。

（四）上市准备

（1）商业策划。根据上述三个阶段的结论，企业制定最终的商业策划，分析出相应的投入与收益，明确新产品上市的可行性。

（2）生产启动。企业开始大批量地生产新产品，为上市做好准备。

（3）市场启动。为新产品制定营销策划，包括品牌、价格、分销渠道、促销方式等，然后才能将新产品正式推向市场。

二、产品策划的具体应用

> **案例5-2**
>
> ### 在博物馆上小学？好一个大胆尝试！
>
> 在英国，一些从事博物馆教育相关工作的人员，已不满足于仅仅在博物馆中进行非正式教育，而是开始探索将正式教育置于公共文化场所中。2016年，英国伦敦国王学院文化研究所发起了"我在博物馆上小学"项目，大胆尝试在博物馆中完成国家统一课程大纲的教学。这一项目，以两个星期至一个学期为周期，将托儿所和小学课堂完完全全地搬进博物馆。参加项目的孩子像在学校里一样，在博物馆中度过一整天。

（一）构思与创意

"我在博物馆上小学"的灵感来自于一位专门为文化场馆设计教育空间的建筑师——温蒂·詹姆斯。她说："作为三个孩子的妈妈，我看到了他们在博物馆学习中得到的快乐与灵感，而这种快乐与灵感能够也应该让所有孩子感受到。"项目发起之后，也得到了伦敦国王学院教育、传播和社会学院学者的支持，此外还与"遗产业内人"（Heritage Insider）咨询公司合作完成了项目前的调查、项目中的观察与记录以及项目后的评估报告。

除了温蒂·詹姆斯的灵感迸发，"我在博物馆上小学"项目的诞生也和英国的教育文化环境密切相关。比如，学校资源出现短缺，校舍与教师都亟需增加，人们不断反思以考试分数为评估标准的传统教育模式的弊端，同时，大量研究证实了学生在文化环境中学习的益处。社会与国家，需要为未来培养更多具有创造性、灵活性和专注力的孩子。而博物馆也亟需培养更多元的忠实观众，以及缓解不断增加的财政压力。

（二）可行性分析与产品实验

以伦敦国王学院为主导的项目组为每对馆校组合列出了计划大纲，其中包括了细致的操作手册，涵盖这一项目日常运营的方方面面，包括研究项目的目的、报道与传播、风险分析、参与者情况、时间安排和实施方法、班级在博物馆学习空间的安置、学生的交通、安全和健康等问题、对教师教学的支持、现场运营责任、项目后的成果分析和未来方案制订等。

1. 项目成功的关键因素

对学校教师来说，教室是他们最有安全感的教学环境。将课堂整体搬入博物馆，对老师们来说挑战极大。

在这一项目中，学校老师对孩子在博物馆的安全、健康、精神和学习负有完全的责任。教师必须根据博物馆的环境、藏品和教育资源来调整授课和工作的方式。这种情况下，博物馆工作人员的参与便在一定程度上决定了教师授课的效果。结果显示，博物馆参与程度越高，精力投入越多，博物馆藏品的利用效果就越好，学生得到的学习体验也就越

独特、越丰富。

2. 令人欣喜的有益成果

对博物馆而言，由于从未如此长时间地连续接触同一年龄段的同一群儿童观众，这次的项目使得博物馆对这些孩子的兴趣、能力和需求有了更加深刻的认识。这非常有助于博物馆设计更加具有针对性的教育活动以及展览计划。

另外，与学校教师的密切合作，也让博物馆教育人员了解了学校不同课程的教学方式和内容，不只有助于博物馆开发交叉学科以及和国家课程相关联的教育项目，也为他们的职业发展带来有益的提升。

由于孩子们在博物馆中学习的时候会到达馆内各个区域，这改变了博物馆对于教育空间的利用态度，变得更加开放和灵活。此外，对博物馆来说，这一项目的进行有赖于各个部门之间的合作，调动了各个部门的工作人员以各种形式参与到博物馆教育工作中来，这也使教育工作的地位在馆内得到了整体的提升。

对学校和教师来说，在博物馆教学的经历使他们更加积极地探索各种创新性的教学方法。为了配合博物馆的馆藏资源，老师们需要发挥创造力改造课程大纲。此外，传统教室中的教具都较为抽象，而博物馆中的实物资料则更接近真实的世界，学生在博物馆看到书本上的知识，不仅会加深印象，还会让他们觉得学校学习的内容是真实存在的，是有用的。因此，学校老师回到教室之后，延续了使用实物教学的方法。

（三）产品上市

"我在博物馆上小学"最初的四组合作实验结束之后，很多学校和博物馆都对这一项目很感兴趣。为了让这一合作模式能够持续进行，项目组整理了一套功能强大的"工具箱"，为后续参与的机构提供指引。这套指引中包括试点项目的总结、文献资料的整合、选择合作方的方法、做计划的步骤、应该解决的问题、如何利用博物馆资源教授国家课程、如何进行评估等。截止到2014年，此项目已经吸纳了500余名小学和幼儿园的学生参加，在博物馆、美术馆、植物园完成11周的课程。

资源来源：弘博网（hongbowang2014）原题：在博物馆上学是一种什么体验？

三、新产品上市策划

菲利浦·科特勒说过："市场营销就是考虑如何在适当的时间、适当的地点将适当的产品以适当的价格和适当的方式卖给适当的顾客。"所以，企业在策划新产品上市时，必须对市场环境进行分析，准确把握时机，精心设计营销方案，确保新产品顺利进入市场。

（一）不同的上市时间把握不同的原则

（1）早期上市。指新产品在研制出以后，优先于同类产品的竞争者上市。其特点是同类产品的竞争者很少或几乎没有，或潜在竞争对手的条件尚未成熟。

营销策略：把握时机，通过规模经济、经济效应、营销策划修正等给后来的竞争对手建立壁垒。包括新产品的再开发、扩大市场占有率、出售技术及服务等。

（2）同期上市。指新产品上市的同时，竞争对手的产品也同时推出。同期上市的新产品通常来说各方面的条件相当，因此可以共同承担风险，共享市场利润。

营销策略：加强对新产品的细分市场的占领，关注竞争者的动向，采用主动进攻，削弱竞争对手的市场占有率，并通过完善的售后服务确保市场占有率。

（3）晚期上市。推迟新产品的上市日期，在竞争者进入市场后，再把自己的新产品推向市场。晚期上市可以就新产品的市场风险转嫁给竞争对手，将长期的市场发展作为营销目的。

营销策略：一是以扩大新产品品种、增加产量、降低价格等办法扩大市场占有率。二是根据市场情况，通过开发和经营高价值和高档次产品来提高企业收益。三是通过牺牲收益来确保市场占有率。

（二）控制上市规模，把握资源分配

（1）全面投入。根据新产品的细分市场，初期即进行全面的撒网式投放。这种方法一般适用于资金雄厚、人力充足的企业抢占市场份额。

（2）滚动投入。根据新产品的细分市场，有选择性地在一个或几个区域市场进行滚动投放。这种方法的特点在于力量集中、循序渐进地占领市场。同时，在滚动投入中，企业可以不断地总结和修正细分市场的营销方案。

（三）明确上市目标，获取市场的反响

新产品的最终享用者是消费者，企业通过消费者的反响，才能对新产品的上市效果做出判断，从而有效地对新产品的生产和销售政策进行修正或调整。

新产品的市场反响如果很高，当然可以快速地被消费者接受，减少后期的营销成本。但太高的反响也会带有负面的作用：一是会引起竞争对手的高度关注；二是使消费者对新产品产生过高的期望而出现负面效应。所以，企业必须针对新产品的特性及消费者的态度，合理地控制产品的市场反响，或是及时做出应对的策略。

综合训练一

2020年，凭借纯真颜值"爆火"的丁真，在网络上掀起了一阵"丁真"潮。"丁真"的出现带火了人们对高原风光的向往。这场"丁真风波"中，最火热的莫过于旅游营销，各地文化旅游官方微博纷纷"蹭热点"，宣传自家旅游业务。比如，四川文化旅游官方微博推出话题"其实丁真在四川"，晒起了四川的山川风景，各大地方官方微博开始邀请丁真去做客……随着"丁真效应"的发酵，"丁真事件"成为2020年十大旅游事件。

思考题：

1. 请分析丁真为什么能"火"？
2. 你认为丁真怎样才能一直"火"下去？

综合训练二

无印良品的产品哲学：深入了解，是一切事情的根本。

只要逛过无印良品，你就会对其商品印象深刻：极简，包装几乎等于没有。

作为日本著名的杂货品牌，无印良品最大的特点就是极简。

前会长松井忠三分享过他们的产品哲学：这样就好。

为了以更低的价格，提供与百货商店同品质的商品，他们简化了一切工序和包装。当然，前提是严选材料，确保品质。

在日本，香菇会被筛选，分成大、中、小不同的包装，其实吃到嘴里都是一个味道。于是，无印良品省略了筛选的中间环节，把大小不同的香菇混合，这样一来，成本和费用得到了削减，卖给顾客的价格也就更优惠了。再如，在开发纸巾包时，同样简化包装，成本也得到了降低。从未经熨烫和染色的衬衫，到"性冷淡"风的护肤品，所有产品，极简又实用。

无印良品为什么能以自己独有的特色誉满全球呢？

答案就是：他们足够了解市场。通过详细的调研，对市场需求有了最核心的认知，从而以最少的成本把握住了关键所在。由此可见，不停留于事物表面，深入了解别人真正的需求，不仅能在商业层面获得成功，在生活中的各个方面，都会得到更好的结果。

思考题：

1. 无印良品是如何开发新产品的？
2. 无印良品开发新产品的策略中，有哪些值得我们借鉴？

第六章

价格策划

课程导学

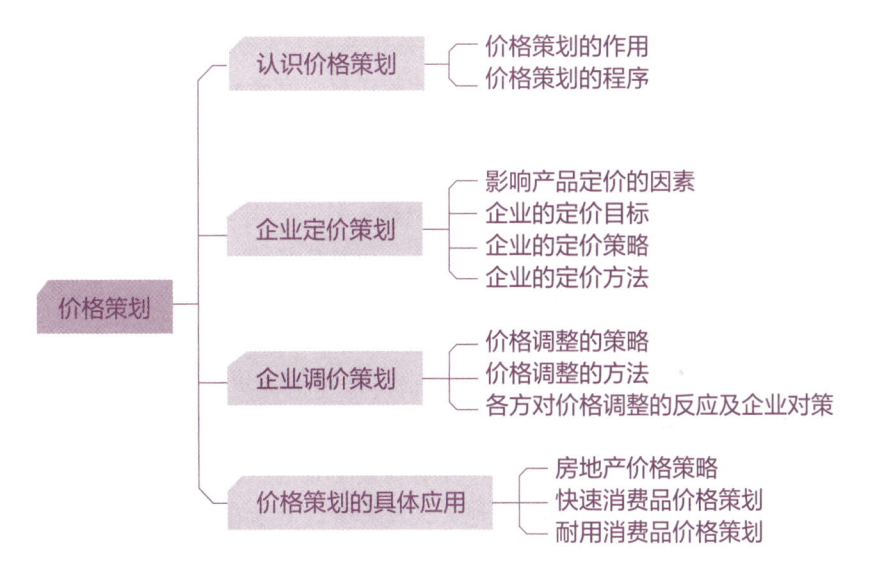

课程重难点

了解价格策划的作用；

掌握价格策划的程序；

了解营销产品定价的因素；

理解企业定价的目标。

技能目标

掌握企业定价的策略和方法；

掌握企业调价的策略和方法；

能够运用企业定价、调价的策略和方法来分析实例。

案例6-1

洋河白酒：价格梯度定位准，细分市场占位好

洋河白酒产品的梯度性推进和及时将次高端产品细分的做法，为洋河白酒的成功打下了基础。2003年，洋河蓝色经典推出海之蓝、天之蓝和梦之蓝三款产品，分别对应白酒市场的低端、中端和高端。不同于其他品牌从高端向低端的延伸路径，蓝色经典最早主推的是低端产品——海之蓝。虽然1998年之后，洋河开始在市场上推广贵宾洋河和嘉宾洋河系列，但市场定价保持在180～200元，距离高端白酒市场还有一定的差距。当时洋河处于企业低谷，资源匮乏，与其打造一个高端品牌，倒不如把资源有效地投入到中低端品牌的运作上。洋河将渠道和广告推广的重心全部集中在海之蓝上，无论是户外大牌、楼宇电视还是报纸，无论在餐厅、大卖场，洋河蓝色经典——海之蓝都成了重中之重，在终端占据着第一陈列面和导购首要推荐地位。

这种聚焦根据地市场的强攻策略，配合蓝色经典产品本身的"绵柔型"优质口感，市场很快就被蓝色经典"撕"开了缺口，并随着再次消费与推荐消费的兴起，缺口越来越大。等竞争品牌"醒过神来"的时候，渠道和终端已易主，再想夺回失去的市场已非常困难。

为了让渠道拓展和广告投放更有针对性，洋河对蓝色经典系列各价格层次进行了更精确的定位，梦之蓝略低于水井坊和国窖1573，天之蓝略低于五粮液、茅台，海之蓝介于剑南春和泸州老窖特曲的夹缝之间。当"茅五剑"三大巨头品种，在渠道顺利导入后，再导入天之蓝，进而再推动高端的梦之蓝。当"茅五剑"三大巨头涨价后，终端120～200元的价格出现虚空，而有相当一部分消费者对这一价格区间内的产品翘首以盼，他们要面子、对价格也不太敏感，零售价低于120元他们会觉得低不成，高于200元的产品他们又觉得高不就，而海之蓝在这个价格区间的强势主推恰好切中了这个市场空白。

蓝色经典在前期主推海之蓝的时候，同时考虑对天之蓝、梦之蓝中高端品牌进行保护。洋河虽然先做海之蓝，但蓝色经典告诉消费者，洋河还有天之蓝、梦之蓝，尽管消费者可能不喝，但不会影响消费者对这个品牌高端定位的认知。等洋河的品牌影响力积累到一定程度，有了品牌基础后，再逐步把天之蓝和梦之蓝放出来，通过梯度性地消费升级和品牌拉升的方式参与竞争，而且还没有破坏原有的高端定位。后来洋河又根据市场的具体情况，及时对次高端进行细分，丰富次高端价位的产品线，将梦之蓝演化为梦三（M3）、梦六（M6）、梦九（M9），及时占位更高端市场。

资料来源：苗国军，陈涛. 洋河：从老八大名酒到茅五洋. 销售与市场.

价格策划就是针对市场形势，对产品价格进行制定和调整的过程。通常，企业为了实

现一定的营销目标,需要协调处理企业内部各种价格关系的活动,它不仅包括价格的制定,而且包括在一定的环境条件下,为了实现企业较长时期的营销目标,协调配合营销组合的其他构思、选择,在实施过程中不断修正价格的战略和策略。为此,就需要了解价格策划的作用和程序。

一、价格策划的作用

价格策略是市场营销组合策略中的一个重要方面,价格策划对于整个营销组合策划起着关键的作用。价格策划的作用主要体现在以下几个方面。

(一)价格能诱导和调节市场需求

价格是企业营销组合中的一个重要因素,定价是否合理对企业市场营销组合将起到加强或削弱的作用。具体地说,价格的高低不但直接影响产品在市场中的地位和形象,同时也影响着顾客对产品的接受程度和产品的销路。合理的价格对顾客的心理会产生良好的刺激作用,往往会使顾客产生购买欲望,从而引起其购买行为。所以,合理的价格本身就具有促销的功能。另外,价格的高低还制约着销售渠道的选择,具有与企业促销及销售渠道策略协调一致的价格,才能起到加强营销整体效果的作用。

(二)价格是营销竞争的重要手段

在市场营销中,价格与技术、质量、服务等因素一样是企业竞争的重要依据。一般来说,在同一产品有众多供应者的条件下,价格的高低就会直接影响市场竞争能力,价格相对比较低的产品,市场竞争能力就会提高;反之,价格相对比较高的产品,市场竞争能力就会降低。同时,价格也是竞争对手极为关注,并会迅速做出反应的最敏感的因素。另外,由于制定价格时往往很难准确预测消费者和竞争者的反应,由此而导致的决策失误会使企业陷入困境,并带来多方面的损失。

(三)价格策划的过程和结果直接影响着企业经营的成败

大量企业的营销实践表明,价格策划的过程和结果不仅影响着企业的财务,也影响企业的经营活动和市场效果。企业市场占有率的高低、市场接受新产品的快慢、企业及其产品在市场上的形象等都与价格有着密切的关系。因此,科学的价格策划是企业取得成功的重要条件。

(四)价格影响着企业经营目标的实现

企业经营目标的实现需要具备很多条件,例如,技术的进步、产品质量的提高以及企业主动地适应消费者需求、适应市场竞争状况等。其中,产品的定价是一个关键因素。企业在定价的过程中必须符合客观性、规律性的要求。在现实的营销活动中,由于受到市场的影响,企业定价的自由度是有限的。因此,企业的所有工作都必须与价格相适应。同时在既定的价格水平下,企业要提供质量过硬、性能卓越、服务良好的产品,使顾客对企业和产品产生偏爱,树立起良好的形象,这样才能建立起优越的市场地位,实现企业的营销目标。

> **相关链接6-1**
>
> ### "遥不可及"的黑珍珠
>
> 早期,黑珍珠因色泽不佳、又灰又暗、大小不一等一系列原因一颗也卖不出去。这时候,黑珍珠商人去见了一位宝石商人,宝石商人同意把黑珍珠放到他在第五大道的店铺橱窗里展示,标上令人难以置信的高价。同时,他们还着手做广告,在一本本印刷华丽的杂志上,一串塔希提黑珍珠在钻石、红宝石、绿宝石的映衬下,熠熠生辉。不久前还含在一个个黑边牡蛎壳里、吊在波利尼西亚海水中的绳子上、无人问津的黑珍珠如今来到纽约,环绕在当红的歌剧女明星的粉颈上,在曼哈顿招摇过市。原来不知价值几何的东西,经过策划,被捧成了稀世珍宝,可见价格策划的重要性。

二、价格策划的程序

在价格策划的过程中,首先要确定定价的程序。定价程序主要包括六个环节,即明确定价目标、测定需求弹性、估算成本、分析竞争状况、选择定价方法和确定最佳价格。

(一)明确定价目标

企业在为产品制定价格时,首先应确定期望凭借价格产生的效用以及能达到的目标,定价目标是企业决策目标体系中的具体目标之一,它必须服从于企业决策的总体目标,同时也需与其他决策目标相配合。但企业决策总体目标并不只是对应于一种定价目标,在不同的条件下,它可以通过不同的定价目标来实现。一般来说,企业的定价目标大致有维持企业生存、市场份额领先、产品质量领先、当期利润最大化、企业形象最佳化等。

(二)测定需求弹性

企业管理人员必须知道对于价格的变动需求将会发生哪些变化。在正常情况下,市场需求会按照与价格变动相反的方向变动:价格提高,市场需求就会减少;价格降低,市场需求就会增加。

由于价格会影响市场需求,所以企业所制定的价格的高低会影响企业产品的销售,进而影响企业总体目标的实现。企业管理人员可以通过需求弹性来了解市场需求对价格变动的反应。需求弹性是指因价格变动而引起需求相应变动的比率,其反映需求变动对价格变动的敏感程度。用公式可表示为:

$$需求弹性 = 需求变动的百分比 / 价格变动的百分比$$

价格发生变动,而市场需求几乎没有变化,就认为需求是无弹性的;价格发生变动,市场需求也相应变化,就认为需求是有弹性的。

企业定价时考虑需求弹性的意义在于,不同产品具有不同的需求弹性。从需求弹性大小的角度来决定企业的价格决策,可以分三种类型来考察。为比较需求弹性的大小,这里仅考虑需求弹性的绝对值。

需求弹性等于1时，表明价格的变动会引起需求量等比例的反方向变动。例如，某种产品提价2%，这种产品的需求量降低了2%。在这种情况下，企业的总销售收入基本不变，价格变化对销售收入影响不大。利用价格的变动来促进销售、提高利润无实际意义。所以此时进行价格决策时应该更多地考虑成本、竞争对手等因素的影响。

需求弹性大于1时，表明价格的变动会引起需求量较大幅度的反方向变动。例如，某种产品提价2%，这种产品的需求量降低了10%。在这种情况下，企业的总销售收入减少很多。企业定价时，应通过低价、薄利多销来达到增加利润的目的。

需求弹性小于1时，表明价格的变动只会引起需求量较小程度的反方向变动。例如，某种产品提价2%，这种产品的需求量仅降低了1%。在这种情况下，企业的总销售收入有所增加。企业定价时，可以制定较高水平的价格，以此来达到增加利润的目的。

由此可见，需求弹性的绝对值越小，即需求越缺乏弹性，企业提价的可能性就越大。

（三）估算成本

任何企业都不能随心所欲地制定价格。某种产品的最高价格取决于市场需求，最低价格取决于这种产品的成本费用。从长远来看，任何产品的销售价格都必须高于成本。只有这样才能以销售收入来抵偿生产成本和经营费用，否则就无法继续经营。因此，企业制定价格时必须估算成本。

企业的成本包括固定成本和可变成本。其中，固定成本是指在短期内并不随着企业的产量和销售收入的变化而变化的成本费用，包括厂房设备的折旧费、租金、利息、高级管理人员的薪金等。这种成本在企业开办时即支出，即使未开工生产也须负担。可变成本是指直接随着企业的产品产量和销售收入变化而变化的成本，包括原材料费、工资等。企业不开工生产，可变成本应为零。

（四）分析竞争状况

如上所述，产品的最高价格取决于这种产品的市场需求，最低价格取决于这种产品的成本费用。在最高价格和最低价格的幅度内，企业能把这种产品的价格水平定得多高，则取决于竞争对手的同种产品的价格和可能价格的水平有多高。企业管理人员必须采取适当的方法，如派出比较购物者找到竞争对手的价目表等，了解竞争对手的产品质量和价格。企业可以根据这方面的信息来比质比价，从而制定本企业的产品价格。例如，企业和竞争对手的同种产品如果质量大体一样，那么两者的价格水平应大体一样；如果本企业的产品质量较低，那么价格水平就应比竞争对手制定的价格低一些；如果本企业的产品质量较高，那么价格水平就可以定得高一些。

同时，竞争对手也可能针对企业的价格相应调整其价格，也可能不调整价格而调整市场营销组合中的其他变量来和企业争夺市场。

（五）选择定价方法

在明确定价目标、测定需求弹性、估算成本费用和分析竞争状况后，就该选择定价方法了。鉴于价格的高低主要受成本费用、市场需求和竞争状况三个方面因素的影响和制约,从对这三个方面的不同侧重出发,各种定价方法可以归纳为成本导向定价法、需求导向定价法和竞争导向定价法三类。

(六) 确定最佳价格

在经过上述几个步骤后,企业可以得出一个基本价格。此时,企业需要综合各方面的考虑,确定一个最佳的价格。

企业确定最佳价格时,首先必须考虑所制定的价格是否合法,是否符合国家有关政策和法令、条例的规定,否则,就会受到法律的制裁;其次,要考虑所制定的价格是否与企业的定价政策相一致;再次,要考虑其他各方对所拟定价格的反应,包括分销商和经销商、公司的推销人员、竞争者、供应商等各方面的态度和看法;最后,要考虑消费者的需求特性,包括消费者的地区差异、需求差异、购买行为差异、购买心理差异等。

任务二 企业定价策划

价格是产品价值的货币表现。产品定价是企业重要的决策之一。这一方面是因为价格的高低对需求具有重大影响;另一方面是因为在市场竞争中,企业的价格策略同其他竞争策略相比具有不可替代的作用。为了学会运用定价策划,就需要在分析影响产品定价的因素和明确企业定价目标的基础上,掌握定价策略和定价方法。

一、影响产品定价的因素

在营销的四个基本要素(产品、促销、分销和价格)中,企业通过产品、渠道和促销在市场中创造价值,而通过价格从创造的价值中获取收益,价格是唯一能产生收入的因素,其他因素表现为成本。价格也是营销组合中最灵活的因素,它的变化是异常迅速的。因此,价格策略是企业营销组合的重要因素之一,它直接决定着企业市场份额的大小和盈利率的高低。随着营销环境的日益复杂,制定价格策略的难度越来越大。制定价格策略时,不仅要考虑成本补偿问题,还要考虑消费者的接受能力和竞争状况。

企业在进行价格策划时要考虑诸多因素,这些因素有企业内部因素,也有企业外部因素;有主观的因素,也有客观的因素。概括起来包括定价目标、市场需求、产品成本、竞争因素和其他因素。

(一) 企业内部因素

企业的内部因素是影响企业定价行为最为基本的因素,主要有以下几个方面。

1. 产品成本

产品成本是在生产与流通过程中所耗费的物化劳动和活劳动。如前文所述,产品的最高价格取决于市场需求,最低价格取决于这种产品的成本费用。从长远看,任何产品的销售价格都必须高于成本费用,只有这样,才能以销售收入来抵偿生产成本和经营费用,否则就无法经营。

2. 产品特征

产品特征是产品自身构造形成的特色,它可以指产品造型、质量、功能、服务、商标和包装中的一部分或全部,它能反映产品对消费者的吸引力。消费者所希望的物美产品就是指产品特征,一种产品一旦有了某方面的特征,就能满足消费者某方面的需要,从而有可能成为名牌产品、时尚产品、高档商品,吸引消费者的购买兴趣,获得理想效益。这类商品往往供不应求,因而在定价中处于有利地位,其价格可高于同类产品。

3. 营销能力

营销能力包括选择分销渠道与开展促销活动。企业在定价时,企业自身的营销能力也极为重要,营销能力强的企业,可在高价位完成推销任务,也就是说该企业具有使价值增值的手段。因此,企业更具有定价的主动权。

(二)企业外部因素

企业的外部因素是指企业本身不可能控制的因素。在外部因素中,对企业定价起主要或直接影响的因素主要有以下几个方面。

1. 市场需求状况

如果说决定价格的下限是产品成本,那么决定企业产品价格的上限则是市场需求程度。从现代营销观念来看,市场需求是企业定价最主要的影响因素。因为企业所确定的任何价格,最终都由消费者判别是否合理。消费者需求是指有货币支付能力的需求,因此,需求自然受到价格和收入变动的影响。

2. 市场竞争

产品的最高价格取决于该产品的市场需求,最低价格取决于该产品的成本费用。在这种最高价格和最低价格幅度内企业能把这种产品价格定多高,在很大程度上是由市场竞争所决定的。

3. 国家政策法律的影响

由于企业价格的高低直接影响到行业之间和企业之间的比价关系,关系到广大人民的生活和国家的安宁,为了维护国家与消费者的利益,维护正常的市场秩序,每个国家都制定了有关的经济法规来约束企业的定价行为,我国政府也在一定程度上加强了对物价的管理。但市场经济的最基本特征是自由企业制度,国家不应直接干预企业应有的定价自主权,而应通过行政的、法律的、经济的手段间接地进行调控。

4. 消费者心理因素

无论哪一种消费者,在消费过程中,必然会产生种种复杂的心理活动,该心理活动支配着消费者的消费过程。因此,企业制定商品价格必须注意分析消费者心理,使企业定价符合其需求和变化规律,只有这样,才能恰到好处地制定出企业的价格策略。

二、企业的定价目标

定价目标是指企业通过制定一定水平的价格所要达到的预期目的。它是定价决策的基本前提和首要内容,是实现企业总体目标的保证和手段,也是定价策略和定价方法的依据。定价目标一般可分为利润目标、销售额目标、市场占有率目标、形象目标和定价目标。企业在定价前必须首先确定定价目标。

(一)以获取利润为定价目标

利润目标是企业定价目标的重要组成部分,获取利润是企业生存和发展的必要条件,是企业经营的直接动力和最终目的。因此,利润目标为大多数企业所采用。由于企业的经营哲学及营销总目标的不同,这一目标在实践中有三种形式。

1. 以获取预期收益为目标

企业之所以投入资金,是期望在预期内收回投资并取得利润。所谓以获取预期收益为目标,是指企业以预期利润为定价基点,并以利润加上商品的完全成本构成价格,然后出售产品,从而实现预期收益的定价目标。确定预期利润高低时,应当考虑商品的质量与功能、同期的银行利息、消费者对价格的反应程度及市场竞争状况等因素。

这种目标适用于:垄断企业;同行业中资金雄厚、竞争实力强的企业;为了避免追求最大利润可能带来的风险,只求得稳定收益的中小企业。一般情况下,适中的预期利润才可能获得长期稳定的收益。

2. 以追求最大利润为目标

最大利润有长期和短期之分,还有单一产品最大利润和企业全部产品综合最大利润之别。一般而言,企业追求的是长期的、全部产品的综合最大利润,这样企业就可以取得较大的市场竞争优势,占有和扩大市场份额,拥有更好的发展前景。这种目标适用于本企业产品的生产能力、技术水平、质量处于领先地位,或在行业竞争中占据绝对优势,或是本企业产品在市场上供不应求、替代品很少或没有的情况。

最大利润目标并不一定导致高价。价格太高会导致销售量下降,利润总额可能会因此减少。一般而言,企业获得高额利润是通过先用低价策略,待占领市场后再逐步提价来获得的;或者,企业可以采用招徕定价的艺术,对部分产品定低价,赔钱销售,以扩大影响、招徕顾客,这样可以带动其他产品的销售,进而谋取最大的整体效益。

3. 以获取适度利润为目标

以获取适度利润为目标是指企业在补偿社会平均成本的基础上,适当地加上一定的利润作为商品价格,以获取正常情况下合理利润的一种定价目标。这种目标适用于:追求稳定发展的企业;由于资金有限,或者需求限制,不能达到最大利润的生产规模的企业。

由于以适度利润为目标确定的价格不仅可以使企业避免不必要的竞争,又能获得长期利润,而且由于价格适中,消费者愿意接受,还符合政府的价格指导方针,因此,这是一种兼顾企业利益和社会利益的定价目标。需要指出的是,适度利润的实现,必须充分考虑产销量、投资成本、竞争格局和市场接受程度等因素。否则,适度利润只能是一句空话。

（二）以扩大销售额为定价目标

以扩大销售额为定价目标是在保证一定利润水平的前提下，谋求销售额的最大化；某种产品在一定时期、一定市场状况下的销售额由该产品的销售量和价格共同决定，因此，销售额的最大化既不等于销量最大，也不等于价格最高。对于需求价格弹性较大的商品，降低价格而导致的损失可以由销量的增加来补偿，因此，销售此类产品的企业宜采用薄利多销策略，保证在总利润不低于企业最低利润的条件下，尽量降低价格，促进销售，扩大盈利；反之，如果商品的需求价格弹性较小，降价会导致收入减少，而提价则使销售额增加，企业应该采用高价、厚利、限销的策略。

采用扩大销售的定价目标时，确保企业的利润水平尤为重要。因为销售额的增加并不必然带来利润的增加。有些企业的销售额上升到一定程度，利润就很难上升，甚至销售额越大，亏损越多。因此，销售额和利润必须同时考虑。在两者发生矛盾时，除非是特殊情况（比如为了尽量地回收现金），应以保证最低利润为目标。

（三）以市场占有率为定价目标

以市场占有率为定价目标是指企业从占领市场的角度来制定商品的定价目标。市场占有率的高低对于价格的高低有很大影响。市场占有率包括绝对占有率和相对占有率，是反映企业市场地位的重要指标，影响着企业的市场形象和盈利能力。与同类企业或产品比较，市场地位高，表明企业在竞争过程中拥有一定优势，意味着企业生产和销售的规模大，即便在单位利润水平不高的情况下，企业仍具有较强的盈利能力；反之，市场占有率很低，则可能意味着企业没有明显优势，甚至可能处于十分危险的境地，即便单位利润水平很高，但在生产经营量有限的情况下，盈利能力仍是有限的。因此，许多企业经常采用价格手段，力图维持或扩大其市场占有率。在现有生产量和销售量的基础上，仍具有较大的扩张潜力，成本也有一定的下降空间，而产品的价格需求弹性较高的企业，更是经常采用降价手段，扩大产品的市场占有率。

但在采用这一定价目标时也必须慎重考虑，量力而行。因为运用低价策略扩大市场占有率必然会使需求量急剧增加。因此，企业必须有充足的商品供应；否则，由于供不应求造成潜在的竞争者乘虚而入，反而会损害企业的利益。

（四）以改善形象为定价目标

以改善形象为定价目标是指把价格作为确定企业特定形象的表现手段的定价目标。

价格是消费者据以判断企业行为及其产品的一个重要因素：一个企业的定价与其向消费者所提供服务的价值比例相符，企业在消费者心目中就比较容易树立诚实可信的形象；反之，企业定价以单纯地获利，甚至以获取暴利为动机，质价不符，或是质次价高，企业就难以树立良好的形象。例如，与产品策略等相配合，适当的定价也可以起到确立、强化企业形象特征的作用。为优质高档商品制定高价，有助于确立高档产品形象，吸引特定目标市场的顾客；适当运用低价或折扣价则能帮助企业树立"平民企业"、以普通百姓作为其服务目标的企业形象。又如，激烈的价格竞争常常使企业"两败俱伤"，从短期看可能会给消费者带来一定好处，但是破坏了市场供求的正常格局，从长期看终究会给消费者带来灾难。在这样的情况下，如果有企业为稳定市场价格做出努力并取得成效的话，就会确立其在行业中举足轻重的领导地位。

（五）以应对竞争为定价目标

以应对竞争为定价目标是指企业通过服从竞争需要来制定价格的定价目标。

一般来说，企业对竞争者的行为都十分敏感，尤其是竞争者的价格策略。事实上，在市场竞争日趋激烈的形势下，企业在定价前都会仔细研究竞争对手的产品和价格情况，然后有意识地通过自己的定价目标去对付竞争对手。根据企业的不同条件，一般有以下四种情况：力量较弱的企业，可采用与竞争者相同或略低于竞争者的价格出售产品的方法；力量较强的企业，在扩大市场占有率时，可采用低于竞争者价格出售产品的方法；资力雄厚并拥有特殊技术或产品品质优良或能为消费者提供较多服务的企业，可采用高于竞争者价格出售产品的方法；为了防止别人加入同类产品竞争行列的企业，在一定条件下，往往采用一开始就把价格定得很低的方法，从而迫使弱小企业退出市场或阻止对手进入市场。

| 相关链接6-2 |

淘宝战胜易趣

当初淘宝之所以能够战胜易趣，一个重要的原因就是免费策略。众所周知，当初阿里巴巴推出淘宝时，易趣已经在C2C领域一家独大，如果说当时的淘宝是呱呱坠地的婴儿，那么易趣便是年富力强的成年人。当时易趣很多的服务和功能都是收费的，比如登入要收费，服务要收费，发布商品等也要收费。而淘宝上线之初，就做出了三年免收费的承诺。虽然是免费的，但是淘宝的服务质量并不比易趣差，甚至有过之而无不及。而且为了保证消费者的利益，淘宝随后又推出了支付宝，而易趣在这方面却没有得到解决。

淘宝正是因为使用免费策略，即初期免费、成为会员、推销付费产品或增值服务，最终战胜了易趣，成了电商平台的巨头。

免费策略营销实际上就是通过免费的策略来提高市场占有率，快速获得大量的用户。免费的东西一般让人没有很大的心理负担，如果用完之后觉得产品还不错的话，还会向亲朋好友推荐，因此比较容易成功。

三、企业的定价策略

企业的定价策略是营销中一个十分重要的问题。它关系到企业的产品能否顺利地进入市场，能否站稳脚跟，以及能否使企业达成最初的定价目标。目前，国内外比较常用的定价策略有以下几种。

（一）新产品定价策略

1. 撇脂定价

撇脂的原意是取牛奶上的那层奶油，含有捞取精华的意思，故撇脂定价又称高价法，即一开始将产品的价格定得较高,尽可能在产品生命初期,在竞争者研制出相似的产品以前,尽快收回投资,并赚取最大利润;然后随着时间的推移,再逐步降低价格使新产品进入弹性较大的市场。这种定价策略的优点是能在短时间内获得高额利润,并掌握降低价格的主动权。缺点是风险大,容易吸引竞争者进入,如果产品不为消费者所接受,容易导致产品积压,从而亏损。例如,在1945年发明圆珠笔时属于全新产品,成本0.5美元一支,可是发明者却利用广告宣传和人们的求新求异心理,以20美元销售,引起人们的争相购买。

在下述条件具备的情况下,企业应该采取撇脂定价的方法:第一,市场上存在一批购买力很强并且对价格不敏感的消费者;第二,这一批消费者的数量足够多,企业有利可图;第三,暂时没有竞争对手推出相同的产品,本企业的产品具有明显的差别化优势;第四,当有竞争对手加入时,本企业有能力转换定价方法,通过提高性价比来提高竞争力;第五,本企业的品牌在市场上有传统的影响力。

2. 渗透定价

渗透定价与撇脂定价策略相反,即在新产品上市初期把价定得低些,待产品渗入市场,销路打开后,再提高价格。渗透定价策略是将最初定价定得较低,以便迅速和深入地进入市场,从而快速吸引来大量的购买者,赢得较大的市场份额。而较高的销售额能够降低成本,从而使企业能够进一步减价。渗透定价的优点是能够使新产品迅速占领市场,同时,微利阻止了竞争者进入,增强了企业的市场竞争能力;缺点是利润微薄,可能会降低企业优质产品的形象,而且价低利微,收回投资的时间较长。

在下列情况下,企业可以采用渗透定价的策略:市场需求对价格极为敏感,低价会刺激市场需求迅速增长;企业的生产成本和经营费用会随着生产经营经验的增加而下降;低价不会引起实际和潜在的竞争。

3. 满意定价

满意定价策略又称温和式定价策略或君子定价策略,是指企业为了建立企业与产品的良好形象,把价格定在适中水平上的策略。撇脂定价以高价推出产品,对消费者不利,易引起消费者的不满和抵制以及激烈的市场竞争,具有一定的风险;而渗透定价以低价推出,虽对消费者有利,但企业在新产品上市之初收入甚微,投资回收期长。满意定价居于两者之间,既可以避免撇脂定价的市场风险,又可避免渗透定价因低价带来的困难,因而对买卖双方都比较有利。这一策略具有风险小,能为各方所接受和简便易行的优点。不足之处主要是因其特点不突出,不易打开销路。因而,定价策略多用于一些生产生活必需品的定价。

(二)现有产品定价策略

1. 保持价格不变

当企业产品所在的细分市场受整个行业市场影响不大,企业不知道竞争对手与消费者对本企业的产品降价会做出什么反应,或企业不知道竞争对手降价的意图时,可以采取这一策略。

2. 降价

在下列三种情况下,企业应当考虑降价:第一,企业生产能力过剩,市场供大于求,需要扩大销售,但又无法通过改进产品和增加销售努力来达到目的。第二,市场份额下降。例如,当日本的小型汽车以明显优势大量进入美国市场后,美国通用汽车公司在美国市场份额明显减少，最后通用汽车公司不得不将其超小型汽车在美国西海岸地区降价10%。第三，为争取在市场上占据支配地位。公司用较低的价格，增加产品的竞争能力，扩大市场份额，而销售的增加也降低了成本。实施降价策略时，必须考虑三个因素：降价对产品定位的影响；降价对同一条产品线上其他产品的影响；降价对公司利润的影响。

3．涨价

在下列两种情况下，企业应当考虑涨价：第一，成本上涨。当材料费、燃料费、人工费、运输费、科研开发费、广告费等不断上涨，为了保证最低利润率，企业往往会不定期地提高价格。第二，供不应求。当企业的产品在市场上处于不能满足所有消费者的需要时，可能会涨价，以减少或限制需求量。第三，竞争者产品涨价。企业在涨价时，应通过一定的渠道让消费者了解涨价的原因，并听取他们的反映，以帮助企业和消费者实现双赢。

（三）产品组合定价策略

产品组合定价策略是指处理本企业各种产品之间价格关系的策略，是对不同组合产品之间的关系和市场表现进行灵活定价的策略。常用的产品组合定价形式有以下几种。

1．产品线定价

产品线定价是对产品线内的不同产品，根据不同的质量和档次、顾客的不同需求及竞争者产品情况，确定不同价格的策略。采用这种定价策略时应考虑三个因素：第一，各产品间的成本差距；第二，顾客对各产品的评价及心理要求；第三，竞争对手同类产品的价格水平。一般的做法是实行级差价格，使价格呈阶梯状结构。具体做法是：首先，确定某产品的最低价格，使其充当价格领袖；其次，确定某产品的最高价格；最后，确定其他产品的价格。

2．附带品定价

对于配套使用的产品，会遇到主产品和附带品或相关配套品的定价关系。例如，菜刀和刀架、计算机的硬件和软件、饭菜和酒水饮料，都属于此类问题。通常有两种做法：一是主产品定低价用来吸引消费者，附带品定高价用来获取利润，弥补经营损失；二是主产品定高价以获取利润，附带品定低价以吸引顾客。例如，微软公司采用第二种策略创造市场机会，它推出Office办公软件与视窗操作系统配套使用，操作系统价廉物美，销路甚佳，结果带动办公软件销量大大增加，尽管其价格较其他品牌的软件更高。

3．两部定价

两部定价策略指的是将产品价格分为两个部分的策略。移动运营商和游乐园的收费常采取这种形式：前者是月租加使用费；后者是门票加项目费。使用两部定价的策略比较适合的做法是前一项收费低，用以吸引顾客；后一项收费高，用以获取利润。

4．捆绑定价

捆绑定价策略是指将数种产品组合在一起以低于分别销售时支付总额的价格销售的策略。例如，家庭影院的定价是大屏幕电视和音响的捆绑定价。

四、企业的定价方法

实际工作中，企业的定价方法很多。一般来说，定价方法的具体运用不受定价目标的直接制约。具有不同市场竞争能力和不同营销环境中的企业所采用的定价方法是不同的，即使在同一类定价方法中，不同企业选择的价格计算方法也会有所不同。因此，从价格制定的不同依据出发，可以把定价方法分为以下三大类。

（一）成本导向定价法

成本导向定价法是以产品成本作为定价基本依据的定价方法。从经济学角度来讲，企业是以营利为目的的经济组织，为了保持和提高企业的竞争能力，企业必须通过销售其产品来收回付出的成本，并在此基础上获得相应的利润回报。因此，制定相关产品的价格就必须考虑产品的成本和利润。这种方法的特点是简单、易用，但也是最不以消费者为导向的方法，由此制定出来的产品价格还需由消费者的反应来确定其科学性和合理性。

成本导向定价法中最常用的有成本加成定价法和目标利润率定价法两种。

1．成本加成定价法

成本加成定价法是成本导向定价法中应用得最广泛的方法：所谓成本加成，就是在单成本上附加一定的加成金额作为企业盈利的定价方法，计算公式为：

$$单位产品价格=单位产品成本×（1+成本加成率或预期利润率）$$

成本加成定价法之所以被普遍使用，主要是因为它具有以下优点：

（1）成本的不确定性一般比需求的不确定性小。它将价格与单位成本相联系，可以大大简化企业定价程序，使企业不必根据需求情况的变化而对产品价格进行频繁调整。

（2）只要同一行业的所有企业都采用这种定价方法，各家的成本和加成比例接近，它们的价格将趋同，可能会缓和同行业间的价格竞争。

（3）人们觉得成本加成定价法对买卖双方都比较公平，尤其是在买方需求强烈时，卖方只是"将本求利"，没有利用这一有利条件谋求额外利益，因而仍能获得公平的投资收益。

但成本加成定价法的缺点也很明显：它忽视了市场竞争和供求状况的影响，缺乏灵活性，难以适应市场竞争的变化形势。特别是如果加成率的确定仅从企业角度考虑，则很难确切得知可获得的销售量。因此，这种方法在企业的产品生产成本小于或等于相同产品的社会必要生产成本时是合理有效的，而当企业的产品生产成本大于相同产品的社会必要生产成本时，采用此方法就有可能导致产品滞销。

2．目标利润率定价法

目标利润率定价法是根据企业所要实现的目标利润来定价的一种方法。成本加成法是以产品成本为出发点来制定产品价格，而目标利润率定价法的要点是使产品的售价能保证企业达到预期的目标利润率。企业根据总成本和估计的总销售量，确定期望达到的目标收益率，然后推算价格。

目标利润率定价法的基本公式为：

$$单位产品价格=（固定成本+可变成本+目标利润）÷预计销量$$

目标利润定价法计算比较简单，实现一定的销售额后即可获得预期利润，它的特点是有利于加强管理的计划性，可较好地实现投资回收计划，但要注意估算好产品售价与期望售价之间的关系，尽量避免确定了价格，而销量达不到预期目标的情况出现。

（二）竞争导向定价法

在目前的市场经济条件下，企业的生产能力往往过剩，导致许多产品在市场上出现积压，企业为了将自己的产品销售出去获取利润，经常会采取各种措施来提高自身企业产品的竞争力，如降低成本、提高产品质量、提高服务水平等，以便在与竞争的对手保持或提高其原有的市场份额的基础上，通过制定合理的产品价格来提高竞争力，这也是企业常用的措施，因此，以竞争对手的价格作为依据来制定价格，也是企业常用的定价方法及所谓的竞争导向定价法。

这种定价方法主要有以下三个方面的特点：①价格与商品成本和需求不发生直接关系；②商品成本或市场需求发生变化，但竞争者的价格未变，就应维持原价；③成本或需求都没有变动，但竞争者的价格变动了，则应该相应地调整其商品价格。

竞争导向定价主要包括随行就市定价法、产品差别定价法和投标定价法。

1．随行就市定价法

随行就市定价法是企业某产品价格保持在市场平均价格水平上，利用这样的价格来获得平均报酬。这是以同行业的平均现行价格水平或"市场主导者"（指在相关产品市场上占有率最高的企业）的价格为标准来确定企业价格的方法，随行就市定价法是一种防御性的定价方法。在以下情况下，往往可以考虑这种定价方法：产品难以估算成本；企业打算与同行业其他企业和平共处；如果另行定价，会很难了解消费者对本企业价格的反应。

2．产品差别定价法

产品差别定价法是指企业通过不同的营销努力，使同种同质的产品在消费者心目中树立起不同的产品形象，进而根据自身特点，选取低于或高于竞争者的价格。产品差别定价法是一种进攻性的定价方法。

产品差别定价法的运用条件主要有以下两条：

（1）企业必须具备一定的实力，在某一行业或某一区域市场占有较大的市场份额，消费者能够将企业产品与企业本身联系起来。

（2）在质量大体相同的条件下实行差别定价是有限的，尤其对于定位为"质优价高"形象的企业来说，必须支付较多的广告、包装和售后服务方面的费用。

从长远来看，企业只有通过提高产品质量，才能真正赢得消费者的信任，才能在竞争中立于不败之地。

3．投标定价法

投标定价法一般是由买方公开招标，卖方竞争投标，密封递价，买方按物美价廉原则择优选取，到期当众开标，中标者与卖方签约成交。这种方法往往是在买方市场（即产品供大于求的市场）中，由买方掌握主动权时运用。运用此种方法和拍卖定价法时，企业对产品的定价权实际上在某种程度上转移给了买方。

从企业角度来讲，为了能够以合理、科学的价格中标，必须认真选择和确定投标价格。

（1）要分析招投标条件和企业的主客观情况以及能否适应招标项目的要求。

（2）计算直接成本，拟订报价方案。

（3）分析竞争对手的特点和可能的报价，估计中标概率。

（4）计算每个方案的期望利润，并据此选择投标价格。

任务三 企业调价策划

企业调价策划是指企业根据客观环境和市场形势的变化而对原有价格进行调整的过程。企业的生产经营状况和市场形势都在不断变化，选择适当时期采取相应的措施调整产品价格，是企业为适应环境变化、争取竞争主动权的一种手段。企业的调价必不可少，因此就需要掌握价格调整的策略和方法，并学会应对各方对价格调整的反应。

一、价格调整的策略

价格竞争的内容很多，除企业使用的定价方法和价格策略外，另一个比较明显的表现就是企业进行的价格调整。企业经营面对的是不断变化的环境，在采用一定方法并确定了定价策略后，企业仍需要根据环境条件的变化，对既定价格进行调整。

企业为了调动各类中间商和其他用户购买商品的积极性，对某些产品销售做出减价、降价，以刺激购买者的积极性，或争取顾客长期购买。折扣价格策略的具体形式有很多，常用的有以下几种。

1. 现金折扣

现金折扣也称付款期限折扣，是指企业对现金交易的顾客或按约定日期提前以现金支付货款的顾客给予一定折扣。现金折扣的表示方式为：信用净期为30天，若在成交后的10天内付清货款，会给予2%的优惠；若在成交后的20天内付清货款，会给予1%的优惠；超过20天付款，不给予优惠；超过30天付款，则要加收较高的利息。例如，A公司向B公司出售商品价款30000元，如果B公司在10日内付款，只需付29400元，如果在60天内付款，则须付全额费用。

这种折扣方式常用于分期供货的交易中，目的在于鼓励顾客提前付款，以加速企业资金周转。现金折扣的大小，一般应比银行存款利率稍高一些，比贷款利率稍低一些，这样对企业和顾客双方都有好处。

2. 数量折扣

数量折扣是指在消费者购买数量巨大的条件下，厂商所给予的一定限额的折扣优惠。数量折扣提供了一种诱发因素，促使顾客向特定的卖方购买，而不是向多个供应来源购买。它是一种常见的价格调整策略。

数量折扣又可以分为累计数量折扣和一次性数量折扣两种类型，累计数量折扣是对一定时期内累计购买超过规定数量或金额给予的价格优惠，目的在于鼓励顾客与企业建立长期的固定关系，减少企业的经营风险。数量折扣的关键在于合理地确定给予折扣的起点，折扣的档次及每个档次的折扣率。累计数量折扣有利于稳定顾客，鼓励顾客经常购买，长期购买。这种折扣，特别适合长期交易的商品，大批量销售的商品以及需求相对比较稳定的商品。

一次性数量折扣，又称非累计幸运数量折扣，是对一次购买超过规定数量或金额给予的价格优惠，目的在于鼓励顾客每份订单的购买量，便于组织大规模大批量进货而获得竞价的优势，这种方法只考虑每次购买量，而不考虑累计购买量。一次性数量折扣，对于短期交易的商品，季节性商品，零星交易的商品，以及过时、滞销、易腐、易损商品的销售比较适宜。一次性数量折扣，不仅可以鼓励顾客大批量购买，而且有利于节约销售、储存和运输费用，促进产品多销快销。

3．交易折扣

交易折扣定价策略也称功能定价策略，是指生产企业根据交易中介在产品分销过程中所承担的功能、责任和风险的不同给予其不同的折扣优惠。一般来说，交易中介在完成产品分销的过程中承担的功能、责任和风险越大，所获得的折扣就越高；反之，则获得的折扣越低。

商品从生产领域通过流通领域进入消费领域，需要经过收购、调拨、批发和零售四个环节以及生产、批发和零售三类企业。各类企业在不同的环节承担不同的职能，需支付相应的费用，按不同交易环节给予一定的折扣，既便于各环节的中间商经营有关商品的成本和费用得到补偿，并使中间商有一定的利益可图，又有利于鼓励各环节企业积极订购企业产品，扩大销售，多争取顾客与生产企业建立长期稳定、良好的合作关系，同时也加速了产品的流通和销售，及时快速地满足消费者的需要。

4．推广折扣

推广折扣，是指生产者对中间商为其产品提供各种促销工作，而支付的费用给予减价或津贴作为报酬的一种策略，它鼓励批发企业和零售企业对生产者生产的产品扩大广告宣传，如刊登广告、布置新产品橱窗等，以增加产品销量。

5．季节折扣

季节折扣也称季节差价。一般在有明显的淡旺季，在产品或服务行业中实行，是指卖方为了鼓励买方在淡季购买而给予的折扣，目的在于鼓励淡季购买，减轻仓储压力，利于均衡生产。例如，旅游公司在旅游淡季给顾客以价格折扣，是为招揽更多生意。季节折扣比例的确定，应综合考虑成本储存费用、基本价格和资金利息等因素。

二、价格调整的方法

企业对原定价格进行调整存在两种情形：一是调高价格，二是调低价格。

（一）调高价格

调高价格是指在市场营销活动中，企业为适应市场环境和内部条件的变化，而把原有的价格调高。企业主动调高产品价格通常是基于以下几点原因。

（1）在产品成本增加时，为减少成本压力而调高价格。这是所有产品价格上涨的主要原因。成本的增加或者是由于原材料价格上涨，或者是由于生产或管理费用提高，企业为了保证利润不致因成本增加而降低，便采取提价策略。

（2）在通货膨胀时，为减少企业损失而调高价格。在通货膨胀的条件下，为了减少损失，企业只好提价，将通货膨胀的压力转嫁给中间商和消费者。

（3）在市场对产品需求过剩时，为遏制过度需求而调高价格。对于某些产品来说，在需求旺盛而生产规模又未能及时扩大而出现供不应求的情况下，可以通过提价来遏制需求，同时又可以取得高额利润。在缓解市场压力、使供求趋于平衡的同时，为扩大生产创造了条件。

（4）为适应顾客消费心理，创造优质效应而调高价格。作为一种策略，企业可以利用涨价营造名牌形象，使消费者产生价高质优的心理定式，提高企业知名度和产品声望。对于那些革新产品、贵重商品、生产规模受到限制而难以扩大的产品，这种效应表现得尤为明显。

为了保证提价策略的顺利实现，提价时机非常重要，一般可选择在这样几种情况下提价：产品在市场上处于优势地位；产品进入成长期；季节性商品达到销售旺季；竞争对手产品提价。

此外，在提价的方式选择上，企业应尽可能多采用间接提价，把提价的不利因素减到最低程度，使提价不影响销量和利润，而且能被潜在消费者普遍接受。同时，企业提价时应通过各种渠道向顾客说明提价的原因，并配之以产品策略和促销策略，帮助顾客寻找节省途径，以减少顾客的不满，维护企业形象，提高消费者信心，刺激消费者的需求和购买行为。

（二）调低价格

调低价格是指企业为了适应市场环境和内部条件的变化，把原有产品的价格调低。

1. 企业调低价格的原因

企业调低价格的原因很多，有企业外部需求及竞争因素的变化，也有企业内部的战略转变、成本变化等，还有国家政策法令的制约和干预，这些原因具体表现在以下几个方面。

（1）企业急需回笼现金。对现金产生迫切需求的原因，即可能是其他产品销售不畅，也可能是为了筹集资金进行某些新活动，而资金借贷来源中断。此时，企业可以通过对某些需求价格弹性大的产品给予大幅降价，从而增加销售额，获取现金。

（2）由于成本降低，费用减少，使企业降价成为可能。随着科学技术的进步和企业经营管理水平的提高，许多产品的单位产品成本和费用不断下降，因此企业有条件适当降价。

（3）企业生产能力过剩，产品供过于求，但是企业又无法通过产品改进和加强促销等工作来扩大销售，在这种情况下，企业必须考虑降价。

（4）企业遇到激烈的价格竞争，市场占有率逐渐降低。

（5）新产品上市。

（6）政治、法律环境及经济形势的变化，迫使企业降价。

2. 企业降低价格的方式和技巧

企业调低价格的方式和技巧一般有以下三种。

（1）改进产品的性能，提高产品的质量。在价格不变的情况下，实质上降低了产品的价格。

（2）增加其他费用支出。在价格不变的情况下，企业增加运费支出，实行送货上门或免费安装、调试、维修等服务。这些费用本应从价格中扣除，因而实际上降低了产品价格。

（3）通过馈赠礼品以及使用其他方式的销售活动来达到降价的目的。

三、各方对价格调整的反应及企业对策

1. 顾客对价格调整的反应

不同市场的消费者对价格变动的反应是不同的,即使处在同一市场的消费者对价格变动的反应也可能不同。

适当的价格调整能够产生良好的效果。但是若调整不当,则会适得其反,无论是调高价格还是调低价格,企业都必须注意到各个方面的反应,企业调价成功与否的最重要的标志是消费者将如何理解价格调整的行为和企业所确定的价格是否为消费者所接受,企业打算向顾客让渡价格的,让渡利润的降价行为可能被理解为产品销量状况差,企业面临经济上的困难等,一次动机良好的价格调整行为,就可能产生十分不利的调整结果,因此,企业在进行调整前,必须认真研究顾客对价格调整行为可能的反应,并在调整进行的同时,加强与顾客的沟通。

顾客对企业涨价的行为可能有以下反应:现在东西都在普遍提价,这种产品价格上涨也能理解;这种产品很有价值;这种产品好像很畅销,将来一定更贵,不赶快买下来就买不到了;企业在尽可能地谋取更多的利润。

顾客对企业降价的行为可能有以下反应:产品质量有问题;这种产品老化了,很快将会有替代产品出现;企业财务有困难,难以经营下去,价格还会进一步下跌。

2. 竞争者对价格调整的反应

在竞争市场上,竞争者的反应也会影响企业价格的制定和价格策略的效果。因此,竞争者的反应也是企业调整价格时要考虑的重要因素。竞争者对价格调整的反应主要有三种类型。

(1)相向式反应,即企业提价或降价,竞争者也提价或降价。这类行为对企业的影响不太大,不会导致严重后果,企业坚持适合自己的营销策略,将不会失掉市场或减少市场份额。

(2)相反式反应,即企业提价,竞争者降价或维持原价不变。这属于相互冲突的行为,对企业的影响较大,竞争者的目的也十分明确,即抢夺市场份额。对此,企业应进一步了解竞争者的具体目的,估计其实力,并积极采取应对措施。

(3)交叉式反应,即众多竞争者对企业调价反应不一,有相向的,也有相反的。在这种情况下,企业必须在调整价格的同时提高产品质量,加强广告宣传,保持自身分销渠道畅通,以保障产品的正常销售。

鉴于以上几种情况,企业在实施价格调整策略前,必须分析竞争者的数量、竞争者可能采取的措施及其反应的剧烈程度。

3. 企业应对竞争者调价的对策

在对竞争对手实施价格调整采取对策时,一般都要经过长时间的思考,仔细权衡调价的利害,贸然跟进或无动于衷都是不对的,正确的做法是尽快对以下问题进行调查研究。

(1)竞争者调价的目的是什么?

(2)竞争者调价的期限?

(3)竞争者调价对本企业的市场占有率、销售量、利润、声誉等方面有什么影响?

(4)同行业的其他企业对竞争者调价行动的反应有哪些?

（5）企业的反应方案，及竞争者对企业每一个可能的反应做出什么反应？

在回答以上问题的基础上，企业还必须结合所经营的产品特性确定对策。一般来说，在同质产品市场上，如果竞争者削价，企业必须随之削价，否则大部分顾客将转向价格较低的竞争者；但是，面对竞争者的提价，企业既可以跟进，也可以暂时观望。如果大多数企业都维持原价，最终会迫使竞争者把价格降低，使竞争者涨价失败。

在异质产品市场上，由于每个企业的产品在质量、品牌、服务、包装，消费者偏好等方面有着明显的不同，所以面对竞争者的调价策略，企业有着较大的选择余地。

（1）价格不变，顺其自然，任顾客随价格变化而变化，靠顾客对产品的偏爱和忠诚度来抵御竞争者的价格进攻，待市场环境发生变化或出现某种有利时机时，企业再做行动。

（2）价格不变，加强非价格竞争。例如，企业加强广告攻势，增加销售网点，强化售后服务，提高产品质量，或者在包装、功能、用途等方面对产品进行改进。

（3）部分或完全跟随竞争者的价格变动，采取较稳妥的策略，维持原来的市场格局，巩固取得的市场地位，在价格上与竞争对手一较高低。

（4）以优越于竞争者的价格跟进，并结合非价格手段进行反击。部分产品以比竞争者更大的幅度削价，部分产品以比竞争者小的幅度提价，强化非价格竞争，形成产品差异，利用较强的经济实力或优越的市场地位，给竞争者以沉重打击。

任务四 价格策划的具体应用

一、房地产价格策划

采用产品分解定价策略，即针对项目不同的产品形式，比较市场同类产品的房地产价格，得出项目中各种不同产品的价格，最终合成项目整体价格。

二、快速消费品价格策划

快速消费品与其他类型消费品相比，购买决策过程有着明显的差别，属于冲动消费，对他人的建议敏感，但取决于个人偏好。

（一）价格调整策略

（1）一步到位。全国渠道一次性调价通知，限期调整完成。市场价格便于控制。

（2）多次渐涨。涨价比较巧妙，社会关注不会很强，每次提价幅度不高，消费者容易接受，市场稳定性强。

（3）被动跟随。随行业大流提价，消费者接受度高。提价难度较小，市场份额损失风险较小，销量稳定。

（二）价格调整时机

（1）原产品定位过低或偏差时，重新定位。例如，前期产品定位明显低于同质产品，导致消费者对产品定位产生怀疑，此时需要重新挖掘产品价值，将产品重新定位，是很好的调价时机。

（2）新品刚上市时，产品较竞品有明显的差异和优势。新品上市，可结合品牌名、产品定位、产品价值的梳理提炼、产品包装的设计，乘势提高价格。

（3）行业环境变化。比如，政府政策、行业管理、通货膨胀等带来的原料成本价格调整，可迅速调整价格。再如，物价上涨，粮食价格提高，食用油、方便面甚至肯德基食品等均搭车涨价，消费者只得接受。

（4）产品得到广泛认可，供不应求。物以稀为贵，供不应求必然造成价格提高，消费者接受度较高。

（三）价格调整的幅度技巧

（1）主推产品调价。要考虑产品价值、消费者购买频次、消费者对促销活动的参与度、消费者对价格的透明度与敏感度、行业品牌溢价能力，还要考虑渠道利润及促销活动需要的价格空间。一般调价幅度在20%～40%。以零售价1～2元的产品作示例：针对1元品，最高零售调整幅度可在1.5元，最佳零售幅度建议在1.2元；针对2元品，最高零售调整幅度可在2.8元，最佳零售幅度建议在2.4元。

（2）非主推产品调价。时销量不大、购买频次不多、价格相对不透明的产品可在其价格不敏感区间做调整，一般调价幅度在15%～30%；平时销售大、利润低的低附加值产品，可考虑其日常消费购买消费频次多，价格的透明度和敏感度相对较高，消费者对终端活动参与度高，一般调价幅度为8%～15%。

（四）提价注意事项

提价不仅仅在于单纯的时间、幅度和频率的选择，更多的来自于后期市场能否看涨、经销商渠道的配合和厂家综合配套措施等。

（1）必须做好渠道的沟通工作，要师出有名，或借用换包装之名，或直接借用原辅料成本上涨之名等。

（2）做好价格体系的控制。如果价格体系失控，不但价格调不上来，还会使原来的市场秩序土崩瓦解。

（3）调整好渠道价格体系，注意各个渠道的互相影响，使矛盾最小化。特别需注意的是借机解决以前的遗留问题。以前利润较小的产品，这次把利润空间调上来；渠道利润较小的，调整为正常渠道利润。

（4）对处于行业领先地位的品牌，涨价前涨价后都要注意同业或竞争对手会如何跟进，自身又将通过什么办法平抑这种影响。

（5）要注意综合手段的运作，这往往是价格调整成功的保障。

三、耐用消费品价格策划

耐用消费品的使用寿命较长，价格相对较高，购买决策过程比较理性，对产品各方面因素较为注重，而且消费者不一定就近购买，大多会去规模较大、较集中的商场，货比三家，对他人的建议不敏感，个人偏好较强烈。

（一）运用安全定价策略

安全定价策略也称"揽子定价策略"。消费者在决定购买大件耐用消费品时，不仅注重价格高低，而且更注重质量是否可靠、安装和维修是否方便、易耗件能否保证供应、搬运过程中会不会有损坏等，诸如此类问题成了消费者的心理障碍。此时，企业可以把售后服务费用、安全使用费用和送货上门、代为安装、附送易耗件、一定期限内上门维修的费用按估算的平均水平全部记入价格内，将产品的售后服务措施公布于众。这样就能消除购买者的后顾之忧，增强安全感，从而促进销售。

（二）运用声望心理定价策略

声望心理定价策略是指定价时可以考虑迎合某些消费者求名牌、求虚荣的心理，对声望较高的产品采取较高价格的一种定价策略。声望一般是通过广告宣传和消费者口碑两个途径来树立的。企业可在增加产品生产成本以提升商品质量、品位档次的基础上加大广告宣传力度，然后通过超高定价的策略，满足某些消费者讲究地位、声望和品位，借助有声望的商品格高身价的需求。例如，进口名牌汽车、手表、手提包等，定价远超出了其在国外的相应定位，但由于追求名牌心理，仍有许多消费者愿意花更多的冤枉钱。

实训项目

笔记本电脑的价格策划书的撰写

1．实训目的

选取一家具有代表性的笔记本电脑企业，收集相关信息，分析笔记本电脑业务的优势、劣势、机会和威胁，结合市场现状和大学生对产品的需求特点，撰写出面向大学生的价格策划书。

2．实训要求

以4~5人为一组，形成价格策划调研小组，收集资料应翔实、客观，符合价格策划要求，在充分理解内容要求的基础上完成价格策划书，并提交书面报告。

3．实训评价

各个小组分别用PPT展示各自的价格策划书内容，并选派一位代表进行解释说明；老师根据各小组表现和价格营销策划书的质量，从内容完整性、方法实用性、创新性、临场表现力、团队配合与整体意识等方面进行评价打分。

第七章 渠道策划

课程导学

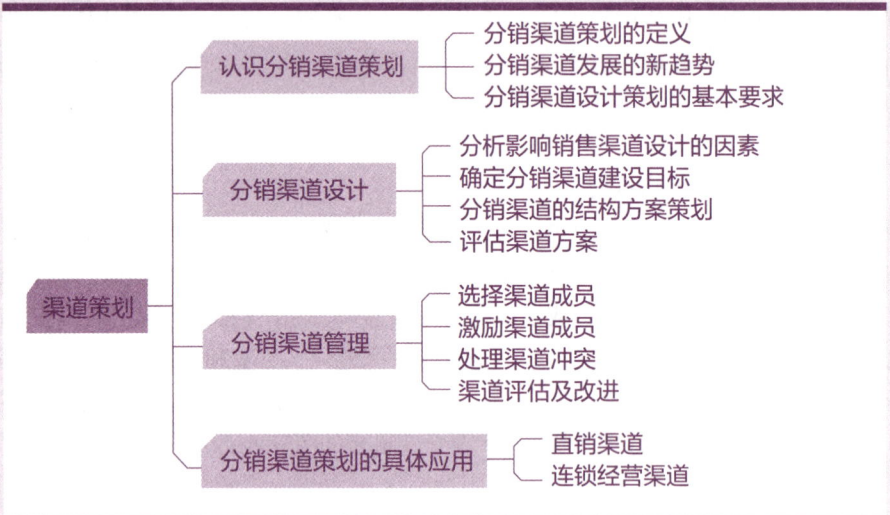

课程重难点

了解分销渠道策划的定义及渠道发展的趋势；

掌握影响渠道选择的因素；

了解渠道策划的目标、分销渠道的结构方案、渠道方案的选择依据。

技能目标

掌握渠道成员选择策划、渠道冲突处理策划、渠道评估及改进策划等内容；

具备渠道策划的基础知识；

具备分销渠道管理策划的能力。

| 案例7-1

新业态新技术驱动　零售业全渠道成标配

新业态新技术不断涌现。"新零售"概念迅速成为行业"热词",在这一新的"行业定位"之下,生鲜超市、无人值守商店、无人仓配、门店科技等新业态和新技术不断涌现。

"全渠道"的定义是指线上与线下渠道的融合,实施起来并不容易,零售行业正在从不同的路径探索打通这一未来的必经之路。激进的探索方式,就是打造与"全渠道"相适应,而与以往都不相同的新业态模式。目前出现了一些被称为"零售新业态"的事物,如结合了"餐饮+超市"的生鲜超市,如即拿即走、无人值守的无人店,这些都可以看作是商家用以"投石问路"的试验田。

作为阿里巴巴着力打造的新零售标杆的盒马鲜生,其围绕"餐饮体验+生鲜超市零售+基于门店配送",结合了餐厅、超市和外卖服务,消费者可到店购买,也可以在盒马APP下单,线上实现快速配送,线下则在门店内设置了餐厅和烹饪等服务,包揽了从购买到体验的全流程。永辉超市的超级物种、新华都的海物会、步步高的鲜食演义纷纷冒出。业内人士指出,上述模式之所以备受关注,是因为它在一定程度上代表了实体零售和线上融合的新模式。

新业态的目标旨在未来,那么对当下而言,"全渠道"会给消费者带来怎样的购物体验的升级呢?中国证券报记者在苏宁云商调研时,苏宁向记者展示的智慧零售所做的门店管理技术改变中,既有对内的系统升级,也有面向消费者的沟通平台。在对内的"店家"系统,让现有体系内的平台店家都可以看到每个店,每个产品的销售、周转率、店员绩效、用户量、成交率,而面向用户的沟通平台"千里传音",出发点就是线上线下融合,线上有什么困难对应线下能够带来什么帮助,将店员转化为在线客服。在提升供应链效率方面,苏宁正在与海尔等品牌一起构建供应商管理平台,与会员大数据打通,进行反向定制,而从实际业绩来看,"全渠道"已经开始发挥效果。

资料来源:http://www.cmmo.cn.

任务一　认识分销渠道策划

随着科技的高速发展,在一定程度上,渠道是企业制胜市场的关键。在产品、价格高度同质化的背景下,渠道建设策划及管理成为企业用力的关键点。如果不能牢牢控制销售渠道,企业的产品就难以转化为货币,企业就将失去生存发展的源泉和动力。因此,可以说渠道策划与管理是一个企业能否生存的命脉。

一、分销渠道策划的定义

产品要经过一定的方式、方法和路线,才能进入消费者和用户手中。分销便是企业使其产品由生产地点向销售地点运动的过程。在这个过程中,企业要进行一系列策划。销售渠道策划的主要内容是怎样合理选择、设计和管理销售渠道。即指怎样合理选择、设计和管理产品从生产者转移到消费者或用户所经过的通道和路线(简称"通路")。

二、分销渠道发展的新趋势

在现代市场营销竞争中,企业营销渠道的发展出现了新的趋势,选择适合自己的分销渠道成为企业决胜的关键。

(一)渠道趋向扁平化

渠道扁平化是以企业的利润最大化为目标,依据企业自身的条件,利用现代的管理方法与高科技技术,最大限度地使生产者直接把商品出售给最终消费者以减少销售层次的分销渠道。

(二)全渠道零售更具活力

全渠道零售是指企业采取尽可能多的零售渠道类型进行组合和整合(跨渠道)销售的行为,以满足顾客购物、娱乐和社交的综合体验需求,这些渠道类型包括有形店铺(实体店铺、服务网点)和无形店铺(上门直销、电话购物、网店、手机商店),以及信息媒体(网站、社交媒体、E-mail、微博、微信)等。

(三)国际市场营销渠道建设

国际市场营销渠道是指产品由一个国家的生产者流向另一个国家最终消费者和用户所经历的路径,是企业国际市场营销整体策略的一个重要组成部分。

(四)网络营销渠道更加盛行

网络间接分销渠道克服了传统分销渠道的缺点。网络中间商一方面通过互联网强大的信息传递功能,完全承担着信息传递的作用;另一方面,利用其在各地的分支机构承担着批发商和零售商的职能。这样既提高了渠道效率又节约了成本,是对千百年来传统交易模式的一个根本性变革。

三、分销渠道设计策划的基本要求

一般而言,设计一个销售渠道好坏的标准在于它是否以最快的速度、最好的服务质量、最经济的流通费用,把商品送到消费者手中,实现经营者的利益。要达到这一基本要求的销售渠道,必须具备以下条件。

（一）能够不间断、顺利、快速地使商品进入消费者领域

"不间断"是指连续性，它必须有能力进货（包括拥有资金和运输条件），保证供货和需求的一致性；"顺利"是指流通中途的通畅，不得使商品在途中滞留；"速度"是时间性，是指不得拖延工作时间。

（二）具有较强的辐射功能

产品从生产厂家把它生产出来一直到消费者手中，中间要经过许多环节。如果销售渠道的各个环节都具有较大的辐射功能，就可以从各个环节的辐射点开始，向周围辐射，从而可形成地域相当广泛的销售渠道，提高产品的生产占有率，扩大销量，增强企业的市场竞争力。

（三）具有商流与物流一致性的特点

好的分销渠道，不仅是以货币为媒介的商品交换渠道，也是物资运行的渠道，只有实现了商流与物流的一致性，才能够使分销渠道成为满足消费者需要的通道。

（四）能够带来显著的经济效益

交易成功率高，物流速度快，流通费用少，资金周转快，销售环节少的销售渠道经济效益通常较好。

（五）能够实现为消费者服务，保护消费者利益

比较好的销售渠道，不仅从自身的利益出发，而且还充分考虑消费者的利益，做到真正地为消费者服务。

任务二 分销渠道设计

在现代市场中，渠道承担着许多功能，促使市场竞争围绕着渠道网络的建设而展开。在市场上有许多专门的经销商，他们并不是随便就可以成为企业渠道网络的成员。在竞争环境中，企业需要建设一个专有的渠道网络。建设专有的渠道网络是企业步入稳健经营的主要条件，有了专有的渠道，企业就可以通过它向目标市场源源不断地输送产品，取得稳定的销售收入，并有效控制销售费用。同时专有渠道可以在竞争激烈的大环境下，减轻企业的竞争压力，防止竞争对手突袭，在竞争中争取主动。设计销售渠道的中心问题是确定达到目标市场的最佳途径。因此它是企业销售渠道策划的重中之重。在策划中首先是分析影响销售渠道设计的因素，其次是建立分销渠道的目标，最后确定相应的销售渠道策略。

一、分析影响销售渠道设计的因素

（一）产品因素

产品因素包括价格、体积、款式、重量、技术、服务、易损及易腐程度等，都直接影响销售渠道的选择。一般来说，选择较短的分销渠道的产品大多是昂贵的，款式多变，体积庞大、笨重，技术复杂，服务要求高以及易腐、易损，有效期短的产品。反之则选用较长的分销渠道。对有些专用产品如某些危险品，最好选择专用渠道。

（二）市场因素

市场因素包括目标市场范围、消费者水平、消费者的消费习惯、需求的季节性、市场竞争状况等，都是企业选择分销渠道的重要依据。一般来说，目标范围大、潜在需求旺盛、消费水平较高的市场，购买方便的日用消费品，常年生产季节消费的商品，销量订单分散且订单量又少的商品，都需要中间商提供服务，以选择较长的分销渠道为宜；反之，选择较短的分销渠道为宜。

（三）企业自身因素

企业自身因素包括企业的规模、财力、声誉、经销能力与管理水平、服务能力等，这些都会影响企业对分销渠道的选择，一般来说，企业规模大、财力雄厚、声誉好、有较好的经营能力及处理水平、服务条件优越，往往选择较固定的中间商，甚至建立自己的分销机构，其分销渠道较短；反之，则需要较多地依赖中间商，选择较长的分销渠道。

（四）中间商因素

中间商因素主要有三个。一是合作的可能性。中间商普遍愿意合作，企业可利用中间商较多的优势，渠道可长可短，可宽可窄。二是费用。利用中间商分销，要支付一定的费用。若费用较高，企业只能够选择较短、较窄的渠道。三是服务。中间商可以提供较多的高质量的服务，企业可选择较长、较宽的渠道。倘若中间商无法提供所需要的服务，企业只能使用较短、较窄的渠道。

（五）环境因素

这是指影响选择分销渠道的外部因素。宏观经济形势对渠道选择有较大的制约作用。如在经济不景气的情况下，生产者要求以最快、最经济的方法把产品推向市场，这就意味着要利用较短的渠道，减少流通环节，以降低商品价格，提高竞争力。另外，政府有关商品流通的政策和法规也会影响分销渠道的选择。例如，由国家或主管部门实行严格控制的产品、专卖性产品，其分销渠道的选择必然受到制约。

二、确定分销渠道建设目标

渠道网络在竞争中所起的作用是有目共睹的，它与其他的营销策略一起，构成企业完善的营销体系。具体来说,渠道网络的建设应考虑顾客特性、产品特性、中间商特性、竞争特性、公司特性、环境特性等各方面的因素,通过这些因素的调查与选择,企业就可以确定自己的渠道网络建设目标。分销渠道网络建设的目标主要有:

(1)提高渗透率。如将现有的经销商由100家扩充到180家。

(2)开辟新的销售渠道。企业开发出新的产品,或利用新的市场机会,需要开发新的销售渠道。

(3)确定各种销售渠道的销货比率组合。企业可依据各种销售渠道的获利情况、政策需要、竞争策略等,设定销货比率组合目标(如百货公司25%、超级市场40%等)。

(4)提高经销商的销售周转率。这是企业提高经营效率的重要指标。

(5)确定物流成本及服务质量目标。财务人员往往强调物流的成本,但是一味地降低物流成本而忽视客户满足度,也是市场营销所不能接受的,因此确定物流成本及服务质量目标也是销售渠道建设的一项重要目标。

(6)确定企业及经销商拥有的目标。

(7)确定不同的销售渠道的投资报酬目标。

(8)确定流通信息化的目标。

三、分销渠道的结构方案策划

销售渠道策划首先就是要对销售渠道的结构进行策划,主要是确定中间商类型、中间商数量、渠道参与者的条件和相互责任三个要素。销售渠道的结构策划可以从以下四个方面考虑。

(一)确定销售渠道的长度结构

现代营销过程中,商品销售渠道的模式很多,一般按渠道中是否有中间环节和中间环节的多少来划分不同位数的销售渠道。

在消费者市场,企业面对的最终顾客是家庭和个人,即是最终消费者。一般有以下几种长度不同的销售渠道可供选择:

(1)生产者→消费者。即企业自己派人推销,或以邮购、电话等形式销售本企业的产品。这种类型的渠道由生产者把产品直接销售给最终消费者,没有任何中间商的介入,是最直接、最简单和最短的销售渠道,如企业天猫旗舰店。

(2)生产者→零售商→消费者。即由企业直接向零售商供货,零售商再把商品转卖给消费者。这种模式被消费品和选购品的企业所采用。

(3)生产者→批发商→零售商→消费者。这种模式是消费品分销渠道中的传统模式。

(4)生产者→代理商→零售商→消费者。许多企业为了大批量地销售产品,通常通过代理商把产品转卖给零售商,再由零售商出售给消费者。

以上几种销售渠道模式如图7-1所示。

(二)确定销售渠道的宽度结构

销售渠道除了长度问题外,还有宽度问题,即根据企业在同一层次上并列使用的中间商的多少，将企业的销售分为宽渠道和窄渠道。

宽渠道是指企业使用的同类中间商很多，分销面很广，一般日用品都通过宽渠道销售，由多家批发商转售给更多的零售商进行分售。这种分销渠道能够销售大量的产品，与消费者接触面广。宽渠道的宽度的选择及策划，与企业的营销目标和分销战略有关。通常有三种可供选择的策略：

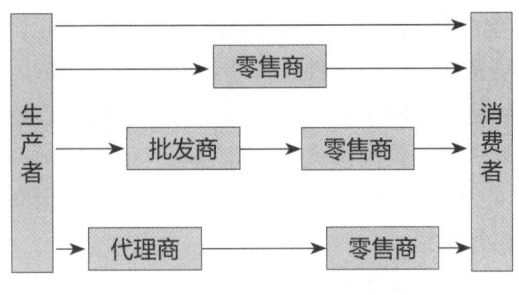

图 7-1 销售渠道的基本模式

（1）密集型分销。即尽可能通过较多的中间商销售产品，以扩大市场覆盖面或快速进入新市场，使众多的消费者和用户随时随地能够买到这些产品。如方便面、饮料等快速消费品适合密集型分销。

（2）选择型分销。即在同一目标市场上，依据一定的标准选择少数中间商经销其产品，而不是允许所有有合作意向的中间商都参与经销。这种战略有利于维护企业、产品的形象和声誉，建立和巩固市场地位。像汽车、家具等耐用消费品适合选择型分销。

（3）独家型分销。即企业在一定时间、一定地区，只选择一家中间商经销其产品。通常双方签有协议，中间商不得经营企业竞争者的产品，企业也不得向其他中间商供应产品。这一策略的目的是控制市场，得到彼此更积极的配合，强化产品形象并获得较高的利润。像技术难度较高的软件、精密仪器等适合独家分销。

窄渠道是指企业使用同类的中间商很少，分销面窄，甚至一个地区只由一家中间商经销。窄渠道一般适用于专业性较强的产品或较贵重的耐用消费品。

（三）确定销售渠道的系统结构

随着企业生产经营的复杂化和企业对销售渠道认识的加深，销售渠道模式出现了如下类型。

（1）销售渠道的纵向联合，又称垂直销售系统，是指用一定的方式将分销渠道中的各个环节的成员联合起来，寻求共同目标下的协调行动，以促进分销活动整体效益的提高。这种纵向联合的分销渠道大致有三种形式：

①公司式。即由一家公司拥有和统一管理若干工厂、批发机构和零售机构，控制销售渠道的若干层次，甚至整个销售渠道，综合经营生产、批发、零售业务。

②管理式。即通过渠道中一个规模和实力较大的成员来协调整个产销通路的渠道系统，品牌产品的制造商比较能够取得批发商的合作与支持。

③合作式。即不同层次的独立的制造商和中间商，以合同为基础建立的联营形式。包括：批发商自愿连锁店、零售商合作社、特许专卖机构。

（2）销售渠道的横向联合，又称水平式渠道系统，是由两家或以上公司联合开发共同的渠道系统。这些公司或因资本、生产技术，营销资源不足，无力单独开拓市场，或因不愿意承担风险，或因看到和其他公司联合可实现最佳协同效益，而组成水平式渠道系统。它们可以暂时或永久地合作，也可以组成一家新公司，如皮尔斯堡公司和克拉夫特食品公司签订一项协议，由前者制造生产面团并负责广告宣传业务，后者则应用其专门技术组织营销，将这些产品分销到商店。

（3）多渠道销售系统。即对同一或不同的分市场，采用多条渠道的分销体系。随着分市场和渠道不断增加，越来越多的公司采用多渠道分销方式。例如，通用电气公司不但由独立零售商进行销售，而且还直接向建筑承包商销售大型家电产品。

（4）网络销售系统。这是一种新兴的销售渠道系统，也是对传统商业销售运作的一次革命。企业通过互联网发布商品及服务信息，接受消费者或用户的网上订单，然后由自己的配送中心或直接由制造商上门送货或邮寄，如网络书店、网络花店、网络药店等。

在实际策划中应多角度考虑销售渠道的模式结构，根据产品与企业情况，选择最佳的渠道。

（四）确定渠道成员的责任与条件

一般情况下，相互的职责和服务内容包括供货方式、促销的相互配合、产品的运输和储存、信息的相互沟通等。交易条件主要包括价格政策、销售条件、区域权利等方面。价格政策要求企业必须制定出其产品具体的价格，并有具体的价格折扣条件，如数量折扣、促销折扣、季节性折扣等政策。这样可以刺激中间商努力为企业推销产品，扩大产品储备，更好地满足顾客的需求。销售条件要求企业制定出相应的付款条件，如现金折扣，对中间商的保证范围，如不合格产品的退还、价格变动风险的分担等方面的保证，这样有利于中间商及早付款，加速企业的资金周转，同时还引导中间商大量购买。区域销售权利是中间商比较关心的一个问题，尤其是独家分销的中间商。

四、评估渠道方案

评估主要渠道方案的任务，是在那些看起来都可行的渠道结构方案中，选择出最能满足企业长期营销目标的渠道结构方案。因此必须运用一定的标准对渠道进行全面评价。其中常用的有经济性、可控制性和适应性三个方面的标准。

总之，企业进行分销渠道策划与决策时要保持灵活的适应性，以便最有效地实现企业的经营目标。

任务三
分销渠道管理

渠道管理是指制造商为实现企业分销的目标而对现有渠道进行管理，以确保企业和渠道成员间相互协调和通力合作的顺利。渠道管理包括如下环节：选择渠道成员、激励渠道成员、处理渠道冲突和渠道评估及改进。分销渠道管理策划依据上述环节进行。

一、选择渠道成员

（一）选择渠道成员的原则

在选择之前，确立一套选择渠道成员的原则至关重要。不同行业的企业，选择渠道成员的原则不同，市场的不同发展阶段，企业选择渠道成员的原则也不同。但总的来说，企业选择渠道成员需要遵循如下基本原则。

（1）相互认同原则：这是最基本的原则，企业与渠道成员之间的合作前提在于企业与渠道成员之间的相互认同。

（2）进入目标市场原则：这是最重要的原则，让企业的产品迅速地进入到目标市场，以方便目标市场的消费者购买到该企业的产品。这就要求渠道经理、渠道总监或其他决策者在选择渠道成员时注意该渠道成员当前是否在目标市场拥有分销通路及拥有销售场所等。

（3）产品销售原则：这是最核心的选择，企业选择渠道成员的核心目的在于通过渠道成员帮助企业完成营销目标，因此企业在选择渠道成员作为合作伙伴的时候，通常都比较注重渠道成员的实际销售能力。

（4）形象匹配原则：这是最普遍的原则，也就是所谓的"门当户对"。一个渠道成员的形象必然代表着企业的企业形象。对于拥有卓越品牌的企业来说，尤其要重视对渠道成员形象的考虑。通常情况下，知名企业总是与资金实力雄厚、商誉好的渠道成员结为合作伙伴或战略合作伙伴。

（二）渠道成员选择的条件

1．市场覆盖范围

中间商的地理位置是否与企业预期销售市场一致；中间商的销售对象是否是企业的潜在客户；中间商的市场覆盖率是否满足企业的销售预期。

2．中间商的声誉

（1）中间商的资金信用度。有无资本运作的不良记录，以及与其他企业合作时资金往来的信用程度。

（2）中间商的业界美誉度。企业总是期望与实力雄厚、有良好口碑的中间商进行合作，这不仅是因为这样的中间商值得信赖，不会为了眼前利益破坏渠道规则，而且企业还可以利用中间商的良好形象获取消费者的信任，促进产品的销售。

3．历史经验

（1）中间商开业时间的长短。包括：积累的专业知识和销售经验，忠实的顾客群。

（2）中间商的发展历程及经营表现。以往经营状况不佳的中间商，将其纳入营销渠道的风险较大；一贯经营业绩良好的中间商，由于积累了一定的经验，因此顺利达成销售目标的可能性较大，出现失误的风险也较小。

（3）经营机制的好坏和管理水平。要考虑企业制度形式、组织结构、激励机制以及控制系统的完善程度。

4．合作意愿

战略目标及经营理念的一致性，即认同制造企业的发展目标、产品品牌及公司理念。

5. 产品组合情况

（1）考虑中间商的经营范围和业态。不同业态的经营内容、销售手段和市场定位有所不同，会影响到商品的分销范围和数量，同时影响到商品定位。

（2）考虑中间商经营的产品结构。选择经销非竞争产品的中间商由于进货途径较广，因此讨价还价能力相应较强。

（3）考虑中间商的专业知识。利用它们已有的行业市场积累很快地打开产品销路，同时可以省去对中间商进行专业培训的成本和时间。

6. 财务状况

选择能够及时付款，能够提供部分预付款或直接向顾客提供分期付款的中间商。

7. 区位优势

零售商应该位于本企业产品的目标顾客常到之处，所选地理位置应属于顾客的活动范围；批发商的地理位置则要考虑其是否有利于产品的批量储存、分销和运输。

8. 促销能力

例如，生产饮用水的企业通常要求中间商具备较强的商品运输与储存能力，而IT企业则要求中间商具备一定的行业背景和专业的售中、售后服务人员。

9. 产品销售及市场推广能力

具体包括市场推广政策、商品配送水平和技术实力，推销商品的手段和策略以及推销队伍的规模和素质。

（三）渠道成员选择的方法

1. 加权评分法

加权评分法就是对拟选择作为合作伙伴的中间商，分别就其所具备商品分销的各项能力和条件进行打分评价，同时根据不同因素对分销渠道功能建设的重要程度分别赋予一定的权数，然后计算每个中间商的总加权得分，从中选择得分较高者，如表7-1所示。

表7-1 加权评分法

评价因素	权重	候选中间商 1		候选中间商 2		候选中间商 3	
		打分	加权分	打分	加权分	打分	加权分
市场覆盖范围	0.20	85	17.00	70	14.00	80	16.00
声誉	0.15	70	10.50	80	12.00	85	12.75
历史经验	0.10	90	9.00	85	8.50	90	9.00
合作意愿	0.10	75	7.50	80	8.00	75	7.50
产品组合情况	0.15	80	12.00	90	13.50	75	11.25
财务状况	0.15	80	12.00	60	9.00	75	11.25
区位优势	0.10	65	6.50	75	7.50	60	6.00
促销能力	0.05	70	3.50	80	4.00	70	3.50
总分	1.00	615	78.00	620	76.50	610	77.25

2．销售量分析法

销售量分析法是通过实地考察候选中间商的顾客流量和销售情况，分析其近年来销售额水平及变化趋势，在此基础上，对有关分销商实际能够承担的分销能力（尤其是可能达到的销售量水平）进行估计和评价，据此选择最佳候选人的方法。

3．销售费用优选法

渠道管理和运作需要付出一定的成本和费用，主要包括分担市场开拓费用、让利促销费用、由于货款延迟支付而带来的收益损失、谈判和监督履约的费用等。为使这些费用降到最低，企业会采用销售费用优选法来选择合适的中间商，包括总销售费用优选法、单位商品（单位销售额）销售费用优选法和费用效率优选法。

二、激励渠道成员

（一）销售权限政策

制定销售权限政策的目的是明确经销商的销售产品与销售区域，规范分销品种和分销范围，防止窜货，同时确保经销商的基本销售权利。销售权限政策策划的内容要点包括：

（1）销售产品权限。明确各经销商能销售哪些产品品种、不能销售哪些产品品种，以规范各经销商的产品销售范围，避免产品销售失控。实行多家经销多家代理的企业尤其要明晰销售产品权限。

（2）销售区域权限。明确各经销商的销售区域，在划分区域时要有长远的眼光，不能只看眼前利益，否则会造成市场的失控。

（3）销售时间权限。明确各经销商的产品销售时间期限。

（4）销售任务规模。主要规定各经销商的销售任务、市场占有份额等销售指标。

（5）违约处置措施。为确保经销商和企业的利益，应规定好双方违约时的处理意见，根据违约性质、程度和后果不同，分别处以罚款、取消经销权或诉诸法律等。

（二）经销商政策

生产企业制定经销商政策时，往往会由于对经销商激励和约束不够，导致经销商对终端铺货不积极、相互窜货、彼此之间压价竞争等问题，使生产企业的营销网络混乱，企业难以控制渠道成员。因此，制定对经销商有约束力的、有激励作用的经销商政策是渠道管理的重中之重。经销商政策主要包括以下几个方面。

1．分销权及专营权政策

制定分销权及专营权政策的目的是限定经销商的销售区域，规范分销规模，防止窜货，同时确保经销商的专营权。这个政策的内容主要包括经销商区域限定、授权期限、分销规模和违约处理四个方面。

2．价格政策

价格是影响企业、经销商、顾客利益和产品市场前途的重要因素。因此，制定正确的价格政策，是维护企业家利益、调动经销商积极性、吸引顾客购买、战胜竞争对手、开发和巩固市场的关键。价格政策的内容包括：

（1）价格体系政策。企业必须设计好销售通路各环节的价格体系，即处理好出厂价、一批价、二批价、三批价、零售价之间的关系。

（2）价格折扣政策。企业必须规定好批量、季节、回款等价格折扣政策，以便有章可循。

（3）价格稳定政策。规范价格条款，规范价格竞争，实行价格监督，处理乱价行为。

销售过程中价格体系混乱，这是目前我国企业普遍存在的一个问题。价格作为营销组合的一个重要因素，是竞争的重要手段。如果价格体系混乱，就可能扰乱整个市场秩序，影响产品的市场竞争力。造成企业价格体系混乱的原因有的来自企业，有的来自经销商。企业要稳定价格体系，保证不乱价，就必须做到：规范价格体系，严格价格执行。价格体系设计与价格调整要科学严密，不能留有漏洞。企业不能急功近利，为眼前的利益而自乱阵脚，要杜绝各种人情价格、回扣价格等不良现象，规范价格条款，规范价格竞争。企业在和经销商签订合同时就要明确规定稳定价格的条款。对不履行价格义务的，搞不正当价格竞争的，要取消其经销资格。实行价格监督，要及时掌握价格状况，若发现经销商违反价格政策就要立即处理。

3．返利政策

制定返利政策的目的是激发经销商销售的积极性。这个政策的内容包括：返利标准、返利时间期限、返利形式、返利条件等。

（1）返利标准。一定要区分品种、数量和等级制定返利额度。制定返利标准时，一是要参考竞争对手的标准，二是要考虑现实性，三是要防止抛售倒货。返利政策要真正达到激励经销商，扩大销售的目的。

（2）返利时间期限。可以实行月返，季返或年返。返利时间期限的长短和间隔，根据产品特性、销售速度和市场竞争的需要而定。如果希望迅速提升销量，可以实行月返；如果希望长期持续经营，则可考虑年返。但是，需要指出的是，厂家应该引导经销商在日常销售中获利，而不是年底拿年终返利或年终奖励。在实际营销中，很多厂家都制定了优厚的年终返利政策或年终奖励政策，反而导致经销商为了冲击销量拿到年终返利和年终奖励将市场价格冲垮。返利兑现的时间很关键，应在兑现时间内完成返利的结算，否则时间一长，则会搞成一团糊涂账，对双方都不利。

（3）返利形式。可以返现金，也可以返货物，还可以返经营设备、广告物品或广告费。返现金对经销商的激励最强、最直接。返货物有利于激励经销商扩大销售和企业处理货物。为了防止经销商压价处理货物，同时鼓励经销商扩大经营规模，改善经营条件，并增强经销商的荣誉感和对厂家的凝聚力及忠诚度，可以返经营设备和交通运输车辆等。返广告费用则有利于与经销商共同开发市场，拓展市场。

（4）返利条件。为了能使返利形式促进销售，一定要加上一些附属条件，比如严禁跨区域销售、严禁擅自降价、严禁拖欠货款等，一经发现上述行为，应该取消返利，甚至处以罚款。

4．商品供应政策

商品供应政策包括备货水平和商品质量两个方面的内容。备货水平是指每个销售门店或机构必须保持存货的数量，以便满足一定期限内的顾客购买需求。商品质量是指生产企业要保证商品质量是合格的，尤其是对顾客了解商品性能与特征的权利、顾客选择商品的权利、对不适用商品的退货与换货的权利,要给予足够的保障。

关于有瑕疵商品的处理,应有明确的程序规定,既要让顾客满意,又要增强各方保证商品质量的责任。

5．结算政策

结算政策是关系厂商资金周转与经济效益的重要因素,是一项非常重要的经销商政策。结算政策一般包括预付货款、现款现货、授信额度和赊销四种类型,究竟采取何种结算政策,要根据企业与品牌的市场定位、产品的畅销程度和商业谈判能力而定。

(1) 预付货款政策。经销商提货之前必须预付部分甚至全部货款,这是对生产企业最为有利的一种结算形式,其资金和金额货物不存在任何风险,是许多厂家梦寐以求的理想状态,但这种结算政策必须建立在产品畅销、品牌强势和企业信誉被认可的基础之上。实行预付货款政策,要讲究水到渠成,不能勉强。能够采取预付货款的企业也要注意市场变化,防止骄傲自满、故步自封;否则,终究被市场所淘汰。

(2) 现款现货政策。现款现货政策可实现资金风险度为零,现实中的确有些大公司坚持现款政策,其前提是品牌影响力非常大,产品非常畅销。坚持现款政策,企业不必承担资金风险,经销商却要承担资金风险。因此,如果没有品牌价值和产品畅销作为保证,经销商则不愿接受。在现行买方市场中,一般企业这种政策较难实行,即便执行,经销商也可能转嫁风险,因此要防止其副作用,以免影响经销商的进货热情,导致经销商不敢进货甚至拒绝进货,从而影响产品的正常销售。

(3) 授信额度政策。对于某些处于强势地位、资金实力又有保证的经销商,不能做到现款现货,可以规定一个授信额度或一定数量的铺底货,在授信额度内可以不付款提货,但超过授信额度必须清款才能提货,若经销合约中止,则铺底货款收回。这种政策既保证了强势经销商的合作关系与产品销售,又将资金风险控制在一定范围内。

(4) 赊销政策。有些弱势企业为急于进入市场或追求销量,采取赊销政策。非名牌产品的销售人员往往也给企业施加压力,要求赊销,而决策者也觉得"与其让产品躺在仓库里,不如赊销给人家"。许多企业最担心货款回收问题,但实际操作中,又不得不赊销。其实,这样的厂家已不单单是销售政策的问题,而是更为严重的营销战略问题。

6．促销政策

制定促销政策的目的是促进销售,激励经销商的积极性。其主要内容是:设定促销目标、设计促销力度、确定促销内容、确定促销时间、对促销费用的申报管理、促销活动管理。

(1) 促销目标。很多人认为促销就是增加销售额,这样说太笼统,不便于执行与考核,一定要明确具体量化,如增加销售额多少、增加二批多少、渗透终端店多少等。

(2) 促销力度。设计促销力度,一是要考虑能否引起经销商的兴趣,二是要考虑促销结束之后经销商的态度,三是要考虑成本与承受能力。

(3) 促销内容。要根据市场需要策划促销内容与方式,或赠品抽奖,或派送返利,促销内容一定要能吸引客户和消费者。

(4) 促销时间。要根据销售季节规律和竞争需要设计好促销活动的时间期限,并适时通知客户按时开展促销活动。

（5）促销申报。有些企业规定销售分支机构和经销商可以利用自己甚至总部的营销资源和促销费用开展促销活动，但前提是必须事先履行申报手续。这方面如果管理不好，很容易发生挪用资源甚至滋生贪污腐败。因此，促销活动前一定要申报活动方案，活动结束后要及时上报促销实施情况、考评结果、标准发票、当事人意见，经过严格审核无误方可报销活动费用，这样才能保证促销费用的正常有效使用。

（6）促销活动管理。促销活动在正常营销工作中占有很重要的位置，无论是公司统一组织、统一实施，还是分区组织、分区实施，从提交方案、审批到实施、考评，都应当有一个程序，从而确保促销活动的顺利、规范实施。

7. 年终奖励政策

年终奖励政策实质上是返利政策的一种，很多经销商和厂家比较看重这种形式，因而将其从返利政策中分离出来。它的主要内容与返利政策一样，在应用中应防止经销商为了拿年终奖励而将市场价格冲垮，所以应注意把握好时间。

8. 销售服务政策

在营销竞争日益激烈的今天，产品日渐趋同，产品优势变小，价格政策也可以克隆，营销工作的重点转向了客户服务。因此，制定销售服务政策的主要目的在于尽最大努力做到使客户满意。这要求公司员工时刻处处为客户着想，同时经销商也要配合公司来实现最终用户和消费者满意。

销售服务政策的主要内容有销售辅导培训制度、订货程序与配送制度、客户投诉处理程序、售后服务政策、配送制度、订发货程序、客户接待礼仪、客户接待制度等。应将这些内容制作成规范的制度范本，并通报客户，请客户监督执行，从而确保客户满意的实现。

9. 辅导培训政策

企业对其渠道成员进行培训，将会给双方带来利益。因为对渠道成员进行培训，可以改进和提高经销商的销售业绩，从而为企业带来利益。经销商可以被看成是企业的用户。企业应该有计划地、定期地对中间商进行系统的培训，让其掌握产品的特性、相关技术、目标顾客的信息、服务及维修知识、市场调研、相关的推销能力等。此外，企业还应对培训的师资、方法、器材和地点进行精心安排。

经销商政策关系到企业与经销商的关系、利益以及企业的营销制度建设方面的工作，在管理工作中具有重要的意义。一般来讲，代理商的任务虽然与经销商的任务有所不同，各有所侧重，但大多数经销商政策内容也适用于代理商。

三、处理渠道冲突

企业希望渠道成员之间展开合作，以获得更好的协同利润。然而在渠道成员合作的过程中，又产生了利害冲突和竞争。渠道冲突是指各种分销系统中渠道成员之间的不和谐。

渠道冲突包括渠道的水平冲突、垂直冲突和多渠道冲突。水平冲突是指发生在同一渠道层次内的公司间的冲突，可通过限制经销商的销售区域的方法使其不至于产生低价区销售争抢顾客而导致冲突；垂直冲突是指发生在不同渠道层次的公司间的冲突，为避免该冲突发生，需明确渠道各层次成员之间彼此所应有的权利及义务；多渠道冲突是指一个企

业建立了两条或两条以上的分销渠道，而这些分销渠道在向同一市场销售产品时产生的冲突。

解决渠道冲突的方法有：①激励手段。利用对渠道成员的激励可以一定程度上解决渠道冲突。②说服协商。将分销渠道成员相互之间的问题找出来，通过协商和沟通，共同寻找普遍接受的冲突解决方案。③适当惩罚。在激励和协商不起作用的情况下，可利用团体规范，通过警告、减少服务、降低经营援助，甚至取消合作关系，迫使冲突中的某一方放弃不合作行为。④分享管理权。通过建立合同式垂直分销渠道系统，使自主活动的制造商、批发商和零售商，以契约的形式联合起来，实行有计划的管理，以减少成员内部的冲突。

四、渠道评估及改进

（一）制定合理的渠道利润分配价格表

无论是采用顺加法还是倒扣法，都必须给批发商、零售商留出合理的利润空间。行业不同，渠道对产品的利润要求也不同，消费品批发商、零售商一般要求毛利20%左右，服装类批发商、零售商则要求毛利在50%以上。纯网络销售的，可以忽略批发商环节的利润，但不可忽略设定合理的零售利润。如果是大品牌产品，可以设定行业内平均或略低于平均水平的利润空间，但如果是小品牌产品，则必须给渠道商设定远高于行业平均水平的利润空间。

不管是线上还是线下，吻合各方利益的渠道利润价格表一旦制定发布，渠道方必须严格遵守，不得擅自调整批发零售价格。为避免不必要的法律风险，与批发商、零售商签订的销售合同中，必须有价格限定的条款，而不仅仅是企业内部的文件规章。

（二）制定严格的渠道惩罚政策

希望渠道各方长期遵守价格管理政策，这是企业的良好愿望，但是渠道商们会因为资金、竞争、客户等问题有意无意地擅自降价或涨价，引发渠道价格混乱。企业与渠道商是不同的法律主体，也不是公共管理机构，理论上对渠道商没有惩罚权，事实上企业会在销售合同里约定相关惩罚措施。

一般针对渠道违反价格政策的惩罚措施有：书面警告、渠道通告；取消经销权、零售权；收取履约保证金，罚金从保证金里部分或全部扣除；取消年度返利、折扣等。

（三）慎重制定渠道激励促销政策

促销政策指买赠、特价、抽奖等对销售提升有显著作用的促销活动，一般是针对终端消费者的，针对批发商、零售商的促销活动应该慎用甚至不用。

渠道促销政策较多采用买赠（如买十送一）、折让（如特定日期前进货价9折）等进货奖励方式，本质上均为变相降价，中间商享受促销政策进货后的动作无非是囤积货源或降价出货，前者让中间商获取了非正常利润，终端顾客没有享受到让利优惠，后者则扰乱了市场价格，对企业而言弊远大于利。

中间商按企业制定的价格表销售获取合理的利润差价，这是基本商业法则，若担心渠道商销售积极性不够，企业可以调整渠道利润价格表，也可以运用一些旅游奖励、学习培训等非物质层面的激励。

任务四 分销渠道策划的具体应用

一、直销渠道

（一）直销渠道的概念

直销就是通过消灭中间商，降低产品的流通成本，满足消费者利益最大化需求的直接销售。换句话说，就是生产商不经过中间商把商品精准地直接销售到目标消费者手中，因减少中间环节而降低销售成本的一种销售模式。直销渠道实际上就是零渠道，因此也称为"直接渠道"，是相对于"间接渠道"的概念。直销也被称为直接营销、直复营销。由于直销与传销的英文单词相同，所以在中国老百姓的头脑里，往往会混淆两者。其实，传销是长渠道，只不过渠道成员不是商家而是个人，渠道成员不需要营业执照和营业地点。在理论上来说，传销的渠道层级数量必须不确定且无限多，才符合传销模式不断扩大业绩的要求，因此传销渠道是可以无限长的。由于传销渠道每个层级的成员所获得的利润比传统渠道大，而且要上交提成给他之上的所有领导层级，因此产品定价必须很高，完全偏离了产品价值，消费者往往负担了很高的销售成本。而且，最可怕的一点是因为渠道层级可以无限长，超高的产品定价仍然无法满足渠道长度的要求，当渠道层级达到一定数量时，将产生经营亏损和资金链断裂，引发大面积的社会动荡。从这点上看，直销是与传销完全不同的两种营销模式。

综上所述，直销与传销的区别在于，直销是由企业招募直销员，直销员把产品直接卖给最终消费者，最终按销售业绩提取报酬，不允许形成上下线的层关系。

（二）直销渠道的类型

1. 直邮销售渠道

1872年，蒙哥马利·华尔德创办了美国第一家邮购商店，标志着一种全新的营销方式的产生。直邮即"直接邮购"，是指经营者自身或委托广告公司制作宣传信函，分发给目标顾客，引起顾客对商品的兴趣，再通过信函或其他媒体进行订货和发货，最终完成销售行为的营销过程。早在1982年，美国的邮购总额已达400多亿美元，占整个零售总额的8%。

2. 目录销售渠道

目录销售是指经营者编制商品目录，并通过一定的途径分发到顾客手中，由此接受订货并发货的销售行为。目录销售实际上是从邮购销售演化而来，两者的最大区别就在于目录销售适用于经营一条或多条完整产品线的企业。

目录销售渠道的优点在于内容含量大，信息丰富、完整；图文并茂，易于吸引顾客；便于顾客作为资料长期保存，反复使用。不足之处在于设计与制作的成本费用高昂；只能具有平面效果，视觉刺激较为平淡。

3．电话销售渠道

电话销售是指经营者通过电话向顾客提供商品与服务信息，顾客再借助电话提出交易要求的销售行为。电话销售渠道的优势在于能与顾客直接沟通，可及时收集、回馈意见并回答提问；可随时掌握顾客态度，使更多的潜在顾客转化为现实顾客。不足之处在于：销售范围受到限制，在电话普及率低的地区难以开展；因打扰顾客的工作和休息所导致的负效应较大；由于顾客既看不到实物，也读不到说明文字，易使顾客产生不信任感。

4．电视销售渠道

电视销售是指厂商购买一定时段的电视时间，播放某种产品的促销录像，介绍产品功能，告示产品价格，从而使顾客产生购买意向并最终达成交易的行为，其实质是电视广告的延伸。电视销售渠道的优点是通过画面与声音的结合，使商品由静态转为动态，直观效果强烈；通过商品演示，使顾客注意力集中；接受信息的人数相对较多。缺点是制作成本高，播放费用昂贵；顾客很难将它与一般的电视广告相区分；播放时间和次数有限，稍纵即逝。

5．计算机网络销售渠道

计算机网络销售是指营销者借助计算机网络、通信和数字交互式媒体而进行的营销活动。计算机网络销售渠道是随着信息技术、通信技术、电子交易与支付手段的发展而产生的，特别是国际互联网的出现更为它的发展提供了广阔的空间。计算机网络渠道是出现最晚的一种，但也是发展最为迅猛、生命力最强的一种。

6．新媒体销售渠道

不断创新的媒体形式，正迅速刷新直销渠道模式，如手机短信、微信、微博、WIFI提示信息等。新媒体具备了计算机网络渠道的所有优点，却没有计算机网络无法随身移动的缺点。由于新媒体具有被现代人追捧、喜爱的特点，可以进入人们生活的各个方面，使消费者无须在固定地点接受产品推销，在上班、下班、旅游、娱乐等路上，新媒体渠道随时可以向目标消费者销售产品。

（三）直销渠道策划的要求

1．加强销售团队的培养

因为直销渠道是零渠道，因此销售团队是直销电商成功的关键。销售团队的成员应该个个都是德能兼备的精兵强将，既能直接面对目标消费者完成公司的销售业绩，又能主动维护企业的形象。

2．加强销售员管理

直销的利润空间掌握在销售员个人手中，他们垄断客户资源，如果管理不好，轻则有可能影响企业的品牌形象，重则引发法律纠纷。

3．进行清晰的销售区域划分

由于销售员没有固定的营业场所，时常会发生抢客源的事件，容易造成消费者对企业的误解和对品牌的不信任，因此，必须进行清晰的销售区域划分。

二、连锁经营渠道

（一）连锁经营渠道的概念

连锁经营渠道是一种纵向发展的垂直渠道系统，是由生产者、批发商和零售商的集合体，它把现代化工业大生产的原理应用于商业经营，实现了大生产和大销售结合对传统销售渠道是一种挑战。传统渠道中，各分销商都同时承担买和卖两个职能，而连锁经营渠道中，这两种职能分别由总部和分店承担。总部负责"买"，集中进货不仅可取得价格优势，增加竞争实力，采购者还可以在实践中不断提高选购商品的准确性和科学性；各分店负责"卖"，既能享受到集中进货带来的低成本优势，还可集中精神从事销售业务，并能利用深入消费腹地的特点与消费者建立密切的情感纽带，及时了解变化趋势，以供总部作为进货依据。

（二）连锁经营渠道的类型

1．直营连锁经营

直营连锁经营是连锁经营的基本形态，是连锁企业总部通过独资、控股或兼并等途径开设门店、发展壮大自身实力和规模的一种连锁形式。连锁企业的所有门店在总部的直接领导下统一经营，总部对各门店实施人、财、物及商流、物流、信息流、资金流等方面的统一管理。即所有的店铺都是同一资本开设门店，由同一经营实体（总公司）所有。许多大型国际连锁组织，如美国的沃尔玛和希尔斯公司、瑞典的宜家家居公司、法国的家乐福和百安居公司都属于这种连锁形式。

直营连锁渠道的优点是高度集权管理，可以统一调度资金、统一经营战略，统一管理人事、统一开发和利用企业整体性资源，具有雄厚的实力，易于同金融机构、生产厂家打交道，可以充分规划企业的发展规模和速度，在新产品开发推广、信息管理现代化方面也能发挥出整体优势。缺点是由于直营连锁以单一本向市场辐射，各门店由总部投资兴建，因而易受资金、人力、时间等方面的影响，发展规模和速度有限；各分店自主权小，主动性、积极性、创造性难以发挥出来。

2．自由连锁经营

自由连锁经营是企业之间为了共同利益结合而成的商业合作体，各成员店是独立法人，具有较高的自主权，只是在部分业务范围内合作经营，以达到共享规模效益的目的。即各店铺资本所有权独立，采用共同进货、协议定价的一种商业横向联合。

自由连锁渠道成员拥有独立的所有权、经营权和核算权，总部与成员之间的关系是协商与服务的关系，维系自由连锁经营的经济关系的纽带是协商制定的合同。

自由连锁渠道的优点是门店独立性强、自主权大、利益直接，有利于调动门店的积极性和创造性；连锁系统集中管理指导，有利于提高门店的经营管理水平；统一进货、统一促销，有利于各门店降低成本，享受规模效益的好处；具有较好的灵活性、转换性和发展潜力，既具有连锁经营的规模优势，又能保持独立小店的某些经营特色。缺点是其联结纽带不紧，凝聚力相对较弱；各门店的独立性大，总部集中统一运作的作用受到限制，因而组织不够稳定，发展规模和地域有一定的局限性；由于过于民主，决策迟缓，相对来说竞争力受到影响。

3. 特许连锁经营

特许连锁经营是总部与加盟店之间依靠契约结合起来的一种形式，即以单个店铺经营权的授权为核心的连锁经营。风靡世界的肯德基、麦当劳、7-11都是特许连锁经营组织的典型代表。特许连锁渠道的核心是特许权的转让，总部与成员之间的关系是通过签订特许加盟合约而形成的纵向关系。渠道成员的所有权是分散的，但经营权高度集中，对外要形成一致形象。总部提供特许权和经营指导，成员要为此支付一定的加盟费用。

特许连锁经营渠道的优点是可以突破资金和时间限制，迅速扩张规模；刺激渠道成员更加积极进取，有助于事业发展；可以降低经营费用，集中精力提高企业管理水平。缺点是渠道成员难以控制；经营失败的渠道成员会连累总部声誉，使总部形象受损；当总部发现渠道成员不能胜任时，无法更换加盟者。

（三）连锁经营渠道策划的要求

1. 提供给渠道更好的产品

任何一种产品都有它的生命周期，应尽可能地延长产品的生命周期并不断提供给渠道更好的产品。"质量是产品的生命"，也可以说，"质量是渠道的生命"。而新产品的不断推出，总能满足消费者"求新"的心理，并让他们感觉到公司的实力和科学规划所产生的魅力。

2. 保持完好的价格体系

保持完好的价格体系，能够培养消费者的稳定感和信赖感，为连锁店培养大批忠实消费者，从而保证连锁渠道的正常经营和稳定。保持完好的价格体系，实际上也是连锁企业竞争战略的体现，它能够体现末端企业的产品定位、价格策略，并为企业形象和品牌塑造打下坚实的基础。

3. 拥有一支优秀的销售队伍

一支优秀的销售队伍应该具有以下几个方面的特点：专业、敬业、稳定。一支优秀的销售队伍可以有效地把公司的战略体现到连锁渠道当中，也可以帮助渠道上的各个环节有效地处理各种问题，可以直接面对消费者，他们为渠道的稳定和畅通起到创造性和决定性的作用。一支优秀的销售队伍的培养是日积月累的过程。

4. 建立完善的连锁管理体制

连锁经营是种低成本、低风险、保险数大的经营方式，但如无完善的连锁管理体制。连锁的本质，也就在于管理体制上的统一。产品、价格、人才等要素，那应该纳入管理体制来协调运作。任何单方面的因素都不可能成就辉煌的连锁事业。完善的连锁管理体制应包括两方面的内容：一是连锁管理制度的制定，譬如包括产品研发制度、连锁扩张制度、连锁店管理制度、物流配送制度、人力资源管理制度等，这些制度的制定必须依据连锁企业的自身情况、连锁业的特点,并参照其他成功连锁企业的经验。二是要执行好连锁管理制度。连锁经营渠道上的联合体就像一列火车,哪一个轮子出现问题都将影响到整列火车的运行,而制度能否执行到位也就关系着每一个轮子能否步调一致地前进。

5. 适应市场形势变化

连锁企业应根据市场形势的变化不断调整经营策略,从而避免出现管理滞后、产品老化、服务水平降低等问题,确保连锁渠道的长期经营和利益保障,日本的八佰伴曾辉煌一时,最后却宣告破产,虽然有多种原因,但在市场发生变化后却未能及时调整经营战略也是导致其渠道倾覆的一个重要原因。而沃尔玛、家乐福、肯德基、麦当劳之所以不断地发展壮大,把它们的触角伸到了世界上的每一个角落,也在于它们适应了市场形势的变化而适时调整战略。但就连这样的连锁巨头们,也都曾有经营中的败笔,那也是忽略了形势变化的因素。所谓"天时、地利、人和",连锁业宜因地制宜、因时制宜,在坚持核心的连锁原则前提下,做些适当的改变。

综合训练

食品企业分销渠道策划书的撰写

1. 实训项目

选取一家具有代表性的食品企业,收集相关信息,分析食品销售业务的优势、劣势、机会和威胁,结合市场现状和大学生对食品的需求特点,撰写出适合企业发展的分销渠道策划书。

2. 实训要求

以4~5人为一组,形成分销渠道策划调研小组,所收集资料应翔实、客观,符合分销渠道的策划要求,在充分理解内容要求的基础上完成分销渠道策划书,并提交书面策划书。

3. 实训评价

各个小组分别展示各自的分销渠道策划书内容,并选派一位代表进行解释说明;老师根据各小组表现和分销渠道策划书的质量,从内容完整性、方法实战性、创新性、临场表现力、团队配合与整体意识等方面进行评价打分。

第八章 促销策划

课程导学

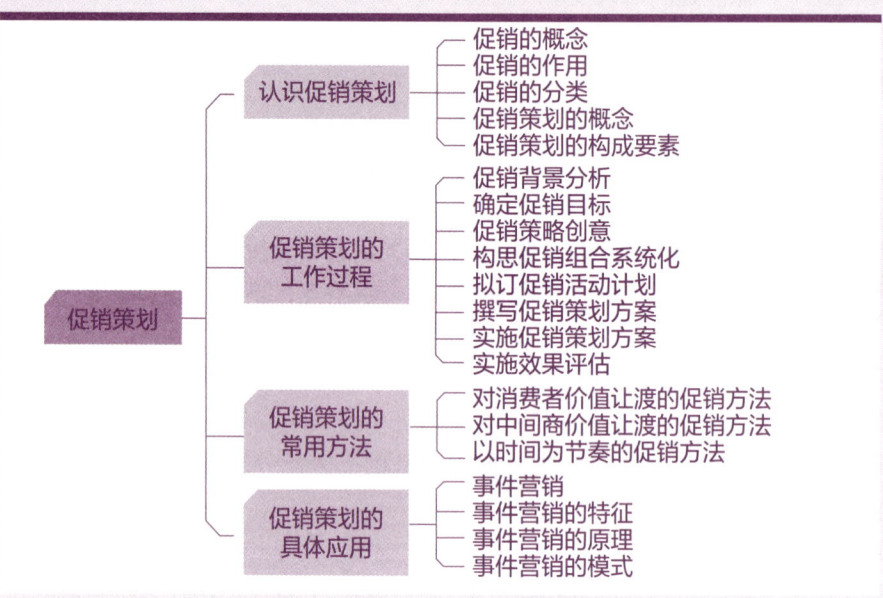

课程重难点

掌握促销的概念、作用和分类；
掌握促销策划的概念；
掌握促销策划的四要素；
掌握促销策划四要素的具体运用；
掌握促销方案的制订；
掌握促销策划的常见方法；
掌握事件营销的概念、特征、原理、模式。

技能目标

能够完成促销策划方案的制订；
能够分析事件营销案例；
能够制订事件营销方案。

案例8-1

美国花生酱打入俄罗斯

前些年,一种美国花生酱依靠四种促销手段成功地打入俄罗斯的市场,使越来越多的俄罗斯人喜欢这种正宗的美国食品。

首先,"免费奉送"是强有力的营业推广手段。苏联解体之后,俄罗斯出现了严重的经济危机,商品短缺,食品匮乏。美国布什政府同意向俄罗斯提供援助。美国的花生种植和加工者看准了这一机会,主动向俄罗斯提供60吨花生酱,分配给俄罗斯人。食物不足的俄罗斯人一吃到这种味道鲜美的花生酱,就有些舍不得、放不下了。

其次,在重点城市"大搞宣传活动"。美国花生酱的宣传活动重点在莫斯科和圣彼得堡两大城市展开,美国人计划使俄罗斯这两座"领导新潮流"的城市能首先热爱花生酱,然后把花生酱传到俄罗斯全国各地。

再次,"投政府所好",有效开展公共关系活动。俄罗斯外汇短缺,用珍贵的硬通货进口花生酱可能性不大。于是美国的花生大亨们对美国政府和俄罗斯政府开展游说活动,以期望实施由美国现款援助向俄罗斯出售美国花生酱的计划。美国全国花生理事会负责人说,以俄罗斯政府来说,牛肉短缺现象严重,用价廉的花生酱替代牛肉既可满足老百姓需要又能省钱的需求,因此俄罗斯政府赞同这一计划。

最后,"抓住青少年"成为人员推销的核心。美国花生商的目标是俄罗斯青少年。美国花生商的代表在莫斯科和圣彼得堡的学校里东跑西溜,促使各学校同意把美国花生酱列入学生午餐的食谱中去。为了笼络感情,代表团携带了大批美国花生酱纪念章,在俄罗斯青少年中广为散发。

问题:花生和花生酱并不是俄罗斯的传统食品,是什么改变了俄罗斯人的消费习惯?

分析提示:开拓市场需要考虑几个重要的因素,如产品优势特性、市场机会、促销策略等。当产品优势突出、市场机会明显的时候,促销活动则成为实现企业营销战略目标的关键。美国花生酱企业具有丰富的市场促销经验,在促销组合的四个方面同时下手,"推""拉"策略双管齐下,系统改变俄罗斯人的消费习惯,使花生酱成为俄罗斯的又一种美国流行产品。

任务一 认识促销策划

一、促销的概念

促销(Promotion)是4P之一,是营销者向消费者传递有关本企业及产品的各种信息,说服或吸引消费者购买其产品，以达到扩大销售量的目的的一种活动。

狭义的促销是指销售促进、营销学中通常也叫作营业推广。这种促销活动是各类厂商、中间商经常性采用的促销活动，它通常伴随着企业的业务活动有目的地进行。例如，厂商对经销商采取的超过基本销售定额后的销售奖励措施，通过经销商对二级客户实施的多销多奖、赠送销售辅助设施等销售激励措施，或者直接面向消费者进行的免费试用、有奖销售、示范表演、赠券印花。又如，厂商、中间商对推销人员采取的推销提成制度、销售竞赛措施等与企业的业务活动密切相关。

广义的促销是指各类组织营销当中具有明显促销特征的职能和相关职能的潜在促销作用。这些职能包括销售促进、人员推销、广告、公共关系和其他具有潜在促销作用的营销策略，如促销性的产品策划、促销性价格、促销性服务等。中国台湾著名营销学专家樊志育教授认为："从广义而言、凡是以创造消费者需要或欲望为目的、企业所从事的所有活动均属促销的范畴。"

促销实质上是一种沟通活动，即营销者（信息提供者或发送者）发出作为刺激消费的各种信息，把信息传递到一个或更多的目标对象（即信息接受者，如听众、观众、读者、消费者或用户等），以影响其态度和行为。常用的促销手段有广告、人员推销、网络营销、营业推广和公共关系。

二、促销的作用

（一）缩短入市的进程

使用促销手段，旨在对消费者或经销商提供短程激励。在一段时间内调动人们的购买热情，培养顾客的兴趣和使用爱好，使顾客尽快地了解产品。

（二）激励消费者初次购买

促销要求消费者或店铺的员工亲自参与，行动导向目标就是立即实施销售行为。消费者一般对新产品具有抗拒心理。由于使用新产品的初次消费成本是使用老产品的一倍（对新产品一旦不满意，还要花同样的价钱去购买老产品，这等于花了两份的价钱才得到了一个满意的产品，所以许多消费者在心理上认为买新产品代价高），消费者就不愿冒风险对新产品进行尝试。但是，促销可以让消费者降低这种风险意识，降低初次消费成本，而去接受新产品。

（三）激励再次购买

当消费者试用了产品以后，如果是基本满意的，可能会产生重复使用的意愿。但这种消费意愿在初期一定是不强烈的，不可靠的。促销却可以帮助消费者实现这种意愿。如果有一个持续的促销计划，可以使消费群基本固定下来。通过首次购买体验，来留住客户。

（四）提高销售业绩

毫无疑问，促销是一种竞争，它可以改变一些消费者的使用习惯及品牌忠诚。因受利益驱动，经销商和消费者都可能大量进货与购买。因此，在促销阶段，常常会增加消费，提高销售量。

（五）带动相关产品市场

促销的第一目标是完成促销的产品的销售。但是，在甲产品的促销过程中，却可以带动相关的乙产品的销售。比如，茶叶的促销，可以推动茶具的销售。当卖出更多的咖啡壶的时候，咖啡的销售就会增加。例如，在20世纪30年代的上海，美国石油公司向消费者免费赠送煤油灯，结果使其煤油的销量大增。

三、促销的分类

按照不同的分类方式，促销可以分成不同的类型。

（一）按促销主体分类

从实施的主体来看，促销活动可分为厂商促销和渠道促销。

（1）厂商促销。产品制造商或服务供应商作为促销主体，针对中间商（各级经销商和零售商）、消费者和内部销售人员开展的各类促销活动。

（2）渠道促销。各级经销商或零售商作为促销主体，针对次级经销商、消费者和渠道内部销售人员开展的各类促销活动。

（二）按促销对象分类

以厂商促销为例，从实施的对象上看，促销活动分为推式促销和拉式促销。

（1）推式促销。以中间商或内部销售人员作为促销对象的各类促销活动。在推式促销中，厂商通过各类促销活动把产品推广给经销商或零售商，激励内部销售人员积极开发市场、扩大销售，鼓励中间商更积极地向消费者推广自己的产品。这种将产品在渠道中推动的促销方式被形象地称作"推式促销"或"经销促销"。

（2）拉式促销。以终端消费者作为促销对象的各类促销活动，在拉式促销中，厂商通过各类促销活动促进消费者购买本企业的产品，进而产生零售商向批发商求购商品，批发商向厂商进货的良性循环。这种拉动产品销售的促销方式，被相应地称作"拉式促销"或"消费促销"。

厂商选择推式促销还是拉式促销，应根据具体的市场环境、产品特征和财务预算而定。值得注意的是，无论选择哪种促销方式，厂商都必须争取零售商的配合，并对经销商实施有效的控制。

（三）按促销能够提供给顾客的附加利益分类

把产品或服务的本质特征界定为购买方满足利益需要的载体。这样的利益需要包括性能利益、财务利益和心理利益。这三种利益结合起来形成了顾客的利益结构，不同的利益结构满足顾客需要的程度和方面是不一样的。

促销是能够提供产品附加利益的有力的市场工具。从这个角度看，可以根据促销能够提供给顾客的不同附加利益来对其进行分类。以针对消费者的促销为例，促销可分为以下几类：

（1）以提供财务利益为主的促销。某些促销方法能够为消费者提供实际的价格减免。使他们从直接的价格差中获得经济利益的满足。这类促销方法主要包括折价、优惠等。

（2）以提供心理利益为主的促销。另外，一些促销方法还能通过产品的品牌、实物、赠品及购买过程，满足消费者的各种心理利益。这类促销方法主要包括赠送免费样品、有奖促销等。

（3）以提供性能利益为主的促销。除上述两种利益外，有些促销方法还能够通过产品的性能、质量和各种实质性的技术特点，提供给消费者一些额外的附加利益，使他们感受到性能利益的满足。这类促销方法主要包括服务促销等。

四、促销策划的概念

促销策划是指运用科学的思维方式和创新的精神，在调查研究的基础上，根据企业总体营销战略的要求，对某一时期各种产品的促销活动做出总体规划，并为具体产品制订周详而严密的活动计划，包括建立促销目标、设计沟通信息、制订促销方案、选择促销方式等营销决策过程。

促销是企业营销战略链上十分重要的环节，其成功与否会直接影响到企业的生存与发展，一旦促销失败，带来的后果不仅仅是短期销售额的降低，而是企业或品牌形象在消费者心目中的重新定位，这种定位将决定着消费者是否继续成为企业或品牌的忠诚客户。

因此，企业在进行促销活动前，需要制订周详而严密的促销计划，进行科学和准确的促销策划。否则，最好的促销创意也毫无意义。例如，《三国演义》里的周瑜的"一步三计"干不过诸葛亮的"三步一计"，为什么计多干不过计少？这里面的区别就在于"谋划"。"火攻"不仅周瑜和诸葛亮想到了，曹操也想到了。从"创意"角度来说没有多大的差别，但为什么曹操明知而不防，周瑜担心"万事俱备只欠东风"而口吐鲜血，只有诸葛亮泰然自若呢？关键在于诸葛亮对天文有科学的把握。正因为诸葛亮对天、对地、对人都有正确的判断和认识，所以才谋划了一个关键之策：让赵子龙按他设定的时间和地点去接应他。否则，虽使周瑜破曹成功，自己也要亡命他国了。

五、促销策划的构成要素

（一）人员推销策划

人员推销策划即通过掌握推销技能的销售人员有计划、有组织地沟通产销、开发市场、扩大销售和提供服务的综合性促销方式。人员推销是具有人际接触沟通深入、易于培养感情和关系、反应及时、针对性强、说服力强等优点的促销方式。人员推销是最古老的促销方式，也是最基本的促销方式。

1. 人员推销的特点

（1）工作弹性大，能发挥人的主观能动性。作为推销人员，不仅仅是学历，最重要的是推销的经历和自身的潜质。例如，有的人看起来每天很轻松，陪客人喝喝茶、唱唱歌，但是总能提前完成销售任务；有的人早晨5点起床，晚上12点回家，披星戴月，看着非常辛苦，但就是完不成工作任务。所以，该工作的弹性很大，可以充分发挥人的主观能动性。

（2）信息双向沟通，便于交流和反馈意见。人员推销是促销方式中唯一一种企业内部人员和消费者面对面沟通的方式。所以在这种方式中，推销人员作为生产厂家的代表，可以亲耳听到消费者的建议、意见或者抱怨，将这种信息及时地反馈给厂家，以便及时调整和改进；作为消费者来说，由专业的生产厂家内部人员讲解产品性能，提供专业的技术或者售后服务，其满意度更高。

（3）能够直接提供咨询和技术服务。一般来说，企业的咨询和技术服务都是通过中间商来完成的，中间商在服务的过程中，因为专业性等原因，有时质量并不高，这样会影响到产品和企业的形象，而人员推销是厂家专业性人员直接提供咨询和技术服务的，相对中间商而言，更加专业，质量更高，消费者更容易满意。

（4）易于与顾客联络感情，建立友谊。人员推销是企业推销人员携带产品或者样品上门逐户推销，通过面对面沟通和情感交流，将产品或者样品卖给消费者的一种促销活动。当然，现在的推销不是传统推销的"一锤子买卖"，当第一笔交易成功以后，如何维系客户也很重要，在维系客户的过程中，当然要"感情营销"，所以，长期以来，推销人员和客户之间就容易建立感情，维护长期的合作关系，对于企业的销售来说，消费群体更加稳定。

（5）支出大，成本高。一般来说，采取人员推销的公司要不就是刚刚起家的小公司，上门逐户推销，要不就是大公司，采用各种促销方式，因为要建立一支真正专业的推销队伍，需要耗费很多的人力、物力和财力，不是一般企业所能承受的。

（6）优秀的推销人才难得。销售这个行业的进入门槛低，流动性大，但是真正优秀的推销人才非常难得。

2．人员推销的基本形式

（1）上门推销。上门推销是常见的人员推销形式。它是由推销人员携带产品样品、说明书和订单等材料走访顾客，推销产品。这种推销形式可以针对顾客的需要提供有效的服务，方便顾客，因此被顾客广泛认可和接受。

（2）柜台推销。柜台推销是企业在适当地点设置固定门市，或派出人员进驻经销商的网点，接待进入门市的顾客，介绍和推销产品。柜台推销与上门推销正好相反，它是等客上门式的推销方式。由于门市里的产品种类齐全，能满足顾客多方面的购买要求，为顾客提供较多的购买方便。

（3）会议推销。会议推销是指利用各种会议向与会人员宣传和介绍产品，开展推销活动。例如，在订货会、交易会、展览会等会议上推销产品。这种推销形式接触面广、推销集中，可以同时向多个推销对象推销产品，成交额较大，推销效果较好。

3．人员推销的工作任务

（1）寻找。通过人员推销，不仅要加深了解现有顾客的需要，还要努力寻找、发现和培养更多的潜在顾客。

（2）沟通。推销人员要经常地、有效地与现实的和潜在的顾客保持联系，及时把企业的产品及其他相关信息介绍给顾客。同时了解他们的需求，沟通信息成为企业与顾客联系的桥梁。

（3）销售。这是一项传统的、基本的任务，它要求推销人员精通推销技术，如接近顾客、介绍产品、处理顾客异议、达成交易等。

（4）服务。推销人员要能够向顾客提供各种服务，如给顾客提供咨询服务、给予技术帮助、安排资金融通和加快交货等。

（5）调研。推销人员不仅要完成销售任务，还要进行市场调研和情报收集工作，并且针对访问情况写出报告，为企业开拓市场和制定营销决策提供依据。

4．人员推销的基本策略

（1）试探性策略。试探性策略也称为刺激-反应策略，是在不了解顾客的情况下，推销人员运用刺激性手段引发顾客产生购买行为的策略。推销人员事先设计好能引起顾客兴趣、能刺激顾客购买欲望的推销语言，通过渗透性交谈进行刺激，在交谈中观察顾客的反应。然后根据其反应采取相应的对策，诱发顾客的购买动机，使其产生购买行为。

（2）针对性策略。针对性策略是指推销人员在基本了解了顾客的前提下，有针对性地对顾客进行宣传、介绍，以引起顾客的兴趣和好感，从而达到成交的目的。因推销人员常常在事前已根据顾客的有关情况设计好推销方法，这与医生对患者诊断后开处方类似，因此又称为针对性策略为"配方—成交"策略。

（3）诱导性策略。诱导性策略是推销人员运用能激起顾客某种需求的说明方法，诱发顾客产生购买行为的策略。这种策略是一种创造性推销策略，它对推销人员要求较高，要求推销人员能因势利导，诱发、唤起顾客的需求，并能不失时机地宣传介绍和推荐所推销的产品，以满足顾客对产品的需求。因此，从这个意义上说，诱导性策略也可以称为"诱发—满足"策略。

> 案例8-2

营销人员营销成功案例

小王进入公司后负责北方地区的电力系统。第一次去拜访某省的电力系统时，他将整个省电力局跑了个遍。他首先了解省电力局哪个部门有可能采购电脑，然后逐户逐门地去认识客户。当他敲开用电处的大门的时候，一个年轻的工程师很遗憾地告诉他：用电处马上要采购一批服务器，采用公开招标的形式，但是由于你们的公司以前没有与我们联系过，所以没有将你们公司列入投标名单。而且几天以前就截止发招标书了，得到标书的供应商们已经开始做投标书了，三天以后就是开标的时间。工程师接着说：这是我们的第一次采购，最近还会招标，到时欢迎你们投标。

小王离开客户的办公室，开始给当地IT圈的朋友打电话，了解这个项目的情况。朋友一听这个项目，就劝他不要做了，这个项目的软件开发商早已经选定了，不但软件已经开发完了，而且试点都做得很成功，这次招标就是履行程序。小王想办法弄来这个软件开发商的电话号码，打电话到开发商的总经理那里谈是否有可能推荐自己的产品，开发商的总经理很客气地拒绝了他的要求：软件开发一直基于另一家公司的硬件，而且投标书已经写好了。他的态度很明确：这次不行，欢迎来谈，以后可以合作。

小王没有放弃，转身又回到了客户的办公室，来到客户的座位前，希望客户能够将招标书给他。工程师说：我这里没问题，但是你必须得到处长的同意，处长在省内另外一个城市开会。小王立即拨通处长的手机，处长压低了声音问是谁，自我介绍了以后，处长说他正在开会，让小王晚一点打过来。小王不再有任何犹豫，果断地来到长途汽车站直接搭车赶往处长所在的城市，下车后直奔处长下榻的宾馆。小王向客户解释：他特意从北京过来，而且自己的公司在这个领域非常有经验，对客户的项目应该有所帮助。

精诚所至，客户松口同意发给他标书。小王再三感谢以后，火速赶回郑州，当他到达电力局办完手续拿到标书时，客户已经快下班了。虽然拿到标书，但仅仅意味着有了一个机会。于是，小王请求负责写标书的工程师第二天飞往郑州。

这时已经只有两个晚上一个白天了，他们安排好了分工以后，开始行动。三天以后，他们终于将三本漂漂亮亮的投标书交到电力局。为了能够赢得这个订单，他们放出了可以承受的最低价格。开标那天，所有的厂家都聚到客户的会议室，投标就在这里进行。其他的标很快就定了，但讨论服务器的标时，时间很长，他们一直等到晚上。终于，客户宣布他们中标。

案例思考：

1．处长为什么同意给小王标书？
2．小王为什么能够拿下这个项目？

（二）广告策划

广告策划是从广告角度对营销管理进行系统整合和策划的全过程。它从市场调查开始，根据消费者需要对企业产品设计进行指导，对生产过程进行协调，并通过广告促进销售，实现既定的传播任务。具体来说，就是根据营销策略，按照一定的程序对广告活动的总体战略进行前瞻性规划的活动。广告的要素中包括：广告主、广告费用、广告媒体、广告信息。

1．广告策划的定位

（1）实体定位。实体定位就是从产品的功效、品质、价格等方面，突出该产品在广告宣传中的新价值，强调本产品与同类产品的不同之处以及能够给消费者带来的更大利益。这种广告策划定位的方法注重突出产品的实体差异。

（2）观念定位。观念定位是在广告中突出宣传产品的新意义和新的价值取向，诱导消费者的心理定式的改变，树立新的价值观念。这种广告定位的方法注重突出消费者的心理差异。观念定位的具体运用有改变消费观念定位、逆向定位、比附定位、对抗竞争定位等方法。

2．广告策划中的创意要求

广告的创意表现在广告策划中可以更好地明确广告定位，对广告的传播起到事半功倍的效果，因此要重视广告策划中的创意表现。

广告创意是根据市场、商品、消费者等方面的情况，根据广告目标的要求，把广告传播内容变成为消费者易于接受的表达艺术。

（1）以广告定位为核心。广告定位是广告创意的前提，广告创意是广告定位的表现。广告定位所要解决的是"做什么"，广告创意则要解决的是"怎么做"，只有明确了做什么，才可能发挥好怎么做。一旦广告定位确定下来，怎样表现广告内容和广告风格才能够随后确定。

（2）创意具有首创性。创意要求构想新的观念，可以说首创精神是广告创意最鲜明的特征，是广告创意最根本的素质。

（3）广告创意要注重实效性。广告创意往往通过一定的艺术形式来表现，但广告同纯粹的艺术又有着本质的区别，那就是广告有着明确的销售目标。因此，广告创意的最终结果要促进销售，给企业和消费者带来现实利益，这就要求广告创意要注重实效性。广告创意的实效性具有两层含义：第一，要注重广告的实际效果；第二，要具有可操作性，便于付诸实施。

（4）广告的创意表现要通俗。广告主要是通过大众传播方式进行，因此，为确保广告创意能够被大众接受，就必须考虑大众的理解力，采用简洁、明了的方式传递集中、单一的信息，成为雅俗共赏的作品。

3．广告创意的思考方法

（1）头脑风暴法。头脑风暴法也称综合思考法，或头脑激荡思考法，就是通过集思广益进行创意。这是一种"动脑会议"，会议前一两天发出通知，说明开会的时间、地点、议题等。参加人员包括广告营业人员和创作人员等，人数在10~15人，设会议主持者1位，秘书1~2位。

组织头脑风暴法关键在于掌握以下特征，即确定议题、自由畅谈、禁止批评、创意量多多益善、不介意创意的质量。

（2）垂直思考法。垂直思考法是按照一定的思维路线或思维逻辑进行向上或向下的垂直式思考方法，这是一种头脑的自我扩张方法，以思维的逻辑性、严密性和深刻性见长，是一种重要的创意思考方法。

（3）水平思考法。水平思考法强调思维的多向性，善于从多方面来观察事物，从不同角度来思考问题，思维途径由一维到多维，属于发散思维。水平思考法要求敢于打破占主导地位的观念，避免模仿，摆脱人们最常用的创意、表现方法等；要多方位思考，提出对问题各种不同的新见解；要抓住偶然一闪的构思，深入发掘新的意念。

4．广告创意的基本表现手法

（1）夸张。夸张是指对客观事物的时空、形态进行不同程度的、有意无意地改变。对广告形象的品质或特在的某些方面进行相当明显的过分夸大，使之更加突出，以加深受众对这些特征的认识和把握。

（2）幽默。幽默是一种理性倒错的手法，使人感到饶有风趣，甚至滑稽可笑。幽默的广告形象易于引起人们的注意，其生动的情趣、新奇的角度、独到的见解，完全突破了一般广告司空见惯、枯燥乏味的程序化表现，激发人们的关注和兴趣。

（3）欢乐。欢乐是表现现代人所追求的愉悦、欢快的心理体验。现代人由于生活过于紧张、压力进大，所以特别追求快乐、兴奋的感受。利用欢乐的感受也是广告创意的基本手法。

（4）情感。情感是突出广告中的情感因素这一复杂的内心活动。情感是人类沟通的秘密武器，人的微妙的心灵琴弦一旦被拨动了，就容易解除戒备，从而接纳广告内容。此时，广告中的情感因素，就会产生更好的效果。

（5）演示。演示是一种实证法，又称典型示范或现身说法。演示就是借助于特定的人直接陈述或演示商品的功能、特点等，直接地表达有关的广告信息。

（三）营销推广

营销推广又称销售促进，是指企业在短期（通常是3～7天）内采取刺激性的手段，刺激消费者购买的一种促销方式。营销推广的主要特点是吸引力强，灵活多样，有一定的局限性。

1．营销推广的特点

（1）吸引力强。许多营销推广工具具有吸引注意力的性质，可以打破顾客购买某一特殊产品的惰性。强调这是永不再来的一次机会，尤其是对于那些精打细算的人来说，这有很强的吸引力。

（2）灵活多样。可根据顾客心理和市场营销环境等因素，采取针对性很强的营销推广方法，向消费者提供特殊的购买机会，具有强烈的吸引力和诱惑力，能够唤起顾客的广泛关注，立即促成购买行为，在较大范围内收到立竿见影的功效。

（3）具有一定的局限性。营销推广中有些方式会显现出商家急于出售的意图，这容易造成顾客的逆反心理。如果使用太多或使用不当，顾客会怀疑此产品的品质以及产品的品牌，或是产品的价格是否合理，给人以"推销的是水货"的错误感觉。

2．营销推广的设计

在企业促销活动中，一个有效的营销推广方案一般要考虑以下五个因素：

（1）确定推广目标。在营销推广方案中，首先要明确推广的对象是谁，要达到什么目标，这样企业才能有针对性地制订具体的推广方案。

（2）选择推广工具。营销推广的方式方法很多，但如果使用不当则会适得其反。因此，企业要根据目标对象的接受习惯、产品特点和目标市场状况等因素综合分析，选择合适的推广工具。

（3）推广的配合安排。营销推广要与促销组合的其他方式，如广告、人员推销、公共关系等整合起来，形成营销推广期间的更大声势，一般而言，单项推广活动有时达不到较好的促销效果，但整合促销会形成组合优势。

（4）确定推广时机。开展营销推广活动时，选择市场推广时机十分重要，对于季节性和节日性的产品，必须选择在季前或节前开展，否则就会错过时机。

（5）确定推广期限。开展营销推广活动的另一项关键工作是确定活动时间的长短。推广期限过长，消费者新鲜感丧失，会产生不信任感；推广期限过短，一些消费者还来不及接受，营销推广的实惠就错过了。

总之，营销推广通常可以收到立竿见影的效果，但如果运用不当，会损害长期利益，企业在选择方案时，不能不慎重地通盘考虑。

（四）公共关系策划

公关关系策划是企业整合营销传播中的一个重要组成部分，企业公共关系的好坏直接影响着企业的形象，影响着企业营销目标的实现。

公关关系策划是指企业恰当地运用各种传播手段，在企业和社会之间建立相互了解和依赖的关系，对通过双向的信息交流，在社会公众中树立企业良好的形象和声誉，以取得公众的理解、支持和合作，从而有利于促进企业目标的实现。

1. 公共关系的特点

（1）公众性。从职能的角度来看，公共关系处理的是企业与公众的社会关系问题，争取获得公众的理解与支持，为企业创造良好的生存发展空间。

（2）互惠性。从公共关系最基本前提的角度来看，其主要特征是与公众利益的一致性。只有在互惠互利的条件下，双方才能赢得相互的支持，才能共同发展，良好的公共关系才能有牢固的基础。

（3）沟通性。公共关系的基本手段是传播，一个企业要想获得公众的理解与支持，就必须保持企业与公众之间的信息双向沟通。一方面，企业通过公共关系的传播手段把相关信息告诉公众，使他们了解企业的各项政策和工作；另一方面，公共关系渠道也可以反馈公众的意见和评价，使企业及时了解公众的心声，使企业的政策、行为与社会利益相协调。实现公共关系的目标，所使用的是现代化的信息技术和传播技术，以此来协调企业的各种社会关系，加强相互之间的了解，建立外界对企业的好感。

（4）长远性。公共关系活动的具体内容是由其所要实现的目标决定的。通常企业会以树立良好形象为目标，但这种目标不是一朝一夕就能够建立起来的，它是有组织、有计划、持续不断努力的结果。

（5）真诚性。公共关系目标的实现不能靠请客送礼、贿赂收买，也不靠提供各种虚假信息、欺骗公众。企业和公众应本着开诚布公的原则，把真诚作为信条，向公众提供及时准确的信息，加强双方之间的信息交流和沟通。

2. 公共关系的活动方式

公共关系的活动方式，是指以一定的公关目标和任务为核心，将若干种公关媒介与方法有机地结合起来，通过提升企业形象，实现与公众有效沟通来促进产品的销售，形成一套具有特定公关职能的工作方法系统。常见的公关促销方法有：

（1）公共关系报道。这是由新闻工作者撰写的有关企业的公共关系材料，通过一定的媒体向公众发布的与企业有关的新闻发布会、专题报道、现场采访、记事纪要等。

（2）编辑宣传材料。这里的宣传材料是指企业编辑出版的视听材料，如各种印刷品、音像资料等。企业通过大量的沟通材料去接近和影响其目标市场，这些材料包括企业报刊、情况简报、内部通信、新品介绍、年度报告、专题文章、企业介绍、生产过程展现、环境说明等。

（3）企业主题活动。企业可围绕某一主题，通过一些特殊事件来吸引公众对企业的注意。这些主题活动与事件包括各种记者招待会、讨论会、开幕式、庆典、比赛、论证会、郊游、展览会、运动会、文化赞助、演讲等。

（4）公益活动。企业可以通过赞助、向公益事业捐赠的方式，来提高其公众信誉。例如，支持企业所在地的一些社区活动，向希望工程、孤寡老人、残疾人员、受灾地区的灾民、失业人员、无力救治的危重病患者、见义勇为者捐款；向社会有关团体、部门捐献物质等。

3. 公共策划策略

公关策划策略一般有以下几种方法：

（1）以攻为守法。以攻为守是在组织与外在环境发生整合困难时所进行的调整和策划手段，表现为积极地出击以达到保护自己的目的。

（2）变换组合法。变换组合法是将两件本来不想干的事情联系起来，从而提高新闻度和可宣传性，也可将两种手段进行组合，出新、出奇，从而产生良好的公关效果。

（3）以诚换诚法。以诚换诚法是在组织产生形象偏差时与公众进行协调的策略，表现为动之以情，晓之以理，坦诚与公众相交。

（4）轰动效应法。这种方法在同行之间的公关竞争中被普遍运用。轰动效应的关键是别出心裁、与众不同。

> **案例8-3**
>
> **西贝贾国龙：疫情致2万多员工待业，贷款发工资能撑3个月**
>
> 新冠疫情暴发后，各中小企业都说日子难过，但大多数仅限于朋友之间、行业之间的交流。但西贝董事长贾国龙却第一个站出来公开"哭穷"，一篇《西贝贾国龙：疫情致2万多员工待业，贷款发工资能撑3个月》刷屏，引发全民关注，收割了一波流量。
>
> 在文章刷屏的第二天，西贝当即宣传外卖业务，将进店就餐业务转化为外卖业务，并表示将捐赠给武汉医生，这种操作方式不得不称赞西贝的公关响应能力之强，使其成为餐饮营销的新典范。
>
> 正所谓"爱哭的孩子有奶吃"，在哭诉一个月将损失7亿元，贷款只够支撑3个月后，多家银行主动找到西贝，5天获得4.3亿元授信发工资，可以说是瞬间转危为安。

（5）弘扬优势法。弘扬优势法是指针对本组织，甚至是经理代表人的优势，来进行公关策划的手法。

（6）弥补缺点法。弥补缺点法是指通过巧妙弥补自身缺点的办法，使自己的形象更趋美好。当然，不能弄虚作假、装腔作势，必须在真实的前提下运用。

任务二 促销策划的工作过程

促销策划的工作过程包括促销背景分析、确定促销目标、促销策略创意、构思促销组合系统化、拟订促销活动计划、撰写促销策划方案、实施促销策划方案、实施效果评估等环节。

一、促销背景分析

为了进行科学、系统、有效的促销策划,首先要了解企业既已制定的营销战略和营销目标,然后对促销产品的市场现状、市场机会、竞争态势、促销效果等进行市场调查与分析。尤其注意调查、分析企业原来制定的促销目标、促销策略、促销组合等方面是否达到预期效果,并与竞争者采用的促销策略进行比较,分析竞争对手针对企业采取了什么促销活动。

另一方面,企业需确定目标市场,选择促销目标传播对象。促销目标传播对象对企业、产品等的认知状况是信息沟通者决定对谁说、说什么、怎么说、何时说、哪里说的基础。目标对象不同,信息内容、形式、传播媒体等也不同。

二、确定促销目标

根据市场调查、分析的结论,围绕企业既定的营销战略,包括已经明确的目标市场、产品定位、价格策略、渠道策略等,确定促销目标,这个目标必须和营销目标保持一致,兼顾短期促销目标和长期促销目标。

(一)根据消费者购买心理发展阶段确定目标

消费者购买心理分为三个阶段:认知、情感、行为。企业与目标顾客的沟通分为四个步骤:注意→兴趣→欲望→行动。在不同阶段,促销沟通的具体目标是不同的。

(1)在认知阶段,告知、教育是主要目的。

(2)在情感阶段犹豫时,促成购买是最重要的。

促销策划设计目标时要知道如何把目标传播对象从他们目前所处的位置推向更高的准备购买阶段。

(二)根据产品生命周期各阶段确定促销目标

(1)产品引入期:缩短产品与顾客之间的距离,引导目标顾客试用、认知新产品。

(2)产品成长期:鼓励重复购买,刺激潜在消费者、增强中间商的接受程度。

(3)产品成熟期:提高销量、吸引竞争对手的顾客,保持市场占有率。

(4)产品衰退期:处理库存。

(三)根据销售淡、旺季确定促销目标

(1)淡季期:维持顾客对产品的兴趣,减轻库存压力。

(2)旺季前期:影响顾客在旺季时的购买行为。

(3)旺季中期:提高销量,并可借消费高潮推出新产品。

(4)旺季后期:减轻积压。

三、促销策略创意

促销策略创意必须以人为本、以提升消费者价值为核心，为消费者的立场和利益考虑，兼顾促销的创意及消费者利益的双效合一。

在此基础上，以新、奇、特的形式和手段吸引眼球，包括降价优惠、随货赠品、折价券、集点券、组合购买优惠、会员优惠、抽奖及陈列展示等各种"推""拉"创意。

促销策略创意还应该注意促销方式和手段必须合法合规。

四、构思促销组合系统化

促销策划不是片面地组织推销行为，而是一种系统组织促销活动的销售管理行为，科学、合理地将广告宣传、人员推销、公共关系、营业推广四个方面组合成一个协调的促销行动系统，使各种促销策略创意互相配合、协调一致，最大限度地发挥整体效果，从而顺利实现促销目标。

五、拟订促销活动计划

促销活动计划是促销策划方案的核心内容，也是促销活动的具体安排，具体包括以下内容。

（一）活动主题

设计促销主题是促销活动的关键环节。好的促销主题不仅能吸引眼球，还能俘获人心。需要明确的是，主题促销活动绝不是简单的买赠、特价、路演等活动形式，而是围绕系列主题这个活动灵魂来体现出品牌的诉求和定位、消费者的利益。

1. 促销主题设计的方法

（1）理性诉求。提供有关产品质量、经济性、效用、性能便利性、品质一致性、服务信赖性等方面的理性信息。例如，乐百氏的"二十七层过滤"，沃尔玛的"天天低价"。

（2）情感诉求。激发观众的某种情感，从而诱导与促成他们购买，如害怕、内疚、忧虑、好胜、自尊心、追求流行和快乐、野心、与众不同等。例如，麦氏咖啡的"好东西要与好朋友分享"，贵州青酒的"喝杯青酒，交个朋友"。

（3）道义诉求。告诉观众什么是正确的态度、价值观、行为准则等，常用于公益广告。例如，"低碳生活，从我做起；地球是我家，绿化靠大家"。

2. 促销主题设计的角度

促销可以从不同的视角来设计主题，如以产品为主题的促销活动、以季节特点为主题的促销活动、结合特定节假日的促销活动等。

3. 促销主题设计的要求

（1）促销活动主题要与产品品牌诉求和定位相一致。促销活动主题是打动消费者的关键，一定要贴近目标消费者的利益。促销主题是消费者关注的重点。

（2）促销主题还要充分利用时势热点，如春节、母亲节、奥运等。促销主题要有一定的新闻价值，要有创新，在一定程度上能够吸引社会舆论的关注。

（3）促销主题要简洁、突出、富有创意，并且朗朗上口，反映促销活动的核心思想。

（二）活动目标

活动目标应符合促销目标，描述必须明确、具体，具有针对性。每种促销工具（广告、人员推销、销售促进和人员推广）都有各自独自的特征和成本。营销人员必须根据具体的促销目标选择合适的促销工具组合。

（三）时间、地点

选择恰当的时间、地点，与活动对象、活动方式相适应。例如，活动时间：从2020年12月15日到2020年12月25日；活动地点：家乐福超市。

（四）促销对象

促销产品明确，目标消费群清晰。要根据之前的市场调查与分析说明为何选择这一目标群体。

（五）活动方式

营业推广政策的刺激程度适当，与费用匹配。例如：①赠送礼品。满50元赠送其一份特别的礼物。②"买一送一"。选用各地有特色的民间小物件与当地所产的产品进行捆绑，以新、奇、特的赠品，抓住顾客的心，刺激顾客的购买欲望，进而实现顾客的购买行为。③"送温暖"。选择有新闻影响力的消费对象，免费将产品通过有关部门和社区送到客户手中。

（六）实施安排

事前准备工作安排，事中人力、物力部署，事后客户维护、新闻余热、公关宣传跟进。

（七）广告宣传

设计合理的广告宣传配合活动开展，广告配合方式应符合促销目标和促销要求，符合费用成本要求，以及促销对象的媒介习惯。

（八）合理预算

促销预算主要包括预算计划和资金来源。确定促销的总预算和各项分类预算，包括管理费用、销售费用、附加利益费用，以及预算使用的原则、要求和预算管理办法等。制定预算表，预算应符合企业的背景与目标，按照合理的价格进行分配，并将费用控制在预算范围内。

（九）应急预案

制订处理意外问题、意外事件的预先对策方案，要求至少有2种预案。例如：成立应急处理处、现场指导队，驻守各大活动区处理突发事件；开辟投诉电话专线，方便消费者对本公司的意见和信息的反馈，方便企业解答活动现场不能解答的信息。

六、撰写促销策划方案

根据上述各阶段形成的结论及内容，整理成策划方案结构，如表8-1所示。

表8-1　促销策划方案结构表

促销策划方案结构		要素
封面		策划方案的"脸"
前言		促销策划的特点和作用
目录		一目了然
摘要		要点提示
正文	市场调查与分析	明确营销战略及市场定位
	促销目标	明确促销目标
	策略创意	创设新、奇、特的促销活动
	促销组合设计	整体性、协调性的促销效果
	促销活动计划	时间及内容安排
	实施效果评估及修正	评估及修正方法
结束语		主题鲜明、逻辑清晰
附录		市场调查数据，提高可信度

七、实施促销策划方案

"三分策划，七分执行"。好的促销策划方案只有经过顺利的实施才能收到好的效果。这要求销售人员既要具有坚决的执行力，又要具有灵活的应变能力。公司应做好人员安排、物料准备及活动执行。

（一）培训到位

成功的促销应该针对促销中的环节、流程进行重点培训讲解，使执行人员了解程序、流程，以保证执行工作时不会本末倒置，使创新的促销措施落实到位。

（二）预热到位

开展促销前，必须借助资源，如网络媒体、设计手册、DM单等，进行大范围的活动前传播预热，做好"蓄水"，让更多的消费者了解信息，采取有效折券、纪念品等来吸引

消费者参与，保证促销效果。

（三）物资到位

根据活动安排流程，应在促销活动开展前将物料落实到促销地点，以避免因物料、赠品不到位而造成促销损失。

（四）人气到位

促销活动的关键在于营造一种人气互动氛围，以激发更多消费者购买的欲望与从众心理。可以结合产品、活动，人为地聚集人气，如通过产品区小提琴演奏、巡游展示、现场小游戏等实现。

八、实施效果评估

实施效果评估包括事前评估、事中评估和事后评估。企业在实施效果评估时，要确定评估目标，制定评估策略，执行评估方案，并注意评估周期。建议采取短期、中期相结合的方法，保证促销效果评估的合理、公平。促销效果评估既要有定量分析，又要有定性分析。定量分析是根据实际销量与预计销量的对比判断促销的成败；而定性分析则是根据促销效果与促销目的的对比判断促销的成败。

任务三　促销策划的常用方法

一、对消费者价值让渡的促销方法

（一）代金券

代金券是随广告或产品送给顾客的一种标有价格的凭证，但其价值只能在代金券责任者指定的商店里实现。

（二）赠送

赠送是一种短期的促销手法，是在交易时向顾客赠送一定数量的免费商品，常见的商业语言是"买几送几"，或是在规定的时间里消费可以得到免费赠送。

（三）折扣

折扣即在销售商品时对商品的价格打折扣，幅度过大或过小均会引起顾客产生怀疑促销活动真实性的心理。

（四）回扣

给消费者的回扣并不在消费者购买商品后立即实现，而是需要一定步骤才能完成。例如，酒类的回扣标志一般都套在瓶口，消费者购买了有回扣标志的商品后，需要把这个回扣标签寄回给制造商，然后由制造商按签上的回扣金额数量寄支票给消费者。

（五）有奖销售

有奖销售是极富有吸引力的促销手段之一，因为消费者一旦中奖，奖品的价值都很诱人，许多消费者都愿意去尝试这种无风险的有奖购买活动。

（六）样品

促销策略中样品的含义包括赠送小包装的新产品和现场品尝两种。许多企业在推出新产品的时候愿意以向消费者赠送小包装的产品为手段来推广产品和刺激购买，如果是食品，则干脆拿到商店里请顾客直接品尝。

（七）现场演示

现场演示的促销方法也是为了使顾客迅速了解产品的特点和性能，以激励顾客产生购买的欲望。

（八）竞赛

竞赛的方法有多种，常用的还是智力和知识方面的竞赛，其内容多数都是与销售产品的公司或它的产品有关的问题。竞赛的奖品一般为实物，但也有以免费旅游来进行奖励的。

（九）礼品

可以利用一些机会和场合来发放作为礼品的本厂的产品，以提高企业及产品的知名度。

（十）展销会

展销会集商品展示与销售活动于一体，是近年来很热门的一种促销活动。展销会的产品由厂家直接销售时，其价格会比零食价格略低。由于参加展销会的消费者多数都具有购买便宜商品的欲望，所以如果展销商品的水准较高的话，厂家的销售额能够达到相当的水平。

二、对中间商价值让渡的促销方法

（一）商业折扣

企业与中间商之间或批发商与零售商之间的交易中，也时常使用一定比例的价格上的折扣，这种折扣因为是分销渠道内部的折扣，所以也称为商业折扣。

（二）批量折让

批量折让是指生产企业与中间商之间或是批发商与零售商之间，按购买货物数量的多少，给予一定的免费同种商品。

（三）费用补贴

零售商在配合生产企业进行促销活动时，有时会增加一部分的成本，这些成本有时花费在广告上，有时花费在店堂中商品的陈列上。为此，生产企业一般要给予中间商部分补贴。

三、以时间为节奏的促销方法

（一）反时令

一般而言，对于一些季节性商品，往往有销售淡、旺季之分。可以反其道而行之，如盛夏促销冬令货物，这就是人们常说的"反时令促销"。消费者中不乏买者，主要目的在于获得时令差价。

（二）独次

采用"对所有的商品仅出售一次，就不再进货了"的促销方法，即使十分热销也忍痛割爱。表面上，这家商店损失了许多唾手可得的利润，但实际上商店因所有商品都十分抢手而加速了商品周转，实现了更大的利润。

案例8-4

劳伦斯"限客进门"

意大利的菲尔·劳伦斯开办了一家7岁儿童商店，经营的商品全是7岁左右儿童吃、穿、看、玩的用品。商店规定，进店的顾客必须是7岁的儿童，大人进店必须有7岁儿童陪伴，否则谢绝入内，即使当地官员也不例外。商店的这一招不仅没有减少生意，反而有效地吸引了顾客。一些带着7岁儿童的家长进门，想看看里面到底"卖的什么药"，而一些带着其他年龄段孩子的家长也谎称孩子只有7岁而进店选购商品，使劳伦斯的生意越做越红火。后来，劳伦斯又开设了20多家类似的商店，如新婚青年商店、老年人商店、孕妇商店、妇女商店等。妇女商店，谢绝男顾客入内，因而使不少过路女性很感兴趣，都必须进店看一看。孕妇可以进妇女商店，但一般无孕妇女不得进孕妇商店。戴眼镜商店只接待戴眼镜的顾客，其他人只得望门兴叹。左撇子商店只提供各种左撇子专用商品，但绝不反对人们冒充左撇子进店。所有这些限制顾客的做法，反而都起到了促进销售的作用。

案例思考：劳伦斯"限客进门"为什么反而客流量大增？

（三）翻耕

翻耕即以售后服务形式招徕老顾客的促销方法，一般通过专门访问或发调查表形式，了解老顾客过去在该店所购的商品有没有什么毛病，是否需要修理等，并附带介绍新商品。

（四）轮番降价

分期分批地选择一些商品为特价商品，每期以三四种为限，以求薄利多销，吸引顾客，且每期商品不同，以迎合顾客的好奇心理。

（五）每日低价

每天推出低价商品，以吸引顾客的光顾，是一种相对稳定的低价策略。通过这种稳定的低价使消费者对商店增加了信任，节省了人力成本和广告费用，使商店在竞争中处于有利地位。

案例8-5

沃尔玛的低价策略

在经营策略上，沃尔玛首创"平价销售"法，在零售店里打出"天天平价"的广告，同一种商品在沃尔玛要比其他商店便宜得多。公司每星期六早上召开经理人员会议，如果有分店报告某商品在其他商店比沃尔玛便宜，则立即决定降价，沃尔玛的口号是"为顾客节省每一美元"。事实上，沃尔玛提倡的是低成本、低费用结构、低价格的经营思想，一般零售商的利润都在45%左右，而沃尔玛只要30%就可以了。

（六）最高价

一般而言，价格促销实际上就是降价促销，但可以采取打破这一常规的策略，在同类产品纷纷降价的时候，广而告之本产品最高价，其实是含蓄地表明质量也是首屈一指的。尤其适合以高收入层为目标顾客的产品，以高价满足这群人的心理，显示他们的身份和地位。

（七）对比吸引

在某些产品打折、优惠顾客的同时，把最新款商品摆在相邻处显眼的样品架上，标价高出两三倍，此时形成的价格对比最能吸引顾客的注意。追求时髦者往往会看中高价的商品，讲究实际者则往往选择廉价的非流行商品。此策略对两种商品都可以起到促销作用。

（八）拍卖

拍卖也是创新促销的一种思路。拍卖活动要写清楚本次拍卖活动的商品名称、拍卖底价。通过拍卖卖出的商品有的高于零售价，有的低于零售价，令消费者感到很富有戏剧性而深受吸引，并以拍卖成交价作为衡量零售商品价值的参考。

任务四 促销策划的具体应用

一、事件营销

事件营销，又称活动营销，是企业通过策划、组织和利用具有新闻价值、社会影响以及名人效应的人物或事件，吸引媒体、社会团体和消费者的兴趣与关注，以求提高企业或产品的知名度、美誉度，树立良好的品牌形象，并最终促成产品或服务销售目的的手段和方式。

简单地说，事件营销就是通过把握新闻的规律，制造具有新闻价值的事件，并通过具体的操作，让这一新闻事件得以传播，从而达到广告的效果。事件营销是近年来国内外十分流行的一种公关传播与市场推广手段，集新闻效应、广告效应、公共关系、形象传播、客户关系于一体，并为新产品推介、品牌展示创造机会，建立品牌识别和品牌定位，形成一种快速提升品牌知名度与美誉度的营销手段。

二、事件营销的特征

（一）目的性

事件营销应该有明确的目的，这一点与广告的目的性是完全一致的。事件营销策划的第一步就是要确定自己的目的，然后明确通过何样的新闻可以让新闻的接受者达到自己的目的。通常某一领域的新闻只会有特定的媒体感兴趣，并最终进行报道。而这个媒体的读者群也是相对固定的。

（二）风险性

事件营销的风险来自媒体的不可控制和新闻接受者对新闻的理解程度。虽然企业的知名度扩大了，但是一旦市民得知了事情的真相，很可能会对该公司产生一定的反感情绪，从而最终伤害到该公司的利益。

（三）成本低

事件营销一般主要通过软文形式来表现，而后通过媒介裂变达到传播的目的。所以事件营销相对于平面媒体广告来说成本要低得多。事件营销最重要的特性是利用现有的非常完善的新闻机器，来达到传播的目的。由于所有的新闻来源都是免费的，除了制作成本之外一般不掺杂其他的利益，所以，原则上来说新闻不会涉及利益导向。虽然绝大多数的企业在进行公关活动时会列出媒体预算，但从严格意义上来讲，一件新闻意义足够大的公关事件应该充分引起新闻媒体的关注和采访的欲望，事件营销应该归为企业的公关行为而非广告行为。

（四）多样性

事件营销是国内外十分流行的一种公关传播与市场推广手段，它具有多样性，集合了新闻效应、广告效应、公共关系、形象传播、客户关系于一体。进行事件营销策划时，多样性的事件营销已成为营销传播过程中的一把利器。

（五）新颖性

大多数受众青睐于新奇、反常、变态的事件，而事件营销恰好体现它的新颖性，从而吸引用户点击。因此事件营销往往是通过当下的热点事件来进行营销，它不像过剩的垃圾宣传广告一样让用户觉得反感，毕竟在当前市场中，创意广告不多。

（六）效果明显

一般通过一个事件营销就可以聚集到很多用户一起讨论这个事件，然后很多门户网站都会进行转载，效果情况显而易见。

（七）求真务实

网络把传播主题与受众之间的信息不平衡彻底打破，所以事件营销不是恶意炒作，必须首先做到实事求是，不弄虚作假，这是对企业网络事件营销最基本的要求。这里既包括事件策划本身要"真"，还包括由"事件"衍生的网络传播也要"真"。

（八）以善为本

所谓"以善为本"，就是要求事件的策划和网络传播都要做到：自觉维护公众利益，勇于承担社会责任。随着市场竞争越来越激烈，企业的营销管理也不断走向成熟，企业在推广品牌时策划事件营销就必须走出以"私利"为中心的误区，不但要强调与公众的"互利"，更要维护社会的"公利"。自觉考虑、维护社会公众利益也应该成为现代网络事件营销工作的一个基本信念。而营销实践也证明自觉维护社会公众利益更有利于企业实现目标，反之，如果企业只是一味追求一己私利，反倒要投入更多的精力和财力去应付本来可以避免的麻烦和障碍。

（九）全面系统化

所谓"全面系统化"就是要求网络事件策划要注重企业、组织行为的自我完善，要注意网络传播时沟通的风度，要展现策划创意人员的智慧。

在利用网络进行事件传播时，企业应该安排专门人员来把控网络信息的传播，既掌握企业的全面状况，又能巧妙运用网络媒体的特性，还能尊重公众的感情和权利，保护沟通渠道的畅通完整，最终保护企业的自身利益。

三、事件营销的原理

（一）事件营销的原始动机——注意力的稀缺

注意力是对于某条特定信息的精神集中。当各种信息进入人体的意识范围，人将关注其中特定的一条信息，然后决定是否采取行动。注意力对于企业来说，是一种可以转化为经济效应的资源，把握住大众的注意力，也就有了事件营销的动力。

（二）事件营销的实现桥梁——大众媒介议程设置

所谓的大众媒介议程设置简单来说，就是大众传播媒介具有一种为公众设置议事日程的功能，传媒的新闻报道和信息传达活动以赋予各种议题不同程度的显著性的方式，影响着人们对周围世界的"大事"及其重要性的判断。因此，如果企业想成功地实施一次事件营销，必须善于利用大众媒介，只有凭借传媒开展的新闻传播、广告传播等大众传播活动，营造出有利于企业的社会舆论环境，才能帮助企业达到借势或造势的目的，引起大范围的公众重视。所以，大众媒介议程设置是事件营销的实现桥梁。

（三）事件营销的必要途径——整合营销资源

营销大师菲利普·科特勒认为整合营销就是企业所有部门为服务于顾客利益而共同工作。它有两层含义：一是运用不同营销手段共同工作；二是营销部门与其他部门共同工作。企业整合的资源表现在整合多种媒体发布渠道、整合多种媒体渠道传播的信息、整合多种营销工具。

四、事件营销的模式

组织进行事件营销无外乎两种模式：借力模式和主动模式。

（一）借力模式

所谓借力模式就是将组织的议题向社会热点话题靠拢，从而实现公众对热点话题的关注向组织议题的关注的转变。要实现好的效果，必须遵循以下原则：相关性、可控性和系统性。

1. 相关性

相关性就是指社会议题必须与组织的自身发展密切相关，也与组织的目标受众密切相关。最具代表性的就是爱国者赞助的《大国崛起》启动全国营销风暴。《大国崛起》将视线集中在各国"崛起"的历史阶段，追寻其成为世界大国的足迹，探究其"崛起"的主要原因，对于中国的崛起有着很深远的启示。

中央电视台播出的每集节目出现的"爱国者特约，大国崛起"的字幕，同时画外音道白："全球爱国者为中国经济助力、为国家崛起奋进！"震撼了每一个中华民族的拥护者，也极大地提升了爱国者的品牌形象。

而运动鞋本土品牌匹克赞助神舟六号并没有成功,其关键原因就是相关性太低,人们不会相信宇航员好的身体素质源于匹克运动鞋,但人们会相信是喝蒙牛牛奶造就了宇航员的强壮的体格。

2．可控性

可控性是指能够在组织的控制范围内,如果不能够在组织的控制范围内就可能达不到期望的效果。

3．系统性

系统性是指组织借助外部热点话题必须策划和实施一系列与之配套的公共关系策略,整合多种手段,实现一个结合,一个转化：外部议题与组织议题相结合；公众对外部议题的关注向组织议题关注的转化。

饮料宝矿力水特品牌曾赞助了2012年举办的亚运会,但其并没有运用多种手段,借助多种媒介,向人们广泛告之。人们仅在终端看到其不到一个星期的宣传,而在亚运会举办的大部分时间内没有采取宣传措施。比赛结束,笔者询问了身边的同事朋友,没有一人知道其赞助了亚运会。

（二）主动模式

主动模式是指组织主动设置一些结合自身发展需要的议题,通过传播,使之成为公众所关注的公共热点。采用该模式必须遵循以下原则。

（1）创新性。创新性就是指组织所设置的话题必须有亮点,只有这样才能获得公众的关注。

（2）公共性。公共性是指避免自言自语,设置的话题必须是公众关注的。

（3）互惠性。互惠性是指要想获得人们的持续地关注,必须要双赢。

下面一起来看看两家本土家电企业的案例。

彩电市场竞争异常激烈,各家电企业陆续推出各种概念。其中具有代表性的是创维的六基色概念,其通过媒体持续地向公众传播六基色为什么健康,获得了极大的社会认知。在这个过程中既有创新性（六基色概念）,又有公共性和互惠性（彩电市场混乱,公众很想知道什么才是健康的彩电）。

在奥克斯的《空调制造成本白皮书》上,奥克斯毫不含糊地一一列举了1.5匹冷暖型空调1880元零售价的几大组成部分——生产成本1378元,销售费用370元,商家利润80元,厂家利润52元。奥克斯还将几大部分的成本条分缕析地予以解密。此事件成了营销主动模式的典范。

综合训练一

到商场或超市选择一种品牌产品,调研它目前所采取的促销方式及其促销效果,分析其促销方式的优点与不足。同时,通过分析竞争对手、消费者等,为其制订下一阶段的促销策划方案。

综合训练二

海派餐厅是一家开在成都的上海菜餐厅，因为口味的原因，一直没有打开市场，企业方想借助春节假期做一次促销活动。

任务要求：

1. 请根据以上背景条件为海派餐厅写一份促销策划方案。

2. 促销策划方案应包括促销活动的目的、对象、活动方式、活动操作、活动预算、意外防范、效果预估等内容。

3. 策划要求有创意、有可行性、结构完整、讲述清晰。

综合训练三

2020年的疫情导致很多线下产业举步维艰，百佳超市是一家新开业的超市，需要在疫情的条件下完成开业促销活动，因此需要设计一套完整的促销方案。

任务要求：

1. 请根据以上背景条件为百佳超市写一份促销策划方案。

2. 促销策划方案应包括促销活动的目的、对象、活动方式、活动操作、活动预算、意外防范、效果预估等内容。

3. 策划要求有创意、有可行性、结构完整、讲述清晰。

第九章 企业形象策划——CIS系统

课程导学

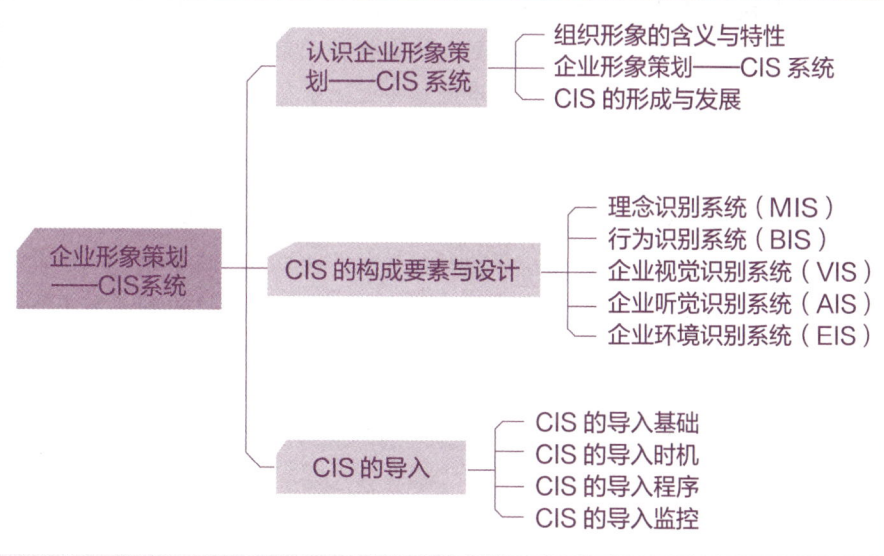

课程重难点

掌握组织形象的含义,能够利用四象限法测算、分析组织形象,及未来发展方向;

掌握CIS系统的构成及各子系统的构建、设计;

掌握CIS系统的导入时机、导入程序及导入监控。

技能目标

能够分析企业CIS系统案例;

能够完成企业CIS策划。

| 案例9-1

奥利奥企业识别系统（CIS）

说起奥利奥，相信大部分人脑海里都会浮现这样的一句话，"扭一扭，舔一舔，泡一泡"。这句广告词，已经成为全球奥利奥客户最熟悉不过的广告词了。奥利奥诞生于100多年前的美国，是卡夫食品公司旗下的明星产品，"奥利奥"三个字，也成了夹心饼干的代名词。不管是国内还是国外，奥利奥夹心饼干都获得了畅销，今天就从企业识别系统（CIS）的三个方面来讲一讲奥利奥的发展史。

一、理念识别系统（MIS）

在日常生活中，人们总能接触到很多广告，而一些品牌的广告会向观众传递一种理念。比如高新技术产品的广告就会向观众传递出科技使生活更便利、更美好的理念，家居产品的广告就会向观众传递出健康生活、舒适生活的理念，等等。同样，卡夫食品在2009年的时候就向观众传递"让今天更美味"的企业理念。为什么会提出这样的一个理念呢？因为当时国内外经济情况不好，很多人因此忧心忡忡，郁郁不乐。而"让今天更美味"的理念，目的就在于鼓励人们乐观生活，珍惜每一天，乐观积极走向更美好的明天。卡夫公司推出这一理念，就是希望人们能在困难的生活中有一颗乐观的心，能够抽出时间与心爱的家人、朋友一起分享美味，分享美好的时光。而这一理念也让大多数消费者喜欢上了卡夫公司旗下的一系列产品，其中就包括著名的奥利奥。其次，卡夫企业的价值观也深入消费者的心内。他们企业的价值观包括要相互信任、开放包容、实事求是、做事理智、听从内心等。这一价值观获得了成千上万消费者的认可，自然而然，奥利奥等产品的销量也就与日俱增。

二、行为识别系统（BIS）

正如开头所说，一想起奥利奥人们就想起"扭一扭，舔一舔，泡一泡"。这对于当时的人们来说，是对夹心饼干前所未有的吃法。新奇的吃法、新奇的广告词一下子就抓住了消费者的眼球，时至今日，奥利奥已与这几个字密不可分，不同寻常的"扭一扭，舔一舔，泡一泡"，成就了奥利奥在夹心饼干行业中的销售神话。

三、视觉识别系统（VIS）

在这一方面，要从奥利奥的标志讲起。消费者接触到的广告中，奥利奥三个字的主体是白色，背景是蓝色。而丰富的白色也让人想起了饼干的那一层白色夹心。在各类广告中，和奥利奥一起出现的，还有一杯牛奶，然后伴随着的便是它的经典广告词——"扭一扭，舔一舔，泡一泡"。这样的搭配，让夹心饼干和牛奶绑定在了一起，让消费者们在看广告时一眼就能看出奥利奥的特点，因此，抓住了消费者的心，引起了他们的好感。

任务一
认识企业形象策划——CIS系统

一、组织形象的含义与特性

（一）组织形象的含义

所谓组织形象，就是社会公众对组织综合评价后所形成的总形象和总评价，是主客观的统一。比如，谈到麦当劳，人们就会想起金黄色的M型拱门；谈到苹果手机，就会想到创新；谈到奔驰汽车，就会想到卓越品质。当然，这些只是组织形象的一个方面、一种表现。组织形象包括的内容很多，如组织精神、价值观念、行为规范、道德准则、经营作风、管理水平、人才实力、经济效益、福利待遇等，组织形象是这些要素的综合反映。在市场经济条件下，组织的社会形象对其生存和发展直接产生作用，良好的组织形象，是组织最重要的无形且无价的资产。

（二）组织形象的特性

1. 整体性

组织形象是一个有机的整体，形象是由组织内部诸多因素共同作用的结果。以一个企业为例，企业形象包括领导者形象、员工形象、产品与服务形象、环境形象、实力形象等。这些不同的因素形成不同的具体形象，但这些具体形象只是构成企业整体的基础，而完整的企业形象是各个形象要素所构成的具体要素的总和。

当然，对有些组织而言，可能会因某一方面的形象比较突出，进而掩盖其他方面的形象，导致组织形象片面性或不完整性。其实这也是正常的，因为组织宣传有侧重点，公众也不可能全面了解组织的所有情况，他们的印象大部分都是源于他们所能接触到的组织的一个或少数几个方面的情况，这就要求组织要认真对待每一个方面、每一个环节，从而在公众心目中形成良好的总体印象。

2. 主客观性

组织形象是主观性和客观性的统一。一方面，组织形象具有主观性特征。因为社会公众本身具有差异性，他们观察组织的角度也会不同，他们对同一组织的认识和评价就必定有所不同，组织形象是公众对组织的意见或看法，因而是一种主观性的东西。此外，组织员工在进行组织形象传播过程中，必然要发挥自己的主观能动性，渗透自己的思想、观念和心理色彩，因此，从这一点上来说，组织形象也是主观的。

另一方面，组织形象又具有客观性。形象是一种主观印象，是人的主观意识，但反映的对象却是客观的，也就是说，组织形象所赖以形成的物质载体都是客观的，建筑物是实实在在的，产品是实实在在的，组织的员工也是具体的，组织的各种活动也是实实在在的。所以，组织形象作为客观事物的反映，是不以人的意志为转移的，不能在虚幻的基础上构筑组织形象。

3. 相对稳定性

当社会公众对组织产生一定的认识和看法以后，一般会保持一段时间，而不会轻易改变或消失，这就是组织形象的稳定性。因此，要在公众心中留下一个印象并不容易，而要改变一个组织在公众心中的形象就更难了。组织形象的这种稳定性可能会产生两种结果，其一是组织因良好形象被维持而受益，其二是组织因不良形象难以改变而受损。但是，组织形象也不是一成不变的，组织通过自己的实际表现也会逐渐改变自己在公众心目中的印象，所以这种稳定性也是相对的。

（三）组织形象定位

组织形象是通过知名度和美誉度两项指标进行定位的。知名度反映一个组织被公众所了解的程度，是用知晓组织的公众数与被调查的公众数之比来表示；美誉度反映一个组织获得社会公众赞美的程度，是用赞美组织的公众数与知晓组织的公众数之比来表示。

知名度=知晓组织的公众数/被调查的公众数

美誉度=赞美组织的公众数/知晓组织的公众数

人们通常用组织形象四象限图来显示组织的形象定位，如图9-1所示。

在图9-1中，横坐标表示知名度，纵坐标表示美誉度。全图分成四个象限区，每个象限区代表了不同的组织形象地位，反映出四类不同的组织形象状态。

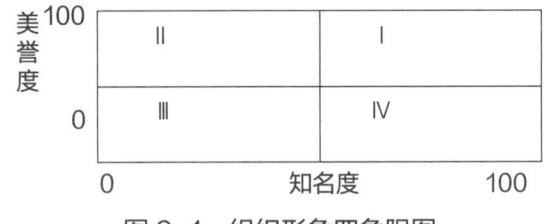

图9-1 组织形象四象限图

Ⅰ象限区表示高知名度、高美誉度。说明组织形象处于美名远扬的良好状态，知名度越高，美誉度压力越大，在公众高度关注下，组织任何一点差错，就可能对美誉度造成很大的负面影响。组织处于这一象限区不代表可以高枕无忧。

Ⅱ象限区表示高美誉度、低知名度。说明组织形象处于"酒香巷子深"的状况，有良好的发展基础，工作重点是提高知名度。

Ⅲ象限区表示低美誉度、低知名度。说明组织的状况不佳，工作需要从零开始。

Ⅳ象限区表示低美誉度、高知名度。说明组织形象处于臭名昭著的恶劣境地，需要扭转坏名声，努力提高质量，改善服务，挽回信誉。

> 相关链接9-1
>
> ### 知名度与美誉度会相互影响吗？
>
> 知名度和美誉度会相互影响吗？
>
> 美誉度越高，知名度越高，似乎没错，比如说美名会远扬。可是美誉度越低，似乎知名度也越高，比如说臭名也会远扬。因此，不能简单下结论说美誉度跟知名度成正比或成

反比。但是，人们又发现美誉度不高不低的情况下，对知名度不会产生多大影响。其实，人们已经找到规律了，就是说美誉度处于特高和特低两个极端的时候，对知名度影响较大，而美誉度不高不低的时候，对知名度影响不大。因此，用一个数学符号就可以表示它们之间的关系，即美誉度"绝对值"的大小跟知名度受其影响的程度成正比。另外一个方面，知名度对美誉度也会产生影响。知名度对美誉度的"风险度"产生影响，即知名度越高，美誉度的风险越大。所以说名人是不敢轻易犯错误的，同样，知名企业也不要轻易犯错误，因为一个不慎，小错误也将会酿成大损失。

二、企业形象策划——CIS系统

（一）CIS的含义

CIS是Corporate Identity System的英文缩写，一般译为企业识别系统，是组织、企业将其理念、行为、视觉、听觉、环境等可感知的形象实行统一化、标准化、规范化的科学管理系统，以塑造出富有个性的组织形象，获得内外公众认可的战略。它包括理念识别系统（MIS）、行为识别系统（BIS）、视觉识别系统（VIS）、听觉识别系统（AIS）和环境识别系统（EIS）。

CIS作为企业形象识别系统，是一种高级的管理系统。在公众面前和国际交往中，CIS代表了企业的现代化程度，凸显了企业规范的管理和值得信赖的经营作风。所以，CIS是企业的一种"身份牌"，当今企业界普遍把有无导入CIS作为一个企业是否进入高级管理层次的判定标准之一。

（二）CIS的特性

CIS与以往的企业形象战略有很大的差异。

第一，它将市场营销与企业形象设计提高到经营哲学的高度，并使它表现为具体行动，变成可观、可闻、可感知的系统，而不是架空的经营理论与策略。

第二，其职责不单作用于广告、宣传部门，而且作用于企业所有部门和全体领导与员工。

第三，企业信息传达对象不单指向消费者，而且面向内部员工、社会大众、机构团体等。

第四，企业信息传达媒介，并非专门注重大众传播媒介，而是动员与企业有关的所有媒体。

第五，不是短期的即兴之举，而是长远规划，并定期监测，具有管理控制的组织性，操作实施的系统性。

三、CIS的形成与发展

（一）CIS的起源

1914年，著名建筑家彼得·贝伦斯（Perer Behrens）为德国AEG电器公司设计商标，并应用在公司的所有便条纸和信封上，这可以说是CIS的雏形。

20世纪50年代，IBM公司总裁小托马斯·沃森（Thomas Watson Jr.）采纳公司设计顾问的建议，聘请世界著名设计师保罗·兰德为其设计出一套完整的企业识别系统，并于1955年正式导入。

日本导入CIS比美国晚了十多年。日本TDK公司，从1966年导入CIS，当初只是作为类似一种"装饰"的想法，还不是从根本战略上来考虑问题。

我国台湾地区的台塑集团于1967年首次导入CIS，由从日本回国的郭叔雄一手策划、设计出波浪形外框的台塑集团统一化的识别系统。该系统深刻反映了该企业一体化的发展战略，从根本上将台塑集团与其他企业区别开来。

CIS这个阶段的特点：一是仅有为数不多的企业认识和导入CIS；二是从内容上来看，CIS设计仅局限于视觉识别领域，在统一企业标识并突出企业的个性上下功夫；三是CIS主要在美国推行，直到这个阶段的末尾，才有日本和我国台湾地区加入。

（二）CIS的全盛期

20世纪70年代是世界CIS领域发展的全盛时期，也是CIS战略从幼年走向成熟的重要过渡阶段。

1970年，可口可乐公司选择美国CIS专业公司Lippincott.& Margnlies（简称L&M公司）参与和设计，革新了世界各地的可口可乐标志，一改当时其标准字和标志设计位于圆形或四方形之内，有红色也有黄色的形象混乱状况，采取红色和富有特征的可口可乐字体。这一改进与统一使可口可乐名声大振，销售红火，利润倍增。可口可乐的成功震惊了世界，20世纪50年代出现的CIS很快在美国、日本等地迅速发展和普及，在世界上掀起了一股CIS热潮。

从美国来看，1982年纽约的科布康服务公司（企业信息传达顾问机构）在《幸福》杂志中以21300家企业为对象，进行CIS问题调查，已实施CIS计划的占66%，约70%的企业是1970年至1980年间导入的。关于导入的理由，为提高市场效率的占55%，为提高在金融界知名度的占37%，为改善公司信息传达的占8%。对"CIS计划为企业产生什么功用"的问题，认为产生好印象的占58%，会带来好的视觉与联想的占19%。

日本70年代CIS的形成风潮。1977年日本广告研究所调查的546家上市股票公司中，直接或间接引入CIS的比例达44.3%。日本的CIS导入可分为两个阶段：第一阶段是从1971年至1975年，基本上是参照美国的具体做法和风格，强调视觉统一的美化，局限在VI范围内。第二阶段是从1976年至1979年，除仍注重VI视觉识别外，开始探索企业深层次的东西。1978年，松屋百货公司在导入CIS时，总结了"创造松屋新文化"概念。日本的银座松屋原名为"松屋百货店"。该店总裁曾悲观地说："松屋这间公司，如果什么都不去做，它必然会垮，做了之后也不能保证它不会垮，但我还是想试试。"在绝望之中，松屋请来了C1S专家进行全面诊治，最终使之成为银座最著名的购物场所，两年内营业额增长118%。松屋老店焕发活力，引起日本百货店的CIS热潮。

20世纪60年代末70年代初，CIS也传播到了欧洲。意大利著名品牌Olirti（乐惠特）打字机和电子计算机、最大的汽车公司FIAT、英国的LOCAS等纷纷导入CIS。瑞典高必特公司（Swedish Cooperative）是一家拥有300个分支机构的集团组织，其销售额约达到全国食品零售额的27%，该公司导入CIS。第一年全国调查表明，新形象广告刊出两周后，其知名度已达42%，2个月为57%，4个月为71%，9个月为82%，一年后为86%；在瑞典国内消费者的购买率达54%。

（三）CIS的完善期

20世纪80年代，世界CIS逐渐进入成熟期和完善期，不仅表现在加入CIS战略的企业越来越多，更表现在对CIS体系的理论上有了突破性的发展。这主要反映在日本式CIS战略的出现。

20世纪70年代，日本较早实行CIS的公司，如大荣、MAZDA均接受美国式的CIS，主要在沟通企业观念的标志、标准字、商标上下功夫，专注于视觉统一的作业，以此作为CIS战略的核心。但有些企业和专家认识到，单单局限视觉效果，无法达到预期目的，于是对CIS的体系进行重新变革。

第一，在CIS的定义上重新定位。美国从CIS战略创立起，一直把CIS定义为"CIS是以标准字和商标作为沟通企业理念与企业文化的工具"。日本的山田理英在其《新CI战略》一书中则把CIS定义为"CIS是一种明确认识企业理念与企业文化的活动"。并指出"当美国的CIS制作者仍固守视觉设计的同时，企业理念及文化所展示的CIS战略效力，已经在日本开花结果，成为一种不可动摇的事实了"。

第二，从CIS的目标和结果看，美国式CIS主要侧重于设计，设计完成便大功告成，而日本的概念是"作为生存的CIS"。企业的经营者可以变化，但继承者培育这种企业经营的宗旨不变，并将其视作企业生存的根本。因而日本型CIS更注重长期的培育和发展。

第三，在操作重心和步骤上，日本也与美国的做法不同，即把企业理念的开发作为CIS战略的核心所在。日本型CIS操作一般可分六个步骤：①制定明确的企业理念及企业战略。②设定一流的形象概念，使公司内外人员达成共识。③"形象概念"具体化。将制定完成的企业理念应用于标准字及商标设计中。④视觉识别的应用。把标准字与商标的推广应用于公司事务用品及各式广告中。⑤编写企业形象识别系统（CIS）指导手册。⑥企业行为配合。员工按企业战略行动，按指导手册行事。

日本式CIS择取美国式CIS的优点，结合本国特点，形成适合日本具体环境的CIS，这是对CIS的重大发展。

（四）我国的CIS历程

我国台湾地区的CIS发展与日本相似，两者都始于20世纪60年代，发展于20世纪70年代。在CIS导入中我国更善于融入中国的文化和环境，开创了中国台湾式的CIS。我国台湾地区的台塑开CIS风气之先，味全公司导入CIS，大同企业、和成企业、声宝公司、光男企业、建弘电子企业也在适当时机导入CIS，再加上外贸协会的推波助澜，也促进了我国台湾地区CIS时代的来临。

20世纪80年代，我国大陆部分企业也开始引进CIS，并获得了巨大的成功，导入CIS的企业急剧增加，更重要的是具备中国的民族特色，并形成完整的体系。

1988年，广东太阳神集团有限公司导入CIS并取得巨大成就。当时，太阳神的企业名称还是黄江保健品厂，局限于地名和行业的旧框架里；注册商标是万事达，显得平庸俗气；产品品牌是生物健，强调产品的原料和功能。三者互不相干，对照企业识别理论和市场竞争实践的合理化要求，有很大的差距。经过反复讨论和认真斟酌，太阳神采取了三位一体的做法，即用太阳神之名统一指称企业、商标和产品，在市场上进行推广。这种做法不仅可以集中力量向消费者灌输一个概念，使他们通过这个概念同时认出并记住企业、商标和产品，而且还能节约推广成本，提高广告所带来的效果。

在太阳神导入CIS取得惊人业绩的示范作用下，积极带动了广东地区一批率先导入CIS的优秀企业群体，并获得了巨大成功，如广东健力宝、四通、联想、方正、海尔、三九集团等。

任务二 CIS的构成要素与设计

企业识别系统由理念识别系统（MIS）、行为识别系统（BIS）、视觉识别系统（VIS）、听觉识别系统（VIS）和环境识别系统（EIS）五个子系统综合构成。其中，理念识别系统处于主宰和支配的地位，是整个形象识别的关键。

一、理念识别系统（MIS）

理念识别系统（MIS）是对企业经营理念、管理理念、发展理念等构成因素的设计，企业理念具体包括企业精神、企业道德、企业目标、企业宗旨、企业作风等。它是企业的基本精神所在，是CIS最基本、最核心的内容。

（一）企业MIS的作用

1. 统一思想作用

树立良好的企业形象，首先要统一全体员工的思想，使全体员工同心同德，齐心协力。这就要求MIS不仅是企业领导者的思想，而且应在企业内部全体成员中达成共识或认同。先进的企业MIS具有统一全体员工思想的作用。

2. 凝聚作用

MIS可以在全体员工中形成群体的责任感、自觉性、荣誉感，能够使员工按照企业精神和价值观所规定的行为准则，积极主动地修正自己的行为，关心企业的前途，维护企业的声誉，为企业的发展贡献力量。

3．行动导向作用

MIS贯穿企业经营活动的一切方面，尤其体现在企业的目标、宗旨和社会责任等重大问题的决策上，这对企业行为起到导向作用，进而对企业的生产经营管理起着积极推动的作用。

（二）理念识别系统模式

MIS是企业的灵魂和核心，是企业运行的依据，因此企业理念定位是否准确，不仅直接影响企业行为识别系统、视觉识别系统的开发与实施，而且最终影响企业运营的成功与否。

企业理念识别设计要注意企业精神的命名和企业精神的表述。

企业精神的命名方法有以下六种。

1．企业名称命名法

以企业名称命名的企业精神，如广东美的集团公司的"美的精神"；美国IBM公司的"IBM精神"；日本松下株式会社的"松下精神"；广州百货集团公司的"广百精神"；海尔集团公司的"海尔精神"。

2．拳头产品命名法

以企业的拳头产品名称来命名的企业精神。如沈阳风动机厂的"齿岩机精神"，寓意开拓进取；沈阳商中阀门厂把"阀门精神"作为企业精神，寓意"像开阀门那样勇往直前，像高流量阀那样不畏困难，像最小流量阀那样'团结协作'、像止回阀那样'令行禁止'"。

3．榜样人物命名法

这种方法具有极大的激励作用，以企业的榜样人物命名，如大庆油田的"铁人精神"、鞍钢的"孟泰精神"等。

4．全体员工命名法

这种命名方式有利于唤起员工的主人翁意识。如广州白云山制药厂的"白云山人精神"、广州钢铁集团公司的"广钢人精神"等。

5．内容提炼命名法

将企业精神的具体内容加以概括、提炼而命名。例如，常州林业机械厂的"三气精神"——工厂有名气、队伍有士气、职工有志气；日本佳能公司的"三自精神"——自爱、自治、自觉。这种命名法提纲挈领地揭示了企业精神的内容，便于员工记忆。

6．借物寓意命名法

以与企业生产经营有关的某一事物作为企业精神的名字。例如，北京百货大楼的"一团火精神"——对待顾客温暖如春、全心全意为顾客服务；日本太阳公司的"蒲公英精神"——见缝即插根，不计啥环境，生命付大地，开花不求荣等。这种命名方式形象生动、画龙点睛，有利于员工理解企业精神的实质。

企业精神的表述方式有以下三种。

1. 高度概括式

有的企业用高度概括的言语来表述企业精神。例如，TCL的企业精神：敬业、诚信、团队、创新。这种表述方式的优点是：语言简练、易读易记。缺点是：难以准确地把握其内涵。

2. 详细具体式

有的企业用详细具体的语言来表述企业精神。例如，北京松下彩色显像管有限公司的企业精神：工业报国、实事求是、改革发展、友好合作、光明正大、团结一致、奋发向上、礼貌谦让、自觉守纪、服务奉献。用这种方式表述有具体可感的优点，但也有不方便记忆的缺点。

3. 简繁结合式

此方式是以上两种形式的结合，先做简要的概括，再加以具体阐述。这样的表述方式既能使员工记住要点，又能使他们理解具体的内涵。例如，松下株式会社的企业精神——"松下七精神"的表述就是一个典型的例子。

（三）企业理念识别系统设计方法

企业理念有以下几种来源：企业管理者、企业专业人员、企业一般员工、企业外部专家、社会公众等。为激发理念创意，在企业内部，可采用专家或专业人员会议法、研讨法、头脑风暴法；对一般员工可采取有奖征集法；在企业外部可采取针对专家的德尔菲法和针对社会公众的征集法。

在实际中，针对企业一般员工和社会公众常使用征集法，这种做法有三种优点：

（1）发动所有人员的智慧，群策群力，集思广益，有可能征集到最好的企业理念；

（2）征集活动可使广大员工主动参与CIS导入活动；

（3）面向社会公众的征集活动本身就是一个形象传播和树立的过程。

二、行为识别系统（BIS）

行为识别系统（BIS）是指在企业理念的指导下，逐渐培养起来的、全体员工自觉遵守的行为方式和工作方法，是显现企业公司内部的制度、管理、教育等行为，并扩散回馈社会公益活动、公共关系等动态识别体系。

BIS是MIS的外化和表现。如果说MIS是企业的"想法"，那么BIS则是企业的"做法"，即通过企业的经营行为、管理行为、社会公益行为等，传播企业的理念，使之得到内部员工和社会公众的认同，建立起良好的企业形象。

企业的行为包括范围很广，它们是企业理念得到贯彻执行的重要领域，由企业内部行为识别子系统和外部行为识别子系统构成。企业内部行为识别子系统包括企业组织管理、企业规章制度、员工教育培训、员工工作环境、员工福利待遇、良好股东关系、员工行为规范等。企业外部行为识别子系统主要由市场营销、公共关系和社会公益活动等构成。

（一）企业内部行为识别子系统的构建

企业内部行为识别子系统是通过企业组织管理、员工教育培训、员工工作环境、员工福利待遇、良好股东关系、员工行为规范等方面的策划构建起来的，使员工对企业理念达成共识，并在企业理念的指导下共同遵守行为准则，增强企业的凝聚力和向心力，建立良好的企业内部形象。

1．企业组织管理策划

企业组织管理行为是企业内部识别子系统的主要组织部分，也是企业BIS的重要内容。主要包括组织机构的设置、规章制度的制定和管理方法的运用等内容。

2．企业规章制度

企业建立BIS，不能只靠铺天盖地的宣传教育，还需要制定和完善一系列具有可操作性的制度和规范。制度和规范使企业和员工的行为有章可循、规范划一，它具有一定的强制性。制度和规范的设计必须以正确的企业理念为指导，必须有助于在一种宽松的环境中准确无误、积极主动地完成自身的工作。制度和规范包括人事管理法规、行政管理法规、财务管理法规、部门工作职能、岗位责任、任职标准、质量管理标准等。

3．企业员工教育培训

企业BIS的建设不是员工自发的，必须开展多种形式的教育培训；让全体员工知道本企业导入CIS目的、意义和背景，了解甚至参与企业识别系统的设计，熟悉并认同企业的理念，清楚地认识到企业内每一位员工都是企业形象的塑造者。通过教育培训，使员工从知识的接受到情感的内化，最终落实到行为的贯彻。

相关链接9-2

企业员工教育培训方法

一、颁发CIS手册，使员工熟悉载入其中的企业理念、行为、视觉和听觉识别系统等内容。

二、通过视、听传播形式向员工介绍企业有关CIS导入背景，经过及制定的企业理念。

三、开办企业CIS战略研讨班。加深员工对CIS战略的理解，提高员工的参与意识。

四、开展企业CIS应用要素的实际运用活动。如企业标志，企业精神的标语口号，企业标准色、标准字等，在产品包装，宣传媒体上的应用，装饰布置企业内外环境。

五、举办礼仪培训班。如对员工仪表仪态、电话礼貌、应接技巧等方面进行培训，提高员工的综合素质。

六、开展企业内部的沟通活动。如召开员工座谈会、经验交流会等。

七、出版企业内部宣传简报，建立员工阅览室等。

八、开展形式多样的宣传活动，如举办以宣传企业理念，经营宗旨，塑造企业形象为主题演讲比赛、文娱活动等，以展示企业的精神风貌，培养员工团队精神和集体荣誉感。

4．企业员工工作环境策划

企业工作环境，就是企业员工的岗位环境。工作岗位通常根据工作性质和任务配备办公设施，根据技术工艺过程的要求而装备相应的设备和工具。一个员工每天有1/3时间是在工作环境中度过。环境反过来会成为一种无形的力量影响到人的行为。环境可以影响人们的精神风貌、行为模式、工作态度、人际关系、工作质量和数量。恶劣的环境，使员工把工作当成负担和折磨；优美的环境，使员工把工作当成享受和乐趣。

5．企业员工福利待遇策划

企业员工的福利待遇的策划是构成企业内部行为识别子系统的重要内容之一。企业对员工的福利待遇，是关系到员工切身利益的重大问题，尤其是处在发展时期的企业，要不断地改善企业员工的福利待遇，给员工基本的生活保障，消除员工的后顾之忧，调动员工的积极性，使员工能够全心全意地为企业工作。企业员工福利待遇体现在员工薪酬、保险、文体设施等方面。

6．企业股东关系策划

股东是企业的投资者，他们与企业已结成"利益共同体"。股东自投资入股或购买企业的股票那天起，他们的心就与企业连在一起，他们的言行举止就会站在企业的一边。他们既是公司的第一顾客，又是企业新产品的推销伙伴。股东关系可以做好以下工作：每逢重大节日派送特别礼品；通过信息网站分享企业信息；年终分配红利时附上一封书信；编写年度报告发至股东手中。

7．员工行为规范策划

构建企业BIS的作用就是通过每个员工的行为在公众心目中对企业留下美好的印象，从而达到塑造良好的企业形象的目的。员工行为规范带有明显的导向性和约束性，可以促进员工的言行举止和工作习惯向企业期望的方向转化。员工行为规范主要由仪表仪容、岗位纪律、工作程序、待人接物、环保安全、素质修养等要素构成。

（二）企业外部行为识别子系统的构建

企业外部行为识别，是指企业通过市场营销、公共关系和社会公益活动等，向社会公众传播企业信息，树立企业良好形象的行为。

1．企业的市场营销策划

现代市场营销是包括了从市场调查、产品开发计划到广告、保销、售后服务整个过程的活动。企业的市场营销策划是企业外部行为识别子系统的重要组成部分，在构建企业外部行为识别子系统时要重视市场营销策划，尤其是要根据市场营销传达特点，塑造企业良好的市场形象。

2．企业公共关系策划

企业公共关系策划，是构建企业外部行为识别子系统的重要内容之一。企业公共关系策划，是企业公关人员根据企业现有公共关系状态和目标要求，构思和设计实现公共关系目标的行为和活动方案的过程，是开展公共关系活动的基础和保证。

3．企业公益活动策划

公益活动是组织从长远着手，出人、出物或出钱资助和支持某项社会公益事业的活动。组织开展公益活动，体现了组织助人为乐的高贵品质和关心公益事业、勇于承担社会责任、为社会无私奉献的精神风貌，能够给公众留下可以信任的美好印象。公益活动是目前社会组织用来扩大影响、提高美誉度的重要手段。公益活动的策划步骤如下：制定赞助政策；传播赞助信息；确定赞助对象；沟通赞助对象；实施赞助计划；进行效果评估。

三、企业视觉识别系统（VIS）

视觉识别系统（VIS）是指能够被视觉识别的一切事物。包括企业标志、名称、商标、标准字、标准色、事务用品、传播媒介、交通工具、制服等。视觉识别系统（VIS）的传播力与感染力最为具体、直接，能将企业识别的基本精神差异充分表达出来，并且可以让消费者一目了然地掌握其中产生的情报信息，轻易地达到识别、认识的目的。

（一）企业VIS的设计原则

（1）有效传达企业理念。
（2）产生强烈视觉冲击。
（3）易于社会公众识别。
（4）保持设计风格统一。
（5）具有艺术美感。

（二）企业VIS的要素设计

企业VIS的构成要素很多，下面主要介绍企业名称、企业标志、企业标准字、企业标准色的设计。

1. 企业名称设计

企业名称设计要遵循以下原则：

（1）突出个性化。就是尽可能地将企业的个性强调出来，以便于迅速扩大影响力，在市场中拥有清晰的形象。

> 相关链接9-3
>
> **个性化的SONY**
>
> 日本的索尼公司名称——SONY是一个独具个性化的名称。日本的索尼公司，原名为东京通讯工业公司，本想取三个词的首写字母TTK作为公司名称，但类似这样的公司名称在美国已多如牛毛，如ABC、NBC、RCA、IBM等，于是公司创办人盛田昭夫查了不少字典，发现拉丁文中SONUS是SOUND（英文意思为声音）的原型；另外，SONNY这一词也非常流行，是可爱的小家伙、精力旺盛的小伙子之意。后来盛田昭夫经过深思熟虑后选定两者的综合变形——SONY作为公司名称，结果这一独特的名字成为消费者喜爱的"名牌"商标。

（2）统一音形义。为企业命名，通俗地说，要让其好认、好念、好记、好看。企业的名字要有冲击力以及浓厚的感情色彩，使人听、说、看后不易忘怀。企业名字的读音，以朗朗上口、响亮悦耳为好。难发音或音不好听的字，难写或难认的字，含义或译义不佳的字，字形不美的字都不宜用作企业的名字。奔驰、宝马、日立、索尼、万宝路、马自达、海尔、美的、科龙等名称，读来好听，容易记忆，易博得社会公众的认同。

名称意义主要讲究用词的内涵和外延，尽可能与行业性能相关，同时又要与企业的理念相契合。如中国移动、中国联通等具有通信行业内涵和理念外延的印象。

相关链接9-4

内联升的意义

"内联升"这三个字既是一个字号，同时又是一个品牌，始建于公元1853年（清咸丰三年），创始人赵廷（天津武清县人）早年在一家鞋作坊学得一手制鞋技术，又积累了一定的管理经验。后来，由京城一位达官丁大将军出资万两白银入股，资助赵廷开办鞋店。当时，赵廷根据北京制鞋业的状况，认为北京制作朝靴的专业鞋店很少，于是决定办个朝靴店。打坐轿人的主意，为皇亲国戚、朝廷文武百官制作朝靴。

开店初期，店主赵廷经过一番苦心思索，为店取名"内联升"，表示顾客穿上此店制作的朝靴，可以在朝廷官运亨通，连升三级。如今，北京内联升鞋业有限公司，总店坐落在繁华的前门大栅栏商业街34号，以生产制作千层底布鞋而闻名中外。

（3）体现民族性。企业置身于本民族文化的土壤，并从中获得继续发展的强大动力，因此，设计企业名称应充分体现民族特点。例如，清华同方作为清华大学创办的高科技企业，其名称"同方"来源于《诗经》，意为"有志者同方"，具有深邃的民族历史文化内涵。外国企业在进入中国市场，确定中文译名的时候，一般要考虑中华民族的民族特点。采用一些有积极含义的词语来命名，其效果往往远胜于音译，如通用、奔驰、宝洁、宝马等。同样的道理，当我国企业进军海外市场时，企业名称译为外文时，也必须充分考虑所在国的民族性，尊重该民族的文化传统和风俗习惯。例如，中文"芳芳"，音译成FANGFANG，在英语中的意思是毒蛇的牙齿，完全成了反义，凡以外向型企业命名时，一定要考证音译的外语原义。

（4）名实一致性。在确定企业名称时，应该坚持实事求是、名副其实的原则，不可盲目自夸、哗众取宠。20世纪80年代我国乡镇企业蓬勃发展的时候，不少企业唯恐自己的名称太小、在竞争中吃亏，于是盲目攀比，名字越起越离谱，一个乡镇企业就敢叫"中国××厂""世界××公司"或"环球××集团"，全然不顾企业自身的实力，闹出不少笑话。

2．企业标志设计

企业标志是指代表企业形象、特征、信誉、文化的一种特定符号，是统一所有视觉设计要素的核心，更是消费者心目中对企业认知、认同的代表物。企业标志有具象、抽象、文字三种表现形式。

（1）具象表现形式。大自然中人类、动物和植物有着具体的形象，也是标志设计的创作源泉。

①人体造型图形。人体造型既可以是整体也可以是局部，躯体、四肢、五官等都可以使用，而且具有动态特征和情感特征。

②动物造型的图形。以动物题材作为标志和象征自古以来就是一个非常广泛的内容，有着悠

图9-2　以动物形象作为企业标志

久的历史渊源，深受人们喜爱甚至崇拜。这种情感一直延续至今，并且在新的时代有着新的文化精神和内容。所以，在今天高度发达的物质社会，人们仍然喜欢以可爱的动物形象作为企业的标志和商品标志，在使用的过程中收到了很好的传播效果，如图9-2所示。

③植物造型的图形。古代人用写生的方法把植物画下来，再加以装饰变化，形成了装饰纹样。如今人们既可以写生，也可以从前人的优秀遗产中借鉴，用于企业标志设计，运用现代的装饰手法重新赋予植物图案以现代精神和内涵，传达企业的文化与精神。

④器物造型的图形。器物是各种生活或生产工具的总称。它包括的内容相当广泛，相对于大自然的产物来说，器物是人类发挥聪明才智而进行的创造结果，大到建筑物、交通工具，小到文具、纽扣等。

⑤自然造型的图形。宇宙当中的自然存在，星象、水和火这些物质是大自然神秘力量的象征，给人以无穷的想象和威力，因此，企业标志设计也会用自然造型的图形来表现某种象征意义。

（2）抽象表现形式。如果说具象表达方式让人感觉标志具有人情味，有亲切感，那么抽象表现形式则比较理性，有现代感。企业标志设计应根据企业文化特点来选择使用抽象表现形式。

①圆形标志图形。中国人尤其喜爱圆形，这是中国的传统文化之一，中国人的审美心理决定了人们喜欢圆满、团圆的民族心理特征。而且，圆形给人的感觉是有较强的吸引力，会形成视觉中心。因此，大多数企业标志都会选用圆形作为基本形。正圆形、椭圆形和复合形等都属于圆形范畴。

②四方形标志图形。四方形包括正方形、长方形、梯形、菱形等图形。正方形在中国传统文化里代表土地，而在图形形象来看，也比较大气、宽广，有张力，结构稳定，因此，正方形多被企业标志用作基本形。

③三角形标志图形。企业标志设计中三角形大多是等边或等腰三角形，因为其比较稳重和牢固。三角形也会根据企业特点来变换角度，形成视觉独特、有个性的设计形象。三角形还可以作为标志的一个背景虚形，用标志的设计元素即基本形来进行三角形范围内的排列与组合，如奔驰汽车的标志，来形成一种简单的重复效果，以增强标志的视觉冲击力和感染力。

④多边形标志图形。多边形使用最多的是五边形、六边形、八边形和九边形，因为这与中国的审美意识和传统文化有关，这些多边形的数目都是吉祥数字，而且使用起来也颇具节奏感和韵律感，具有强大的视觉冲击力。企业经常会选用多边形图形作为素材，用基本形来做重复排列与组合，达到一种和谐完美的状态。

⑤方向形标志图形。方向形的主要图形是箭头形状，或者有指向性的手指形状。在使

用时用作数量、方向、位置和状态的变换，产生丰富的效果。

（3）文字表现形式。

①汉字标志图形。汉字既能表形又能表意，是中国传统文化的典范。因此企业选用汉字设计作为标志，一方面有利于传统文化的传承，另一方面也能凸显企业的文化理念和精神境界。

②拉丁字母标志图形。使用拉丁字母作为企业标志数量极大，因为拉丁字母简洁明了，图形清晰耐看，形态也比较活泼自由。但是拉丁字母数量少，要想设计得与众不同，非下一番苦功不可，如果没有独特的创意和变形，往往效果会流于一般。

③数字和标点符号标志图形，近年来许多优秀的设计师发现了数字和标点符号的美感，因此也用来发展成为企业标志，丰富了企业标志设计内容。

除了具象、抽象以及文字表现形式之外，企业标志设计还可以综合运用这些表现形式，如文字可以和图形结合，具象图形可以和抽象图形结合等。但是在具体的设计过程中一定要遵循形式美的法则，不可以乱加拼凑。此外，设计师还要在大量的设计实践中不断思考，大胆创新与发展，才能设计出具有创造性和独特性的优秀企业标志，如图9-3中苹果LOGO的变化。

3．企业标准字设计

企业标准字是要求企业名称、品牌、商标等自始至终都以统一的文字出现。它与企业标志一样，能够表达丰富的内涵，达到塑造企业良好形象的目的。企业标准字设计的一般程序如下：

（1）调查研究。调查的主要目的：掌握现在标准字的优缺点和使用后消费公众的反映情况；避免与其他企业的标准字雷同；为企业标准字设计提供可靠的依据。调查的主要内容：是否符合行业和产品形象特征；有无创新意识和独特风格；能否传达企业的理念、精神；目标消费者是否喜欢；字体设计是否遵循个性化、易读易辨、艺术性、延展性、协调性等原则。

（2）确定造型。根据调查的情况和企业所要传达的内容及期望建立的形象，确定字体的外观造型，如正方形、长方形、斜体、变形体等，或图案内嵌字体，或装饰点缀字体等。字体造型要求：外形自由，样式活泼，美观大方，富有创意。

（3）选定字体。在设计中文标准字时既可以选择篆书、隶书、行书、楷书等书体，也可以选择宋体、仿宋体、黑体、综艺体和变形美术体等。中文字的书体各有千秋，在设计时，要根据表现的需要加以选择。例如：篆书历史悠久，往往能唤起人们的怀古之情；隶书雄浑潇洒，美观大方；楷书刚劲有力，稳重端庄；行书俊逸

图9-3　苹果LOGO的变化

流畅，活泼秀丽；宋体庄重大方；仿宋体秀美挺劲；黑体粗壮醒目；综艺体圆润美观；变形美术体生动活泼。在设计英文标准字时可以选择正体、印刷体、手写体、黑体和变形体。正体笔画粗细均匀，显得秀气、端庄，给人以庄重优雅的印象；手写体活泼流畅，富有动感；黑体笔画粗且一致，显得雄壮有力、十分醒目；变形体形象生动、造型美观，富有表现力和个性化。标准字的设计如图9-4所示。

图9-4 标准字的设计

（4）装饰笔画。企业标准字的字体选定后，在该字体基础上对笔画进行加工、装饰或点缀，突出标准字的个性化，增强其识别功能。在装饰标准字的笔画时，可以通过笔画线端的切割与弧度、笔画阴阳条纹相间、笔画之间的粘连、点缀等方式来处理标准字的笔画。

（5）排列组合。为了避免因排列变化造成标准字预期效果的失真，在字体设计排列上应注意以下几个方面：第一，慎用斜体字。斜体字在直向排列时容易形成因倾斜而带来的不安定感，应将斜体字加以修正后再用于直排。第二，慎用连体字。连体字横向排列时有贯通流畅的整体感，一旦排列方向发生变化时，不得不将连线分割开来，势必破坏原有字体形象的统一感。第三，慎用极端化的变形美术体。极端化的变形美术体容易失真。

4．企业标准色设计

企业标准色是指企业根据自身特点，经过设计后选定的用来代表企业形象的特定色彩。一般是一种颜色或多种颜色的组合，常常与企业标志、品牌标志、标准字等配合使用，被广泛应用于企业广告、包装、建筑物、服饰、办公用品及其他公共关系用品中。企业标准色的设计要领如下：

（1）传达企业理念、精神。要充分反映企业理念的内涵，传达企业理念、体现企业精神、展示企业形象。例如，IBM公司采用蓝色作为标准色，传达出IBM公司生产经营高科技产品的经营理念，体现IBM"开拓、创造、顺应时代潮流"的精神，展出IBM高科技的"蓝色巨人"形象。

（2）突出企业风格、个性。企业标准色要突出企业风格、个性，尽量避免与同行企业标准色的重复或混淆。例如：麦当劳用红色与黄色组合成企业标准色，红色表示奋发向上的企业精神，金黄色体现出该企业经营汉堡包、薯条、麦乐鸡等食品的特色，具有鲜明的个性化。

（3）吻合公众心理、情趣。首先要避免采用部分国家和地区的禁忌色，使得公众能够普遍接受；其次是尽量选择公众比较喜爱的色彩。例如，美国TCBY连锁店，以经营各种酸奶为特色，所有连锁店的分店一律以绿色和灰黄相间搭配，象征天然与健康，与顾客中喜爱绿色环保食品的情趣和追求健康的心理相吻合。

四、企业听觉识别系统（AIS）

有的企业还将声音纳入企业形象设计中，将企业理念、产品特色、服务内容、风格个性、企业规范等以标准化、系统化的有声语言传播给社会公众，从而达到塑造企业独特形象，凸显企业个性的目的。

一般来说，企业AIS是由企业的歌曲、主体音乐、广告词、广播宣传口号和名称（品牌）构成。以下是企业AIS的要素设计。

（一）企业歌曲

把企业经营理念、企业精神等写成歌词，谱上曲，作为企业歌曲，用艺术形式向员工灌输。企业歌曲可以分为企业团队歌曲和企业形象歌曲。

企业团队歌曲主要用于企业内部对员工诉求企业的理念、精神，通过企业广播媒介的反复播放，集体合唱、个人熟唱等形式，强化团队精神。

企业形象歌曲主要用于对企业外部及消费者的诉求，使社会公众增强对企业的信任度，从而达到树立企业良好形象的目的。例如，广东太阳神企业的形象歌曲："当太阳升起的时候，我们的爱天长地久……"展示出该集团"关心民众，服务社群"的良好形象。

（二）企业主体音乐设计

企业主体音乐是经过精心挑选或刻意创造，适合本企业经营管理理念、方针、策略和风格特征的音乐。如企业广播广告播放时的前奏音乐、大型活动的礼仪音乐等。目的是吸引社会公众和提高员工工作效率。员工听到企业主体音乐的感觉就像人们在国际体育比赛中，听到奏起中华人民共和国国歌时的感受一样，非常激动和自豪，具有很强的鼓舞性。

（三）企业广告词

企业广告词是将企业的经营理念、方针和社会价值观不断地通过大众媒体传播给社会公众，使社会公众在反复收听中增加对企业的认同感。广告词要简练、上口入耳，要独具特色。例如，康师傅方便面的广告词"好吃，看得见"，几乎是家喻户晓，塑造出良好的企业听觉形象。

（四）企业广播宣传口号

把企业的哲学、理念、精神、价值观等内容用广播宣传口号的形式表达出来，通过广播媒体反复播放，在社会公众中产生潜移默化的作用，以扩大企业知名度、美誉度，凸显企业形象，展示企业风采。例如，广州白云山制药总公司的口号：白云山，白云山，爱心满人间；美国IBM公司的口号：IBM就是服务。

（五）企业（品牌）名称设计

企业（品牌）名称设计除了遵循个性化、民族性、名实相符等原则之外，还要遵循音形义统一的原则，使企业（品牌）名称好认、好念、好记、好看，具有强烈的听觉冲击力，使人们听、说后不易忘怀。因此，在企业（品牌）名称设计时，要强调读感，以朗朗上口、响亮悦耳为宜。同时还要注意与企业理念、精神等内容相协调。

五、企业环境识别系统（EIS）

企业环境识别系统（EIS）也称环境统一化，是对人们所能感受到的组织环境系统实行规范化的管理。

（一）企业环境识别的内容

企业环境内部主要包括：门面是否标明单位名称、标志展示；通道是否美观、实用，是否有宣传设施；楼道、室内的指示系统管理；智能化通信设施；空气清新度；安全设施情况等。企业环境外部主要包括：环境艺术设计；生态植物、绿地；雕塑、吉祥物；建筑外饰如广告、路牌、灯箱；组织环境风格与社区风格的整合程度。

（二）企业环境识别系统设计的要求

（1）设计既要美观，也要可行。
（2）设计要体现企业理念、企业的特征、企业文化、企业行业特色。
（3）设计要根据内外部公众需求，注意公众的方便性、习俗文化，体现人文关怀。
（4）设计应以文化为主，不要比排场、比花钱、比高档装修，有文化才能有特色、有风格、有品位。

任务三 CIS的导入

一、CIS的导入基础

为了使CIS充分发挥其功能，产生期望中的积极效果，CIS的导入必须具备一定基础和条件。

（一）市场定位准确

如果在企业市场定位准确的基础上导入企业形象系统，就可使企业形象鲜明地凸现在消费者的心目中，方便消费者认同，并使之产生好感与信赖，企业导入形象系统将加强消费者对购买企业商品与服务的信心。

（二）质量、服务和信誉

导入CIS的根本目的是增强企业竞争力，让企业在激烈的市场搏杀中取得决定性的胜利，如果企业的质量、服务和信誉不能保证，将无法维持CIS带来的形象效果。因为质量、服务和信誉是组织形象的基础，商品的质量和服务以及组织信誉的好坏决定组织自身的竞争力，而组织的竞争力决定了组织的实力、组织的前途和命运，只有拥有优良的产品质量、服务和信誉，组织才有能力和有必要进行CIS导入。

二、CIS的导入时机

组织导入CIS是一项系统工程，CIS的导入需要把各种资源进行最佳整合，不同的企业在市场上所处的地位不同，它们对企业形象系统需求的程度也不同，讲究CIS导入时机，必须从长远的角度出发，把握住导入的最佳时机，以取得最理想的效果。时机选择得好，导入CIS后作用发挥空间就大，能起到事半功倍的作用。

（一）新公司成立、公司合并、公司性质发生变化

这是推行CIS的最佳时机。新公司成立之际，由于没有传统的束缚，可以设立理想的经营理念与视觉识别系统，可从头开始并较快建立起行为识别系统，所以新公司成立时是导入CIS的最佳时机。通过实施企业形象策划战略，以独特、系统的识别系统将企业形象传达给公众，可收到先声夺人的效果。而企业合并、联营、集团化以后，经营的范围、规模以及项目均较以前的老企业有所不同，特别是几家公司合并成企业集团后，企业理念、标志不统一，给公众造成识别的障碍。在此时导入CIS，可廓清公众对企业的模糊印象，进而达到树立全新形象的目的。

（二）企业扩大经营范围，朝多元化方向发展

随着时代的变迁，企业本身也不断成长、变化，朝多元化的经营目标迈进。由于企业经营内容多元化，企业生产的主要商品的比重发生变化，往往使得原有的企业标志、名称、经营理念等发生与生产性质、内容不符的情况。因此，导入CIS、改变公众对公司的原有理解和印象，建立符合企业实际情况和未来发展趋势的形象识别系统，才能统一新开发产品与企业的关系。

（三）创业周年纪念

国外许多企业都在创业周年纪念时导入CIS，创业周年纪念是对企业成长的一种肯定，也是企业具有自信心的表现。选择创业周年纪念导入CIS可能有不同的动机。例如，富士公司在创业45周年时，实施了CIS战略，旨在适应技术革新的潮流，将企业形象统一为"综合音像信息的产业"，实现"世界性的富士软片""技术的富士软片"的企业目标。不论企业出于何种动机，在企业周年发布CIS计划，可消除公众对企业的刻板印象，给人以新颖别致之感，同时可唤起人们对企业所做贡献的美好回忆，显示公司目前的实力与发展前景，提高企业员工的自豪感和荣誉感。企业在创业周年纪念时一般会推出各种

庆典活动，此时引入CIS战略更易引起媒介和公众的关注，从而扩大企业的社会影响和知名度。

（四）新产品的开发与上市

在企业成功开发出新产品时，是导入CIS的良好时机。由于新产品通常是创新的表现，而创新又是最易被公众关注的，所以在新产品上市时导入CIS战略，既可收到产品促销的效果，又可塑造企业的形象。

（五）进军海外市场，实施国际化经营

企业创业初期多面向国内市场，随着企业规模的扩大和结构的调整，尤其是通信、交通条件的日益便利和互联网技术的发展，企业进军国际市场的机会明显增多。企业从事国际化经营，原有的企业名称、标志与包装及产品品牌可能不再适应国际化的需要，甚至会与一些国家的习俗冲突。因此在开拓国外市场时，适时导入CIS战略，不仅可使产品打入国外市场，同时还可使企业扬名海外。

（六）经营出现危机，要消除负面影响

企业面临经营不善的危机及停滞不前时，除了进行彻底的改组外，还可导入CIS战略，以提高企业活力和竞争力，消除在公众中的消极影响。例如，日本的松屋百货公司、意大利的蒙特爱迪生公司等都是在企业发生经营危机时导入CIS的。

（七）公司上市

股份制企业发行股票成为上市公司时，配合募股导入CIS，可提高股票交易价格。

此外，在企业高层领导人更换及组织结构发生重大改变时，在旧有的制度系统不再符合新的经营方向而需改变时，都是企业导入CIS的良好时机。

三、CIS的导入程序

CIS的导入程序可使企业识别系统按部就班、有条不紊、相互交叉、承上启下到具体实施。一般而言，企业识别系统的导入，要经过以下程序。

（一）成立CIS组织机构

成立CIS委员会，下设执行委员会。CIS委员会应包括企业最高层领导及其他有关人员。企业最高层领导是企业的决策人员，企业识别系统的策划与实施需要依靠他们来提供人力、物力、财务以及决策的保障。还要各部门的领导参加，企业识别系统策划所需要的信息依赖于他们提供，同时企业识别系统也依赖于他们在各自的部门全面地宣传推广。企业识别系统委员会的其他人员，一部分应是企业公关部擅长企业策划的人员，另一部分应是企业外聘的专家与学者，企业识别系统的全部策划、设计、定型等一系列工作依赖于他们去具体完成。执行委员会在组织上隶属于企业识别系统委员会，是企业识别系统委员会

下设的一个具体从事企业识别系统策划与推广的办事机构。CIS委员会的主要工作是负责制定企业识别系统的决策，负责落实各种资料信息提供和后勤保障，而企业执行委员会则负责企业识别系统具体内容的策划。

（二）进行企业内外部经营环境的诊断与调查

一是对企业内部经营环境进行诊断。在正式开展企业形象系统策划以前，策划人员所要做的最重要的工作，便是对企业内部经营环境进行全方位的诊断。通过诊断，可以了解企业的历史与现状，了解企业的优势与劣势，更主要的是发现企业内部经营环境中存在的问题与不足。有了对企业内部经营环境的全面了解，策划人员才能进行真正的企业形象系统策划。

二是对企业外部经营环境进行调查。企业外部经营环境调查的目的，是要为企业识别系统策划中的企业形象定位，或修正企业形象的定位，并为定位提供科学的依据。

（三）进行企业形象定位

形象定位是指根据外部竞争情况以及企业的优势条件，确定企业在公众中的形象和位置。换言之，就是要在公众心目中为企业创造一定的特色与个性特征，赋予企业一定的鲜明形象，以便于公众识别。

（四）展开设计

主要是具体设计理念识别系统、行为识别系统、视觉识别系统、听觉识别系统和环境识别系统的过程，是CIS战略的重要环节。要注意设计的目标性、创意性、系统性、长远性和可行性。

（五）贯彻落实

首先是CIS系统的发布。企业识别系统的导入是企业的一个重大事件，必须慎重地选择时机，举行隆重的发布仪式。然后是企业理念的学习与认同。CIS系统的核心是理念，一次CIS导入的过程，也就是全体员工学习企业的行为规范手册，这是落实企业理念的具体行动，只有全体员工将企业的价值变成了自己的一言一行，企业才能以一种崭新的面貌出现在社会的面前。

（六）效果评估

在企业CIS导入一段时间后，应当对CIS的效果进行认真的评估，以便总结经验，发现问题，寻找进一步解决的方法。CIS效果的评估可分为内部测试和外部测试，具体方法包括：民意测验、当面访问、公众座谈、统计分析等。导入的效果可以通过公众对企业认知及评价的变化表现出来。当然，CIS的最终结果还是表现在企业经济效益的增长上。

四、CIS的导入监控

CIS的导入过程中,企业需设立专门的CIS管理机构对CIS的实施进行监控和管理,编列专门预算支持CIS作业,同时,经营者必须按照CIS计划严格执行,保证CIS实施的一贯性。在实施中不断进行评估,并对不适应的地方做出调整。

(一)实施督导

当CIS策划设计完成后,对CIS委员会应进行改组,建立相应机构监督CIS计划的执行。CIS推行的管理主要是企业内部的事情,多涉及总经理办公室、人力资源管理部、公关企划部门和市场营销部门的工作,CIS管理委员会应由这些部门的主管和专职人员负责。如果企业规模较大,可以聘用一位CIS专家负责CIS实施,实施督导一般有三个环节,即对实施情况进行检查、对实施效果进行评价、对实施中的不足予以改进,如果在导入CIS之后,有效的管理无法跟上,没有专门机构或人员来监督其运作,则前期所做的大量投入就有可能白费,无法取得预期的效果。

(二)效果评估

对CIS导入效果进行评估,了解CIS导入所取得的成效,可以从中发现导入中的不足,对下一步的推行工作进行改进,以求得更好的效果,所以效果评估是CIS推行中极其重要的一环。CIS导入的效果评估可从以下四个方面进行。

1. 企业内部调查

CIS导入和实施人员应对CIS的推行情况进行随时的了解,对企业员工进行随时或定期的、系统的询问调查,询问的内容包括总体评价和具体作业两个方面的问题。例如,企业在导入和推行CIS以来,各方面是否有了明显改观,新的企业理念是否能够顺利贯彻,CIS制度是否只是形式主义,对新的标志是否满意等。对于企业内部的调查应及时对询问结果进行整理分析,同时注意信息的真实性问题。

2. 企业外部环境评估

企业外部环境的测试评估须选择与企业有直接关系的组织或个人进行,导入效果评估应在调研阶段的调研基础上进行,所以选择对象应尽量选择原有被访者或回答问卷的人,这些人对企业形象状况有一定了解,而且经过调研阶段,会对企业CIS的导入情况比较关注,提供更多的信息。

对于评估的内容而言,应集中在视觉设计项目的传播效果和企业总体形象上。视觉项目传播效果的评估可对一个基本设计项目进行专项评估,也可对几个设计要素的组合应用效果进行评估,进行评估时所提问的问题应全面、系统,主要针对认知度与识别功能、视觉印象和设计品位三个方面。企业总体形象的评估问题可采用调研阶段的关键语作为问题,根据肯定回答者占接受测试总人数的比例,与调研阶段的结果相比较,分析企业导入CIS后企业形象的优化程度和在哪一方面取得了明显的改观。

3. CIS导入效果评估

企业导入CIS,是为了提高企业知名度,建立企业高度识别性、统一性的形象系统,最终目的在于企业经济效益的提高。CIS导入的实际效果直接体现在企业产品的市场占有率、销售额及利润的提高和营销费用的降低上。导入CIS效果评估的一个重要方面即对企业营运业绩进行评估。

从企业的经营业绩考察企业导入CIS的效果,一般的做法是在企业营运报告中选取导入CIS前后几年的数据进行统计分析,从市场占有率、销售额、利润的增长率中看出导入CIS的效果。该方法的基本原则是销售额和利润的增长高于因导入CIS的费用增长,说明CIS导入的效果良好,反之则导入效果不佳。

4．企业目标检讨

CIS的导入效果是与导入所确定的企业目标相对而言的,企业导入与实施CIS过程中的所有作业项目,都是根据企业目标确立的,而导入效果的评估,也应根据CIS的企业目标而定。

根据企业导入CIS的战略目标,可以确定评估内容的重点与评估标准。例如,日本白鹤造酒公司导入CIS战略的企业目标是建立标志品牌的统一识别系统,其评估重点放在了企业新标志、品牌的视觉印象以及识别力与标准化的表现上。

企业导入CIS的目标在实施推进过程中逐步具体化,不仅有长期目标,还有中、短期目标,在不同的期限到来时,应及时对CIS导入的效果进行评估,从而得到阶段性的企业目标评估结论。

（三）调整改进

通过对CIS的实施督导和及时地进行效果评估,CIS导入执行机构应对实施中发现的问题进行分析,改进推行实施方案,修正作业计划,完善CIS的制度化惯例。若需调整改进推行方案,应写出书面报告,提交CIS委员会讨论,根据此报告修改和进一步完善推行方案,由企业主管审批后执行,从而使CIS的导入取得更佳效果。

综合训练一

有A、B、C、D四家企业,为了确定市场定位和发展方向,特意做了市场调查和分析,随机抽样调查了1000名公众,结果如下:

A企业：900人知道，720人赞扬它；
B企业：800人知道，160人赞扬它；
C企业：200人知道，180人赞扬它；
D企业：100人知道，10人赞扬它。

任务要求：

1．计算四家企业的知名度和美誉度。
2．给四家企业进行市场定位，并画出组织形象四象限图。
3．分析四家企业的现状。
4．规划四家企业今后的发展方向。

综合训练二

2015年10月,据报道,成商集团于10月16日当日晚发布公告称,将收购成都仁和春天百货人东店和光华店;初步确定的交易价格合计为74232.56万元。仁和春天百货人东店与光华店被收购,可以说是给正走上衰落之路的成都百货又泼了一桶冷水,并把市场寒风吹到了百货领域。

对于成商集团与仁和春天百货的强强联合,一方面我们能够深刻感受到在目前的商业零售市场环境下,"独善其身"已不易,抱团取暖、资源互补才是大势所趋;另一方面,我们也能看到成都百货市场近乎一蹶不振般的衰落,就连仁和春天百货也避免不了市场的寒冬。

思考题:

1. 目前仁和春天百货是否可以导入CIS系统?一般导入CIS系统的时机有哪些?
2. 导入CIS系统的程序有哪些?
3. 导入CIS系统后,还需要做哪些工作?

第十章 网络营销策划

课程导学

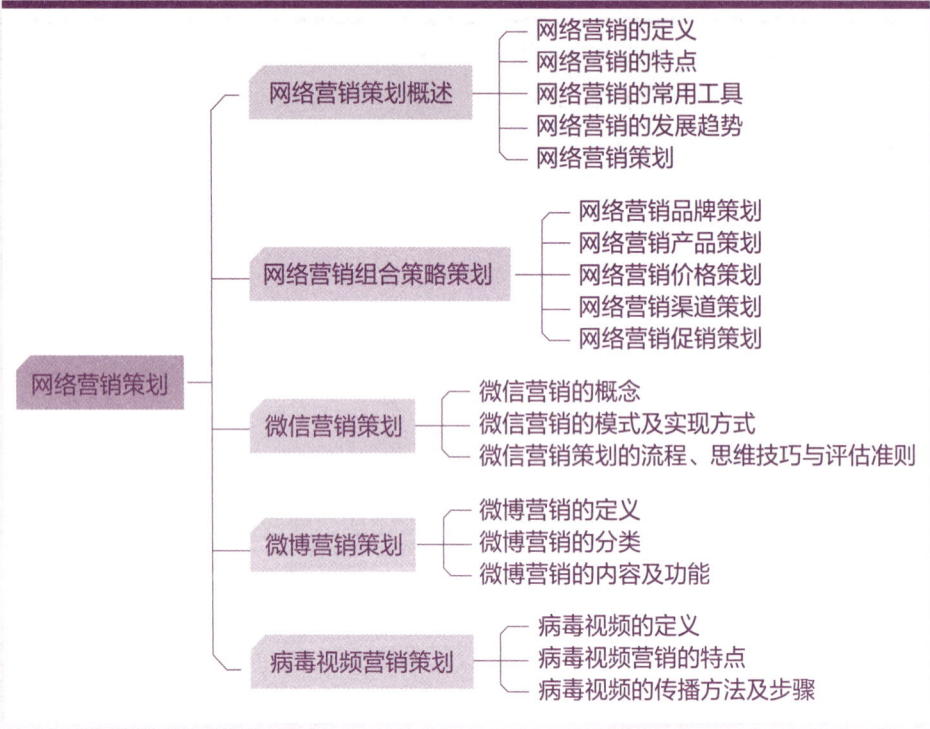

课程重难点

掌握网络营销的相关概念、特点及原则；
了解网络营销的实用工具和营销策略；
掌握网络营销策划的过程和步骤。

技能目标

具备网络营销活动策划的能力；
能够灵活使用网络营销策略。

| 案例10-1 |

"新晋网红"——海尔微博营销

提起海尔，多数人的固有印象还停留在民族家电企业或者海尔两兄弟的动画时代，但是如今的海尔在国内微博平台上成了"新晋网红"。

这还要从一个网友在微博上发文称想要购买一台豆浆机说起，正是这条毫无炒作痕迹的普通微博，却引来了200多个官方微博在评论区的一片混战，该微博的转发量很快就超过12万次，评论超过9万条。

企业官方微博作为企业产品和理念的传声筒的刻板印象早已深入人心，官方微博里不外乎广告和抽奖，但此次海尔的联合互动，让众多网友惊叹：没想到你们是这样的企业账号！此次互动不但让海尔的曝光度大大提升，广告硬植入的不适感也完全消失不见，可以说这是一次典型互联网思维方式的成功网络营销案例。

当这次微博的热门事件过去之后，有人认为，企业在微博红利期高峰已过，那些企业账号都开始降低更新频次、削减运营团队之时，海尔却反其道而为之，不断更新微博，在各大微博红人区抢热门评论、抢回复，与网友互动，看起来和普通"吃瓜"群众一样，在众多网友感叹的同时再次在微博上形成一股热潮。

海尔的成功在于打破传统，在微博上去官方化、致力于趣味化、年轻化，不但顺应了时代的潮流，在更接地气的同时，也实现了人们对于企业新的观感和美誉度，使海尔一跃成为"网红"企业。

任务一 网络营销策划概述

随着网络技术的快速发展，网络营销越来越多地受到企业人员的重视，网络营销是电子商务的核心内容，也是市场营销的重要组成部分。它不同于传统的营销方式，不是简单的营销网络化，而是企业营销手段的丰富和创新，更是与传统营销的有效整合。

一、网络营销的定义

网络营销是基于互联网络及社会关系网络连接企业、用户及公众，向用户及公众传递有价值的信息和服务，为实现顾客价值及企业营销目标所进行的规划、实施及运营管理活动。网络营销不是网上销售，不等于网站推广，网络营销是手段而不是目的，它不局限于互联网，也不等于电子商务，它不是孤立存在的，不能脱离一般营销环境而存在，它应该被看作传统营销理论在互联网环境中的应用和发展。

网络营销是随着互联网进入商业应用而产生的，尤其是万维网、电子邮件、搜索引擎、社交软件等得到广泛应用之后，网络营销的价值越来越明显。其中可以利用多种手段，如E-mail营销、微博营销、网络广告营销、视频营销、媒体营销、竞价推广营销、SEO优化排名营销等。总体来讲，凡是以互联网或移动互联为主要平台开展的各种营销活动，都可称为整合网络营销。简单地说，网络营销就是以互联网为主要平台进行的，为达到一定营销目的的全面营销活动。

二、网络营销的特点

（一）跨时空

营销的最终目的是占有市场份额，由于互联网能够超越时间约束和空间限制进行信息交换，使得营销脱离时空限制进行交易变成可能，企业有了更多的时间和更大的空间进行营销，可每周7天、每天24小时随时随地地提供全球性营销服务。

（二）多媒体

互联网可以传输多种媒体的信息（如文字、声音、图像等），使得为达成交易进行的信息交换能以多种形式存在和交换，可以充分发挥营销人员的创造性和能动性。

（三）交互式

互联网通过展示商品图像，应用商品信息资料库提供有关的查询，来实现供需互动与双向沟通，还可以进行产品测试与消费者满意调查等活动。互联网为产品联合设计、商品信息发布以及各项技术服务提供了最佳工具。

（四）个性化

互联网上的促销是一对一的、理性的、消费者主导的、非强迫性的、循序渐进式的，而且是一种低成本与人性化的促销，避免推销员强势推销的干扰，并通过信息提供与交互式交谈，与消费者建立长期的良好关系。

（五）成长性

互联网使用者数量快速增加并遍及全球，使用者多为年轻人、中产阶级，受教育水平较高。由于这部分群体购买力强且具有很强的市场影响力，因此互联网是一个极具开发潜力的市场渠道。

（六）整合性

一方面，互联网上的营销可从商品信息至收款、售后服务一气呵成，因此是一种全程的营销渠道。另一方面，企业可以借助互联网将不同的传播营销活动进行统一设计规划和协调实施，以统一的传播资讯向消费者传达信息，避免传播信息不一致产生的消极影响。

（七）超前性

互联网是一种功能强大的营销工具，它同时兼具渠道、促销、电子交易、互动顾客服务、市场信息分析与提供等多种功能。它所具备的一对一营销能力，正好符合定制营销与直复营销的未来趋势。

（八）高效性

计算机可储存大量的信息，可传送的信息数量与精确度远超过其他媒体，并能顺应市场需求，及时更新产品或调整价格，因此能及时了解并满足顾客的需求。

（九）经济性

通过互联网进行信息交换，代替以前的实物交换，一方面可以减少印刷与邮递成本，可以无店面销售，免交租金，节约水电与人工成本；另一方面可以减少由于迂回多次交换带来的损耗。

（十）技术性

网络营销是建立在高技术作为支撑的互联网的基础上，企业实施网络营销，必须有一定的技术投入和技术支持，改变传统的组织形态，提升信息管理部门的功能，引进具备营销与计算机技术的复合型人才，只有这样，未来才能具备市场竞争优势。

三、网络营销的常用工具

在现阶段的网络营销活动中，常用的工具包括企业网站、搜索引擎、电子邮件、即时通信软件等。在所有网络营销常用工具中，企业网站是最重要的一个，企业网站本身是一个综合性的网络营销工具。

借助这些网络营销工具，可以实现营销信息的发布、传递、与用户之间的交互，以及为实现销售营造有利的环境。随着互联网技术的不断发展和应用，适用于网络营销的基本工具也会随之发生变化，新的工具会不断出现，而现在适用的工具随着时间的推移可能不再有效，因此网络营销工具具有一定的阶段性。

（一）企业网站

企业网站的特点：企业网站具有自主性和灵活性；企业网站是主动性与被动性的矛盾统一体；企业网站的功能需要通过其他网络营销手段才能体现出来；企业网站的功能具有相对稳定性；企业网站是其他网络营销手段和方法的基础。

企业网站的营销作用：品牌形象传播、产品/服务展示、信息发布、顾客服务、顾客关系、网上调查、资源合作、网上销售等。

（二）搜索引擎

搜索引擎的特点：支持全文检索；支持目录式分类结构；能区分搜索结果的相关性；

检索方法多样，查找手段完备。

搜索引擎的营销作用：被搜索引擎收录；在搜索结果中排名靠前；增加用户的点击率；将浏览者转化为潜在顾客。

（三）电子邮件

电子邮件的特点：作为营销的一种形式，电子邮件营销成本低，它排除了新闻文字的干扰，并具有针对性强、投递准确、受众广、信息攻势猛烈、免费阅读等优势。

电子邮件的营销作用：在线顾客服务、会员通信、网站推广、收集市场信息、在线市场调查等。

（四）博客

博客的特点：博客是一个信息发布和传递的工具；与企业网站相比，博客文章的内容题材和发布方式更为灵活；与门户网站发布广告和新闻相比，博客传播具有更大的自主性，并且无须支付直接费用；与供求信息平台的信息发布方式相比，博客的信息量更大，表现形式灵活，而且完全可以用"中立"的观点来对自己的企业和产品进行推广；与论坛营销的信息发布方式相比，博客文章显得更正式，可信度更高。

博客的作用：直接带来潜在用户；降低网站推广费用；博客文章内容为用户通过搜索引擎获取信息提供了机会；可以方便地增加企业网站的链接数量；可以较低的成本对读者行为进行研究。

（五）即时通信软件

即时通信软件能够即时发送和接受互联网消息等。这些软件已不再是单纯的聊天工具，而是集交流、咨询、娱乐、搜索、电子商务、办公协作和企业客户服务等一体的综合信息平台，如常用的QQ、微信等。

即时通信软件的作用：实时交流增进顾客关系；提供在线顾客服务；提供在线销售中的导购服务；充当网络广告媒体；可作为病毒性营销信息传播工具。

四、网络营销的发展趋势

（一）搜索引擎仍然是第一网络营销工具

搜索引擎营销的发展势不可当，并且随着多种专业搜索引擎和新型搜索引擎的发展，搜索引擎在网络营销中的作用更为突出，搜索引擎营销的模式也在不断发展演变，除了常规的搜索引擎优化和搜索引擎关键词广告、网页内容定位广告等基本方式之外，专业搜索引擎（如百度）、本地化搜索引擎推广等也将促进搜索引擎营销方法体系的进一步扩大和完善。

（二）Web2.0网络营销模式的深度发展

博客营销已经取得了快速发展、企业博客营销有望成为主流的网络营销方法。博客营销成为企业网络营销策略的组成部分，企业博客引领网络营销进入全员营销时代。与此同时，更多Web2.0网络营销模式将获得不同层次的发展，如RSS营销、基于SNS网络社区的各种营销模式等。

（三）企业网站的网络营销价值将得到提高

那些不符合Web标准的网站将无法获得正常浏览效果，这将在一定程度上促进网站建设采用Web标准的进程。《中国互联网协会企业网站建设指导规范》基于国际认可的Web标准和网站优化思想并且经过大量调查研究而制定，这一规范对于提高设计网站建设服务商以及企业网站建设的专业水平将发挥积极作用。当越来越多的企业网站建设符合网络营销导向，企业网站的网络营销价值将得到明显提升。

（四）视频网络广告将成为新的竞争热点

受到You Tube、抖音等视频网站成功的刺激，大量视频类网站爆发性发展，而传统门户网站和搜索引擎等也将视频网络广告作为未来发展的方向之一，不过预计视频广告很难发展到比较成熟的阶段，仅仅是一个值得关注的领域而已。

（五）更多适用于中小企业的网络广告形式

传统的展示类网络广告，由于广告制作复杂、播出价格高昂，至今仍然只是大企业展示品牌形象的手段，中小企业难以投放传统网络广告。不过，随着更多分类信息、本地化服务网站等网络媒体的发展，以及不同形式的App付费广告模式的出现，将有更多成本较低的网络广告为中小企业扩大信息传播渠道提供机会。

（六）插件类网络推广产品市场的演变

一方面，随着反流氓软件的进一步深化，用户决定营销规则不相符的插件类网络推广产品在网络营销服务市场的地位将进一步降低，甚至存在快速边缘化的可能。另一方面，也将产生基于用户许可的客户端插件的网络推广产品，并且将成为插件类网络营销发展的主流。

（七）网站运营注重用户体验

网站运营进入精细化管理阶段，即体现出网络营销细节制胜理念。尽管很难详尽罗列用户体验的各项因素，也很难为用户体验下一个准确的定义，甚至对同一现象的用户体验没有统一的解决方案，但是这种听起来似乎有些空洞和玄虚的概念将通过各种细节体现出来并成为网站运营成功的法宝。

（八）系统的用户行为研究将受到重视

大数据时代，以网站流量统计分析为基础的网络营销管理的基本意识已经有明显提高，网络营销管理的内容将进一步扩大，应用层次也将逐渐提高。互联网用户行为研究是网站运营管理必不可少的内容，同时也是网站运营中用户体验研究的基础，因此系统的用户行为研究将成为网络营销的重要研究领域。

五、网络营销策划

网络营销策划是一项复杂的系统工程，它属于思维活动，但它是以谋略、计策、计划等理性形式表现出来的思维运动，可直接指导企业的网络营销实践。它包括对网站页面设计的修改和完善，以及搜索引擎优化、付费排名、与客户的互动等诸多方面的整合，是网络技术和市场营销经验协调作用的结果。它也是一个相对长期的工程，期待网站营销在一夜之间有巨大的转变是不现实的。一个成功的网络营销方案的实施需要通过细致的规划设计，还要与时俱进，跟上技术发展的步伐，更要不断创新、突破传统营销策划的思维。

（一）网络营销策划的基本原则

1．系统性原则

网络营销是以网络为具体的系统性企业经营活动，它是在网络环境下对市场营销的信息流、商流、制造流、物流、资金流和服务流进行管理的。因此，网络营销策划是一项复杂的系统过程。策划人员必须以系统论为指导，对企业网络营销活动的各种要素进行整合和优化，使"六流"皆备，相得益彰。

2．创新性原则

网络为顾客对不同企业的产品和服务所带来的效用和价值进行比较带来了极大的便利。在个性化消费需求日益明显的网络营销环境中，通过创新、创造和顾客的个性化需求相适应的产品特色和服务特色是提高效用和价值的关键。特别的奉献才能换来特别的回报。创新带来特色，特色不仅意味着与众不同，而且意味着额外的价值。

3．操作性原则

网络营销策划的第一个结果是形成网络营销方案。网络营销方案必须具有可操作性，否则毫无价值可言。这种可操作性，表现为在网络营销方案中，策划者根据企业网络营销的目标和环境条件，就企业在未来的网络营销活动中做什么、何时做、何地做、何人做、如何做的问题进行周密的部署、详细的阐述和具体的安排。也就是说，网络营销方案是一系列具体的、明确的、直接的、相互联系的行动计划的指令，一旦付诸实施，企业的每一个部门、每一个成员都能明确自己的目标、任务、责任以及完成任务的途径和方法，并懂得如何与其他部门或员工相互协作。

4．经济性原则

网络营销策划必须以经济效益为核心。网络营销策划不仅本身消耗一定的资源，而且通过网络营销方案的实施，改变了企业经营资源的配置状态和利用效率。网络营销策划的经济效益，是策划所带来的经济收益与方案实施成本之间的比率。成功的网络营销策划，应当是在方案实施成本既定的情况下取得最大的经济收益，或花费最小的方案实施成本取得目标经济收益。

（二）网络营销策划的步骤

根据不同的网络营销活动以及要解决的问题，营销方案也会有很大区别。企业应根据目前流行的电子商务和网络营销观念制订行之有效的、符合企业自身的网络营销方案。但从网络营销策划活动的一般规律来看，有些基本内容和编制格式具有共同性或相似性。

网络营销方案的策划，首先是明确策划的出发点和依据，即明确企业的网络营销目标，以及在特定的网络营销环境下企业所面临的优势、劣势、机会和威胁（即SWOT分析）。其次，在确定策划的出发点和依据的基础上，对网络市场进行细分，选择网络营销的目标市场进行网络营销定位。最后，对各种具体的网络营销策略进行设计和集成。

1. 明确企业任务和远景

要设计网络营销方案，首先要明确或界定企业的任务和远景。任务和远景对企业的决策行为和经营活动起着鼓舞和指导作用。企业的任务是企业所特有的，也包括企业的总体目标、经营范围以及关于未来管理行动的总的指导方针。区别于其他公司的基本目的，它通常以任务报告书的形式确定下来。

2. 确定企业的网络营销目标

任务和远景界定了企业的基本目标，而网络营销目标和计划的制订将以这些基本目标为指导。表述合理的网络营销目标，应当对具体的营销目的进行陈述，如"利润比上年增长12%""品牌知名度达到50%"等。此外，网络营销目标还应详细说明取得这些成就的时间期限。

3. SWOT分析

除了企业的任务、远景和目标之外，企业的资源和网络营销环境是影响网络营销策划的两大因素。作为一种战略策划工具，SWOT分析有助于策划者以批评的眼光审时度势，正确评估企业完成其基本任务的可能性和现实性，而且有助于正确地设置网络营销目标并制订旨在充分利用网络营销机会、实现这些目标的网络营销计划。

4. 网络营销平台的设计

这里的平台是指由人、设备、程序和活动规则的相互作用形成的能够完成一定功能的系统。完整的网络营销活动需要五种基本平台，即信息平台、制造平台、交易平台、物流平台和服务平台。

5. 网络营销组合策略

网络营销组合策略与传统模式下的营销组合策略在应用的过程中还是有很大的区别的，产品、价格、渠道、促销的方法与手段都要考虑网络营销的特点与可操作性，这是网络营销策划中的主题部分，它包括网上产品策略的设计、网上价格策略的设计、网上分销渠道的设计、网上促销策略的设计。

6. 网站推广模式

利用网络技术推广公司网站达到广而告之的目的。目前，比较常用的推广方式有搜索引擎、聊天平台、BBS、论坛营销、小视频营销等，将一种或几种模式结合，以实现推广传播效率的最大化。

7．编写策划方案

编写策划方案的过程，实际上与策划的过程是重叠的。策划人员在市场调查与研究的基础上，对最初编写的策划不断修改与完善，策划方案也逐渐成形、逐渐接近它的最终形式。因此，可以说策划的全过程就是对企业网络营销中存在的问题和所发现的市场机会，提出具体解决问题的战略方案和策略方案，并对实施日程进行设计的过程。

8．方案实施

经过企业决策层的充分论证或批准，最终定稿的策划方案即成为网络营销活动的指导纲领，经过细化后成为企业不同阶段的努力目标与行动计划，指导企业的网络营销活动。

9．效果测评

方案实施后，应对其效果进行跟踪测评。测评的形式主要有两种：一是进行性测评，即在方案实施过程中进行的阶段性测评。其目的是了解方案实施的效果，并为下一阶段更好地实施方案提供一些建议和指导；二是终结性测评，即在方案实施完结后进行的总结性测评，其目的是了解整个方案的实施效果，为以后制订营销方案提供依据。

任务二 网络营销组合策略策划

一、网络营销品牌策划

互联网具有信息传播快速的特点，企业可以利用这个特点系统地给企业定位，通过网络营销推广的方式，快速地给企业树立品牌形象，通过企业的官方网站，展示企业的优势，提升企业的整体形象，宣传企业的良好口碑，当企业建立品牌后就要通过一系列的推广措施，达到顾客对企业的认知和认可目标。

二、网络营销产品策划

企业要想通过营销推广提高盈利水平，就必须要从产品的特性、功效以及对行业、消费群体进行一系列的数据分析，明确服务目的，找出消费者的需求点。另外，不是所有的产品都适合做网络营销推广，因此，只有选择好一款适合网络推广的产品，才能从中获取更大的利益。

网上购买者理智动机所占比重较大，而感情动机所占比重较小，这是因为消费者在网上寻找商品的过程本身就是一个思考的过程。消费者有足够的时间仔细比较和判断商品的性能、质量、价格和外观,从容地做出自己的选择,因此,企业必须把产品的优势和口碑通过互联网进行展示,让顾客可以更好地了解企业的产品。

(一)网络营销产品的整体概念

产品是市场营销组合中最重要的因素。任何企业的营销活动都是从确定向目标市场提供什么产品开始的,然后才会涉及定价、促销、分销等方面的决策,所以产品策略是营销组合策略的基础。

在网络营销中,产品的整体概念可分为以下五个层次。

1．核心利益层次

核心利益层次是指产品能够提供给消费者的基本效用或益处,是消费者真正想要购买的基本效用或益处。

2．有形产品层次

有形产品层次是产品在市场上出现时的具体物质形态,主要表现在品质、特征、式样、包装等方面,是核心利益或服务的物质载体。

3．期望产品层次

在网络营销中,顾客处于主导地位,消费呈现出个性化的特征,不同的消费者可能对产品的要求不一样,因此产品的设计和开发必须满足顾客这种个性化的消费需求,顾客在购买产品前对所购产品的质量、使用方便程度、特点等方面有不同的期望值,为满足这种需求,对于物资类产品、生产和供应等环节必须实行柔性化的管理。

4．延伸产品层次

延伸产品层次是指由产品的生产者或经营者提供的满足购买者延伸需求的产品层次,主要是帮助用户更好地使用核心利益的服务。在网络营销中,企业要注意提供顾客满意的售后服务、送货、质量保证等,这是因为网络营销产品市场具有全球性,如果不能很好地解决这些问题,势必影响网络营销的市场广度。

5．潜在产品层次

潜在产品层次是在延伸产品层次之外,由企业提供的能满足顾客潜在需求的产品层次,它主要是产品的一种增值服务,即使没有潜在产品层次,顾客仍然可以很好地使用顾客需要的产品的核心利益或服务。

(二)网络营销产品的特点

一般而言,目前适合在互联网上销售的产品通常具有以下特性。

1．产品性质

由于网上用户在初期对技术有一定要求,用户上网大多数与网络等技术相关,因此网上销售的产品最好是与高科技或计算机、网络有关,这些产品容易引起网上用户的认同和关注。

2．产品质量

网络的虚拟性使顾客可以突破时间和空间的限制,实现远程购物,这使得网络购买者在购买前无法尝试或只能通过网络来尝试产品。由于网络购买者无法具有传统环境下亲临

现场的购物体验，因此顾客对产品的质量尤为重视。

3．产品式样

网上市场的全球性，使得产品在网上销售时面对的是全球性市场。因此，通过互联网对全世界国家和地区进行营销的产品要符合该国家或地区的风俗习惯、宗教信仰和教育水平。网上销售产品，在注意全球性的同时也要注意产品的本地化。同时，由于网上消费者的个性化需求，网络营销产品的式样还必须满足购买者的个性化需求。

4．产品品牌

在网络营销中，生产商与经营商的品牌同样重要，要在网络的大量信息中获得浏览者的注意，产品必须拥有明确、醒目的品牌。

5．产品包装

作为通过互联网经营的针对全球市场的产品，其包装必须符合网络营销的要求。

6．目标市场

网上市场是以网络用户为主要目标的市场，在网络上销售的产品要能覆盖广大的地理范围。

7．产品价格

一方面，互联网作为信息传递工具，在发展初期采用共享和免费策略，网上用户比较认同网上产品低廉的特性；另一方面，由于通过互联网进行销售的成本低于其他渠道销售的产品，因此在网上销售产品一般采用低价定位。

三、网络营销价格策划

追求物美价廉是消费者的心理需求，因此，消费者喜欢通过产品价格的对比决定是否购买，价格成为消费者的关注焦点。其实，消费者不仅在乎价格，对品质也是非常关注的，因此，策划者在产品价格上要进行一系列的策略调整。

互联网信息公开化，传播速度快，因此不存在信息差，消费者很容易摸清所要购买产品的价格，那么，一个企业要想在价格上取胜，就要注重强调自己的产品性能、价格以及与同行业竞争者产品相比具有的特点，前期可以适当的价格去获取消费者的信任和口碑，等占领一定市场后，及时调整不同时期的价格也未尝不是一种很好的方法。

（一）网络营销定价特点

1．全球性

网络营销市场面对的是开放的和全球化的市场，用户可以在世界各地直接通过网站进行购买，而不用考虑网站是属于哪一个国家或者地区的。从过去受地理位置限制的局部市场一下拓展到范围广泛的全球性市场，这使得对网络营销产品定价时必须考虑目标市场范围的变化给定价带来的影响。

如果产品的来源地和销售目的地与传统市场渠道类似，则可以采用原来的定价方法。如果产品的来源地和销售目的地与传统市场渠道差距非常大，定价时就必须考虑这种地理位置差异带来的影响。如Amazon网上商店的产品来自美国，购买者也是美国人，那么产品定价可以进行折扣定价，定价方法比较简单。如果购买者是中国人或者是其他国家的消费者，那么采用针对美国本土的定价方法就很难面对全球化的市场，影响网络市场全球性作用的发挥。为解决这些问题，可采用本地化方法，在不同市场的国家建立地区性网站，以适应地区市场消费者需求的变化。

因此，企业面对的是全球性网上市场，但企业不能以统一市场策略来面对差异性极大的全球性市场，必须采用全球化和本地化相结合的方法。

2．低价位定价

互联网是从科学研究应用发展而来，因此互联网使用者的主导观念是网上的信息产品是免费的、开放的、自由的。在早期互联网开展商业应用时，许多网站采用收费方式，想直接从互联网盈利、结果被证明是失败的。雅虎（Yahoo）公司从为网上用户提供免费的检索站点起步，逐步拓展为门户站点，是一步一步获得成功的，它成功的主要原因是遵循了互联网的免费原则和间接收益原则。

随着互联网的发展，可以从诸多方面降低企业的成本费用，从而使企业有更大的降价空间来满足顾客的需求。因此，如果是定价过高或者降价空间有限的产品，在现阶段最好不要在消费者市场上销售。如果面对的是工业、组织市场，或者是高新技术的新产品，网上顾客对产品的价格不太敏感，主要是考虑方便、新潮，对这类产品就不一定要考虑低价定价的策略了。

3．顾客主导定价

顾客主导定价是指为满足顾客的需求，顾客通过充分市场信息来选择购买或者定制生产自己满意的产品或服务，同时以最小代价（产品价格、购买费用等）获得这些产品或服务。简单地说，就是顾客的价值最大化、顾客以最小成本获得最大收益。

顾客主导定价的策略主要有顾客定制生产定价和拍卖市场定价。这两种主要定价策略将在下面详细分析。根据调查分析，由顾客主导定价的产品并不比企业主导定价获取的利润低，根据国外拍卖网站的分析统计，在网上拍卖定价产品，只有20%的产品拍卖价格低于卖者的预期价格，50%的产品拍卖价格略高于卖者的预期价格，剩下30%的产品拍卖价格与卖者预期价格相吻合，在所有拍卖成交产品中，有95%的产品成交价格卖主比较满意。因此，顾客主导定价是一种双赢的发展策略，既能更好地满足顾客的需求，同时企业的收益又不受到影响，而且可以对目标市场了解得更充分，企业的经营生产和产品研制开发可以更加符合市场竞争的需要。

当企业是为拓展网上市场，但产品价格又不具有竞争优势时，可以采用低价定价策略。由于网上的消费者面很广而且具有很大的购买能力，许多企业为打开网上销售局面和推广新产品，采用临时低价定价策略。低价定价策略除了前面提到的折扣策略外，比较常用的是有奖销售和附带赠品销售。

在采用低价定价策略时要注意的是：首先，由于互联网是从免费共享资源发展而来的，因此用户一般认为从网上购买商品比从一般渠道购买商品要便宜，在网上不宜销售那些顾客对价格敏感而企业又难以降价的产品；其次，在网上公布价格时要注意区分消费对象，一般要区分一般消费者、零售商、批发商、合作伙伴，分别提供不同的价格信息发布渠道，否则可能因低价策略混乱导致营销渠道混乱；最后，网上发布价格时要注意比较同类站点公布的价格,因为消费者可以通过搜索功能很容易在网上找到最便宜的商品,否则价格信息公布将起到反作用。

(二)定制生产定价策略

1. 定制生产的内涵

作为个性化服务的重要组成部分,按照顾客需求进行定制生产是网络时代满足顾客个性化需求的基本形式。定制化生产根据顾客对象可以分为两类:一类是面对工业组织市场的定制生产,这部分市场涉及供应商与订货商的协作问题,如波音公司在设计和生产新型飞机时,要求供应商按照飞机总体设计标准和成本要求来组织生产。这类属于工业组织市场的定制生产,主要通过产业价值链,由下游企业向上游企业提出需求和成本控制要求,上游企业通过与下游企业进行协作设计,开发并生产满足下游企业需要的零配件产品。

由于消费者的个性化需求差异性大,加上消费者的需求量又少,因此企业实行定制生产必须在管理、供应、生产和配送各个环节上,都适应这种小批量、多式样、多规格和多品种的生产和销售变化。为适应这种变化,企业在管理上采用企业资源计划系统(Enterprise Resource Planning,ERP)来实现自动化、数字化管理,在生产上采用计算机集成制造系统(Computer Integrated Manufacturing System,CIMS),在供应和配送上采用供应链管理(Supply Chain Management,SCM)。

2. 定制定价策略

定制定价策略是在企业能实行定制生产的基础上,利用网络技术和辅助设计软件,帮助消费者选择配置或者自行设计能满足自己需求的个性化产品,同时承担自己愿意付出的价格成本。戴尔(Dell)公司的用户可以通过其网页了解某型号产品的基本配置和基本功能,根据实际需要,在能承担的价格内,配置出自己最满意的产品,使消费者能够一次性买到自己中意的产品。在配置电脑的同时,消费者也相应地选择了自己认为价格合适的产品,因此对产品价格有比较清晰的认识,增加企业在消费者面前的信用。这种允许消费者定制定价订货的尝试还只是初步阶段,消费者只能在有限的范围内进行挑选,还不能完全要求企业满足自己所有的个性化需求,但这已经成为一种趋势。

3. 使用定价策略

传统交易关系中,产品买卖是完全产权式的、顾客购买产品后即拥有对产品的完全产权。但随着经济的发展、人民生活水平的提高、人们对产品的需求越来越多,而且产品的使用周期也越来越短,许多产品购买后使用几次就不再使用,非常浪费,因此制约许多顾客对这些产品的需求。为改变这种情况,可以在网上采用类似租赁的、按使用次数定价的方式。

所谓使用定价,就是顾客通过互联网注册后可以直接使用某公司的产品,顾客只需要根据使用次数进行付费,而不需要购买产品。这一方面减少了企业为完全出售产品而进行的不必要的大量的生产和包装浪费,同时可以吸引过去那些有顾虑的顾客使用产品,扩大市场份额。顾客根据使用次数付款,节省了购买产品、安装产品、处置产品的麻烦,可以节省不必要的开销。如软件公司将其产品放置到网站,用户通过互联网注册使用,按使用次数付钱。

采用定价策略,一般要考虑产品是否适合通过互联网传输,是否可以实现远程调用。比较适合的产品有软件、音乐、电影等产品。对于软件,如我国的用友软件公司推出网络财务软件,用户在网上注册后在网上直接处理账务,无须购买软件和担心软件的升级、维护等比较麻烦的事情;对于音乐产品,也可以通过网上下载或使用专用软件点播;对于电影产品,则可以通过视频点播系统VOD来实现远程点播。

四、网络营销渠道策划

(一)网络营销渠道的定义

网络营销渠道是利用互联网提供可利用的产品和服务,以便使用计算机或其他能够使用的技术手段的目标市场进行和完成交易活动。网络营销渠道与传统营销渠道一样,具备传统营销渠道的功能。营销渠道是指与提供产品或服务以供使用或消费这一过程有关的一整套相互依存的机构,它涉及信息沟通、资金转移和事物转移等。一个完善的网络营销渠道应有三大功能:订货功能、结算功能和配送功能。

(二)网络营销渠道的特点

中间商之所以在营销渠道中占有重要地位,是因为利用中间商能够在广泛提供产品和进入目标市场方面发挥最高的效率。但互联网的发展和商业应用,使得传统营销中间商的地理优势被互联网的虚拟性所取代,同时互联网高效率的信息交换,改变着过去传统营销渠道的诸多环节,将错综复杂的关系简化为单一关系,互联网的发展改变了营销渠道的结构。

利用互联网的信息交互特点,网上直销市场得到大力发展。因此,网络营销渠道可以分为两大类:一类是通过互联网实现的从生产者到消费(使用)者的网络直接营销渠道(简称网上直销),这时传统中间商的职能发生了改变,由过去的中间力量变为直销渠道提供服务的中介机构,如提供货物运输配送服务的专业配送公司,提供货款网上结算服务的网上银行,以及提供产品信息发布和网站建设的ISP及电子商务服务商。网上直销渠道的建立,使得生产者和最终消费者直接连接和沟通。另一类是通过融入互联网技术后的中间商机构提供网络间接营销渠道。传统中间商由于融合了互联网技术,大大提高了中间商的交易效率、专门化程度和规模经济效益。

同时,新兴的中间商也对传统中间商产生了冲击,如各大零售业巨头们为抵抗互联网对其零售市场的侵蚀,纷纷开始在互联网上开设网上商店。基于互联网的新型网络间接营销渠道与传统间接分销渠道有着很大不同,传统间接分销渠道可能有多个中间环节,如一级批发商、二级批发商、零售商,而网络间接营销渠道只需要一个中间环节。

(三)网络营销渠道的功能

1. 订货系统

它为消费者提供产品信息,同时方便厂家获取消费者的需求信息,以求达到供求平衡。一个完善的订货系统,可以最大限度地降低库存、减少销售费用。

2. 结算系统

消费者在购买产品后,可以有多种方式方便地进行付款,因此厂家(商家)应有多种结算方式。目前,国外流行的几种方式有信用卡、电子货币、网上划款等,国内付款结算方式主要有货到付款、信用卡等。

3. 配送系统

一般来说,产品分为有形产品和无形产品,对于无形产品(如服务、软件、音乐等),可以直接通过网上进行配送。有形产品的配送,要涉及运输和仓储问题。国内外已经形成了专业的配送公司,如美国的联邦快递公司,我国的顺丰快递等,它们的业务覆盖面较广,负责全球货物的配送业务。因此,专业配送公司的存在是国内外网上商店发展较为迅速的一个原因所在,在我国,物流服务体系正在不断地完善。

4. 网络营销渠道的建设

由于网上销售对象不同,因此网上销售渠道和线下销售渠道有很大区别。一般来说,网上销售主要有以下两种方式:

(1) B2B (Business to Business),即企业对企业的模式,这种模式每次交易量很大、交易次数较少,并且购买方比较集中,因此网上销售渠道的建设关键是订货系统,方便购买企业进行选择。一方面,由于企业一般信用较好,通过网上结算实现付款比较简单;另一方面,由于量大次数少,因此配送时可以进行专门运送,既可以保证速度也可以保证质量,减少中间环节造成的损失。

(2) B2C (Business to Customer),即企业对消费者模式,这种模式每次交易量小、交易次数多,而且购买者非常分散,因此网上渠道建设的关键是结算系统和配送系统,这也是网上购物必须面对的门槛。由于国内的消费者信用机制还没有建立起来,且缺少专业配送系统,因此开展网上购物活动时,特别是面对大众购物时必须解决好结算和配送这两个环节才有可能获得成功。

在选择网络销售渠道时还要注意产品的特性,有些产品易于数字化,可以直接通过互联网传输;而对于大多数有形产品来说,还必须依靠传统配送渠道来实现货物的空间移动,对于部分产品依赖的渠道,可以通过对互联网进行改造以最大限度地提高渠道的效率,减少渠道运营中的人为失误和时间耽误造成的损失。

在具体建设网络营销渠道时,还要考虑到以下几个方面:

首先,从消费者角度设计渠道,只有采用消费者比较放心、容易接受的方式才有可能吸引消费者使用网上购物,以克服网上购物不真实的感觉。

其次,设计订货系统时,要简单明了,不要让消费者填写太多信息,而应该采用现在流行的"购物车"方式,模拟超市,让消费者一边看物品比较选择,一边进行选购。购物结束后,一次性进行结算。另外,订货系统还应该提供商品搜索和分类查找功能,以便于消费者在最短时间内找到需要的商品,同时还应向消费者提供其想了解的商品信息,如性能、外形、品牌等。

再次,在选择结算方式时,应考虑到实际发展的状况,应尽量提供多种方式方便消费者选择,同时还要考虑网上结算的安全性,对于不安全的直接结算方式,应将其更换成间接的安全方式。

最后，建立完善的配送系统。消费者只有看到购买的商品到家后，才会真正感到踏实，因此，建设快速有效的配送服务系统是非常重要的。在现阶段，我国配送体系已经基本趋于成熟，不仅图书、小件电子类产品能够配送，而且家电、家具等大物件都可以配送。

五、网络营销促销策划

（一）网络营销促销的定义

网络营销促销是指利用现代化的先进网络技术和方法向虚拟市场传递企业产品和服务的信息，以达到启发需求、影响消费者购买行为目的的各种活动。相比于传统的线下促销，线上促销的方式就显得多样化，成本也会相应地降低。在做网络促销的时候，一定要避免恶意低价竞争。促销推广的方法有很多，可以通过线上广告这种传播方式进行促销，全网络、全方面地进行网络推广，从而获取大量精准的潜在客户。

（二）网络营销促销策划的实施

网络促销的实施，要求每一个网络促销人员都必须从传统营销促销观念中跳出来，深入了解在网络上传播产品信息的特点，分析网络信息接收对象的特点，设定合理的网络促销目标，结合传统营销促销程序。网络促销的实施程序由以下六个方面组成。

1．确定网络促销对象

网络促销对象是指在网络虚拟市场上可能产生购买行为的消费群体。随着互联网的普及，在虚拟市场上进行消费的网络群体也在不断壮大。

2．设计网络促销内容

网络促销的最终目标是引起需求，产生购买行为。促销内容应根据产品所处的生命周期不同阶段和购买者所处的购买决策过程的不同阶段来决定。

3．选择网络促销组合

企业的产品种类不同、销售对象不同，促销方法与产品品种和销售对象之间将会产生多种网络促销的组合方式。因此，同一行业内部，各个企业在选择什么样的促销组合，如何分配促销预算的做法有很大不同。

4．制定网络促销预算方案

在建立整体促销预算前必须清楚以下几个问题：选择哪些网上促销及其组合的方法，网络促销的目标是什么，希望影响哪些群体等。

5．衡量网络促销效果

任何企业都必须对已经实施的网络促销活动进行评价，衡量一下促销的实际效果是否达到了预定的目标。对促销效果的评价主要依赖于两个方面的数据：一方面，要充分利用互联网的统计软件，及时对促销活动的好坏做出统计；另一方面，统计销量的增加情况、利润的变化情况、促销成本的降低情况，有助于判断促销决策是否正确。同时，还应注意促销对象、促销内容、促销组合等与促销目标的因果关系的分析，从而对整体促销工作做出正确的判断。

6．网络促销过程的综合管理和协调

在衡量网络促销效果的基础上，对偏离预期促销目标的活动进行调整是保证促销取得最佳效果的必不可少的程序。同时，在促销实施过程中，不断地进行信息沟通和协调，也是保证企业促销连续性、统一性的需要。

（三）网络促销策略

传统的促销形式主要有四种：广告、销售促进、公共关系、人员推销。网络促销是在虚拟市场上进行的促销活动，其促销形式可以归纳成三种：网络广告、网上促销和网上公共关系。

1．网络广告

网络广告是广告主以付费方式运用互联网媒体对公众进行劝说的一种信息传播活动。网络广告建立在计算机、通信等多种网络技术和多媒体技术之上，其目的在于影响人们对于相关商品或劳务的态度，进而诱发其行动而使广告主得到利益。网络广告形式有很多，主要包括以下几种：

（1）网站广告。网站自身就是网络广告的一种形式。很多企业建立自己网站的直接目的就是宣传企业及其产品，或者告知消费者能够提供哪些服务。

（2）网页广告。网页广告包括旗帜广告、按钮型广告、弹出式广告、文字链接广告、背投广告等。

（3）赞助式广告。广告主可对自己感兴趣的网站内容或网站节目进行赞助，或在特别时期赞助网站的推广活动。赞助式广告有三种形式：内容赞助、节目赞助和节日赞助。

（4）搜索引擎登录广告。广告主可以购买知名搜索引擎的流行关键字，在用户输入该关键字进行检索的同时，他们就会被吸引到广告主的网站。这种广告形式非常流行。

（5）墙纸式广告。墙纸式广告是指将所要表现的广告内容体现在墙纸上，并安排在具有墙纸内容的网站上，以供感兴趣的人下载。

（6）免费邮箱隐含广告。免费邮箱隐含广告是指一些提供免费邮箱服务的网站，在每封邮件的下方都带有一部分广告，作为给用户提供免费邮件服务的补偿。

2．网上促销

网上促销就是在网上市场利用销售促进工具刺激顾客对产品的购买和消费使用。网上促销有以下几种方式：

（1）网上折价促销。折价也称打折、折扣，是目前网上最常用的一种促销方式。现在网络购买的人群不断扩大，而网上销售的商品的价格一般都要比传统销售方式要低，以吸引人们购买。由于网上销售商品不能给人全面、直观的印象，也不可试用、触摸，再加上配送成本和付款方式的复杂性，因此造成消费者进行网上购物和订货的积极性下降。而幅度比较大的折扣可以促使消费者进行网上购物的尝试并做出购买决定。

（2）网上赠品促销。赠品促销在网上的应用不算太多，一般情况下，在新产品推出试用、产品更新、对抗竞争品牌、开辟新市场的情况下利用赠品促销可以达到促销效果。网上赠品促销的优点：可以提升品牌和网站的知名度；鼓励人们经常访问网站以获得更多的优惠信息；能根据消费者索取赠品的热情程度总结分析营销效果和产品本身的情况等。

（3）网上抽奖促销。抽奖促销是网上应用较广泛的促销形式之一，是大部分网站乐意采用的促销方式。抽奖促销是以一个人或数人获得超出参加活动成本的奖品为手段进行商品或服务的促销活动，网上抽奖活动主要附加于调查、产品销售、庆典、推广某项活动等。消费者或访问者通过填写问卷、注册、购买产品或参加网上活动等方式获得抽奖机会。

（4）积分促销。积分促销在网络上的应用比起传统营销方式要简单和易操作。网上积分活动很容易通过编程和数据库等来实现，并且结果可信度很高，操作起来相对较为简便。采用积分促销，一般设置价值较高的奖品，消费者通过多次购买或多次参加某项活动来增加积分以获得奖品。积分促销可以增加上网者访问网站和参加某项活动的次数；可以增加上网者对网站的忠诚度；可以提高活动的知名度等。

3. 网上公共关系

公共关系随着网络的普及以及社会公众对网络的使用越来越频繁，网络对社会的舆论导向，对公共事件的评价都有巨大的影响力。网络已经成为消费者对某一品牌或商品影响、评价的第一来源，而且网络上信息传播迅速，短时间内就能产生巨大的影响力，网络日益成为企业日常公关活动的主阵地。扩大对外宣传、树立企业品牌，在网络上开展公共关系活动有多种形式，主要包括：

（1）网络发布会。企业有重大事件发布时，可以举行线下新闻发布会，也可邀约相关媒体或与媒体合作，同期举办网上新闻发布会或设立新闻专题，向更广泛的受众全面传达企业信息。由于网络信息容量大，不受篇幅限制，同时兼有音频、视频等效果，并可即时与网民受众互动，因此，网上的新闻发布会可达到更佳的公关效果。

主要平台：综合性门户网站；行业性门户网站或媒体；新闻媒体的网络版；网络出版物。

（2）社区公关。一些比较专业的行业如果在网上形成社区圈子的情况比较多，那么人们也比较喜欢通过这种社区化的交流与信息共享平台分享专业信息与经验，或者组织团购等。而且这些社区的信息由于出自网民或业界领袖，往往对网民的影响比较大，因此，企业应该关注利用网上社区的形象公关以及有关社区的信息或活动对企业的影响，及时采取相应的对策。

主要平台：门户网站或行业门户的专业论坛；专业社区网站；网络媒体开设的论坛。

（3）公关活动。一方面，重要媒体或门户网站是重要的网络信息传播途径，人气比较集中，相对而言，在其平台上组织的各种活动比较容易引起网友的参与和互动。因此，大多企业会选择这些网站开展公关活动或者为线下的活动做宣传。另一方面，网络媒体也通过这种途径，丰富其平台提供的内容，吸引更多的网络受众。

主要平台：重要媒体网站；门户网站；SNS社区；论坛网站。

集文字、语音、视频于一体的微信，正在深切地改变着人们的社交与生活。而基于海量用户和实时、充分的互动功能等，微信营销正成为营销利器。

一、微信营销的概念

（一）微信营销的定义

微信营销是移动互联网时代企业或个人的主要营销模式，是伴随着微信的火热而兴起的一种网络营销方式。与其他营销模式相比，微信不存在距离的限制，用户注册微信后，可与周围同样注册了微信的"朋友"形成一种联系，可以订阅自己所需的信息；商家通过提供用户需要的信息，推广自己的产品，从而实现点对点的营销。在微信营销中，个人主要利用个人微信号、微信群及朋友圈进行简单的微信营销活动；商家通过微信公众平台，展示商家微官网、微会员、微推送、微支付、微活动，形成一种主流的线上线下微信互动营销方式。

（二）微信营销的优势

1．营销成本低

微信营销的成本较其他方式偏低。理想情况下，企业只要通过注册账号就可以开展品牌推广宣传，即便企业需要认证公众平台，也只需交一定的服务费即可。相比之下，传统营销在宣传推广上所下的成本要多很多，纸媒、电视媒体要考虑相应的印刷成本、纸张材料成本、人力成本、器材成本等。两相比较，微信媒体所需成本可以忽略不计。企业可以通过订阅号或公众号，向客户群推送信息或相关服务，但应把重点放在如何推选优秀内容上；然后，只需要动动手指，充分利用文字和漂亮的图片或者语音、视频等宣传内容，大大缩减了宣传成本。

2．客户群庞大且注重人际关系的"窄而深"

由于手机用户数量庞大，微信在推出仅仅14个月后，就拥有2亿多用户，且数字还在增长中。如此庞大的客户数量给微信营销提供了很好的前提。同时，微信营销注重人际关系"熟人化"和信息选择的自主性。相较微博，微信是一种线上线下结合更紧密的平台。其粉丝多数是由现实中的忠诚用户转化而来，多半对品牌都具有较强的忠诚度。这使得订阅号在推送信息的时候，可以保证其受众的明确性、针对性，达到一种精准营销、深度营销的效果。另外，微信还开通了钱包支付功能，和用户的银行卡绑定，同时还具有卡包功能，可以让用户保存商家或品牌推送的各种优惠券，这也极大地提升了用户对于企业或品牌营销的销售转化率，营销程度较深。而新兴的朋友圈官方广告推广，则是在大数据的帮助下通过分析微信用户来达到分众并精准投放的目的。但是这种方式门槛高、审核严，为了保护微信用户体验，频次也不能太高。虽然广告投放较为精准，且具有较强的到达率，但是用户被强制接收，且投入成本大，效果如何还不确定。

3. 推送信息查阅率高

微信信息推送的模式与手机短信推送类似，它的消息受众是定向的，只要用户关注了某订阅号，那么它推送的信息就会自动保存在用户的微信订阅号里，并会通过订阅号头像图标附近的数字进行信息数量的提醒，方便用户在闲暇时进行查阅。由于订阅号日群发数量的限制，微信用户也不会被太多的其他信息所干扰，查阅信息的可能性较微博要高。

二、微信营销的模式及实现方式

（一）微信营销的六种模式

微信营销的出现，让众多企业商家和个人商家瞄准了这个平台，越来越多的微商出现在这个平台上，微信营销价值无疑得到更高的提升。在微信朋友圈，充斥着各种微商广告，商品推销模式也大不相同。具体而言，微信营销模式包括以下几类：O2O模式、F2F模式及针对性互动营销模式。

1. O2O模式：二维码"扫一扫"

O2O（Online to Offline）模式也可以被称为离线商务模式，即利用线上营销、线上购买来带动线下经营和线下消费。其通过折扣、预订服务、提供信息等主要方式，把线下实体店的信息推送给线上客户，将他们转变成自己的线下客户。这种模式一般适用于必须到实体店内消费的服务，如餐饮店、美容店、健身房、电影院等。对于用户而言，这种模式可以使其获取更多的商家信息，让其更加便捷地在网上直接向商家进行咨询并且参与预售活动，可以获得相比线下较为便宜的价格，还能享受一系列优惠活动；而对商家来说，这样的模式能够拓宽宣传渠道，吸引更多消费者前往店内消费，推广效果也有迹可寻，对每一笔下单数据最后可以进行汇总分析，及时跟进，而且在线上和客户交流更加便捷，能更准确地掌握客户心理，了解客户需求，还能降低宣传成本，减少租金支出等。这种营销模式的核心是在线支付，对于微信而言，即利用二维码"扫一扫"的形式进行支付。二维码发展至今，其商业用途越来越广泛，微信便顺应潮流和结合O2O展开商业活动。主要做法是用户将商家用二维码图案置于取景框内，微信就会帮助用户找到对应的好友企业信息，用户关注企业后便可以获取企业推送的信息资讯、折扣优惠等一系列消息。

> 相关链接10-1
>
> **深圳海岸城"开启微信会员卡"**
>
> 深圳大型商场海岸城推出"开启微信会员卡"活动，微信用户只要使用微信扫描海岸城专属二维码，即可免费获得海岸城手机会员卡，凭此卡可享受海岸城内多家商户的优惠特权。

2. F2F模式：朋友圈

F2F（Face to Face）模式即面对面营销。微信商家可以直接通过与目标群体的沟通了解客户群需求，为客户提供定制化、个性化服务。这种模式的核心是客户，注重客户的需求，以客户为中心量身定做其所需服务。通过直接一对一的沟通，对用户的数据包括个人信息一目了然，甚至可以直接对准消费者，了解他们。例如，新春"聚划算"的宣传语，他们通过网络或微信的方式互相联系上后，将关键字拼凑成功，并向官方微信号发送聊天截图，则每人将获得一部手机。

3．针对性互动营销模式

基于陪聊式微信对话、互动式微信推送，现在微信开放平台已经提供了基本的会话功能，让品牌与用户之间做交互沟通，但由于陪聊式的对话更有针对性，因而品牌无疑需要投入大量的人力成本。通过一对一的推送，品牌可以与"粉丝"开展个性化的互动活动，提供更加直接的互动体验。

（二）实现微信营销的六种方式

1．订阅

高质、高效、高针对性的客户咨询需求，微信上的信息资讯与微博不同，虽然都是关注，都是订阅，然而"订阅"这个动作于微信而言，无论是客观事件还是产品事实，所透露的客户意愿是能够在这里获得专业、全面的视角和观点；而微博上的资讯是争取共鸣、披露真实。这就体现了微信的内容价值。

2．推送

让"订阅"真正有价值，说起来就是这么神奇，微信营销模式的实现方式是相辅相成的。如订阅量并不是单独一个数据，而是与下面的营销手段和模式息息相关的。如果订阅量只是一个量化的数据，那么订阅便毫无价值可言。如果让订阅成为一个有价值的动作，那么订阅量就是一个质量的体现。微信可以向用户强制推送各种形式的广告，如文字、图片、链接、图文结合等，推活动、推广告、推内容、推App（应用程序）无论是哪种形式的推广，到达率基本都是100%。这也就实现了微信的广告价值。

3．语音信息

语音信息是微信的一个强大的信息功能，虽然声音信息简化了短时沟通的方式，随便拿起手机就能说一两句，但这似乎更适用于非常日常的对话。而对于未认证的公众号，其每天仅能发一条群消息，如果要发布语音消息，消息一定是20秒以上的，而且信息量很大，用词不一定口语化。人"听"的理解能力远低于"看"的理解能力，因此声音的阅读难度远高于文字图片。语音消息很适合用来做互动，就如电台模式，亲切直接，一问多答。另外，微信的语音功能对于电台媒体来说，是一个精彩片段重温。

4．二维码

二维码的应用有主读和被读的概念。在国外，二维码的平台式服务指的是有一个平台来供大家生成二维码，并在那后面附上图片、文字、视频等各种各样的信息。本质上，二维码的内容是指向一个地址的，所以二维码平台式服务属于被读的领域。而二维码在微信中的应用，是每个人的专属标志。它是带有私密性质的，可是其可读性也不可避免地使其成了一个公开的秘密，并且将隐私和公开完美结合。用户浏览商家官方网站时，活动主题页面快速跳转，用户通过扫码即可浏览商家所有产品及信息，快速了解所有完整广告信息。浏览商家微博，省去输入、查找的烦琐过程，用户可实现快速关注，时时浏览商家微博的新产品动态。在手机上可实现购物，无论实物商品还是虚拟商品，均可一拍即购。多种支付方式让手机购物更为便捷，折扣券、积分大礼，扫码即有。

二维码应用有以下三大优势：

（1）整合营销。二维码结合传统媒体无限延伸广告内容，及时高效；消费者便捷入网，通过手机实时查看信息。

（2）即时互动。企业可发布调查、投票、会员注册信息；个人可参与调查、信息评论、活动报名、手机投票。

（3）立体传播。二维码是移动互联网最便捷的入口，消费者可时刻进行线上和线下的信息传播；二维码是社会化媒体传播的便捷工具。

5．CRM工具

与微博不同，微信是一种非常强大的CRM工具。以前的CRM工具以E-mail、短信、人工呼叫中心（call center）为主，而现在则增加了微信。从某种意义上来说，微信甚至可以把前三种工具都替代掉。微信的富媒体属性，可以让它变身成为E-mail、短信、call center的任何一种形态。通过微信可以发一条纯文字信息给用户，也可以发一篇带有照片和链接的文章给用户，当然还可以直接发语音和视频，所有都取决于人们的需要。品牌还可以利用微信进行客户服务。这在以前多数是通过call center来完成的，体验感较差，首先用户要祈祷自己的电话能打得进去，其次要忍受很长一段时间的自动回复（类似"国内机票请按1，国际机票请按2"），然后还要忍受沟通不畅等情况。而利用微信，就会很方便，人们不用等待什么，直接发文字或者语音给品牌的官方微信，把发票、保修单、破损的商品等拍下来发送过去，然后等着官方微信的回复就可以了。微信公众平台还具备了对用户进行分组的功能，这与CRM工具对客户的分类整理功能也是相似的。

6．自动回复

企业微信的自动回复功能应用十分频繁和强大，能够吸引众多粉丝，可是微信公众平台关键字自动回复的规则却不尽人意。这个规则主要是需要企业根据用户给出的信息关键字自动回复，效果不好。现在都是用相关软件实现智能回复的，用户直接下载软件进行相关操作就可以收到智能答复了。现在市面上这样的软件很多，如可爱形象深入人心的小黄鸡，为大家所熟知的小Q机器人，这些都是比较成功的例子，虽然还有缺点，但是微信智能机器人还是在不断完善中，并且已经在企业用户中开始应用了。微信智能回复应用的成功例子，如微信牵手招商银行，促成了首个银行智能客服平台上线；杜蕾斯陪聊式对话微信；星巴克"自然醒"互动式推送微信；等等。

三、微信营销策划的流程、思维技巧与评估准则

1．入驻微信

俗话说，"万丈高楼平地起"，微信营销的第一步就是建立微信公众号，并取得认证，从而通过微信公众号吸引人群关注，建立关系。

2．功能定制扩展

单凭一个微信公众号，对企业营销来说还过于单薄，但是基于微信公众平台，企业可以进行开发，如定制化接口开发、微网站等。这样有助于让整个公众平台显得别具一格，更加令粉丝感觉独一无二，从而使他们对企业的公众号青睐有加。例如，一些培训学校的微信公众号有翻译功能，一些制造业的微信公众号有股票查询功能，一些美容院的公众号有星座运势和皮肤指数查询功能。这些都是一些小功能。而招商银行可以查余额，星巴克可以"自然醒"等，就个性化多了。这些都是针对用户实现的定制化的功能。以上这些讲的是功能，而在内容方面，粉丝想看什么内容就给他们什么内容，粉丝输入相关命令就给予相应的内容。例如，粉丝输入"你好"便可以看到企业的介绍，输入"联系方式"便可以查看企业的联系方式和地址等，输入企业的一些部门可以查看相关部门的介绍，还有获奖、资质等命令和对应的内容页面等。

3．明确目标，理清主次

这里主要是指微信营销要分清轻重缓急，最主要的是主次分明，这样才方便井井有条、有条不紊地进行接下来的工作。对于企业而言，微信公众平台最大的一个好处就是维护老客户，开发二个功能是方便用户找到需要的内容，同时可增加互动。这一步客户数据库得到不断的更新和丰富；还要达到一个目的，就是通过微信逐步开展专业信息的培养，把潜在客户引导到交易平台；通过公司专业招商网站或者实体店培养客户成交量，并使客户成为忠实客户。

4．及时纠错

这一步主要是说在微信营销过程中，要不断地发现问题、解决问题，从而找到行之有效的解决方案。

5．定期复盘

俗话说，"前车之鉴，后事之师"。企业在做微信营销时一定要计划周到，谋划周密；同时，要集思广益，不断地进行总结、分析，然后进行改进，以达到利用微信营销的目的。

总而言之，微信营销是企业的机会，企业只有科学化地发布微信营销信息，才能使得服务与营销并行。企业微信营销应合理地建立客户数据库，同时进行数据分析，进行持续的营销和口碑营销。另外，还要通过互动沟通和精细化管理粉丝，使得企业的客户数据库得到不断的更新和丰富；目标客户群的不断清晰和目标化，使得推广和广告都能够科学和有针对性地投放，良性循环。

> **案例10-2**
>
> ### 招商银行微信查余额
>
> 招商银行微信营销可以说是国内成功的典范之一，它首先在推广环节采用漂流瓶的方式促进了粉丝的增加，然而真正的亮点是招商银行实现的功能：通过招商银行信用卡中心的微信公众号可查询账户余额。客户绑定微信公众号和信用卡信息（通过弹出页面提交身份证、护照或其他证件）后，通过查询金额功能可以查询信用卡额度，同时还能收到带有部分关键字的相关交互内容。该公众号实现了电话银行的部分服务，其他电话银行功能也

在持续增加中。

首先，招商银行发起了一个微信"爱心漂流瓶"的活动，微信用户用"漂流瓶"功能捡到招商银行漂流瓶。他们回复之后，招商银行便会通过"小积分，微慈善"平台为自闭症儿童提供帮助。根据观察，在招商银行展开活动期间，用户每捡十次漂流瓶便基本上会有一次捡到招商银行的爱心漂流瓶。不过，漂流瓶的内容是重复的，如果可提供更加多样化的灵活信息，用户的参与度会更高。而在功能实现方面，首先进行业务逻辑分析，将微信开放平台成功地与招商银行信用卡中心业务程序打通，实现电话银行具备的功能。微信现已有趋势成为继中国移动、中国联通、中国电信后的国内第四大运营商，在微信上开设公众号并且为客户提供服务是众多金融机构必备的。

招商银行为金融行业开了个好头。金融类企业、电信类企业均可参照招商银行案例进行微信营销。对于所有金融、电信行业企业来说，微信公众号将更加便捷地打通企业移动互联网客服乃至销售平台，并且成本低廉，技术性高。

任务四 微博营销策划

一、微博营销的定义

随着微博这种社交方式的兴起，微博营销也逐渐成为一种火热的营销方式。如何精确地定义微博营销呢？微博营销就是在微博这一社会化媒体上进行的营销。它是利用微博各方面的传播及代言（名人微博）价值进行的营销活动，是指通过微博平台为商家、个人等创造价值而执行的一种营销方式，也是指商家或个人通过微博平台发现并满足用户的各类需求的商业行为方式。微博营销以微博作为营销平台，每一个粉丝都是潜在的营销对象，企业利用更新自己的微博向粉丝传播企业信息、产品信息，树立良好的企业形象和产品形象；企业也可以借用微博明星（大V）的账号来推广和传播产品与服务。这样的方式就是微博营销。

二、微博营销的分类

（一）个人微博营销

很多个人的微博营销是靠个人本身的知名度来得到别人的关注和了解的。明星、成功商人或者是社会中比较成功的人士，他们往往通过微博这个媒介来让自己的粉丝更进一步地去了解自己和喜欢自己。而微博在他们手中也就是平时用来抒发感情的工具，其功利性并不是很明显。他们的宣传工作一般是通过粉丝们跟踪转帖来达到营销效果的。

（二）企业微博营销

企业一般是以营利为目的，它们运用微博往往是想通过微博来增加自己的知名度，最后达到销售自己的产品的目的。企业微博营销往往要难上许多，因为其知名度有限，短短的微博不能使消费者对商品有一个直观的理解，而且微博更新速度快，信息量大。企业进行微博营销时，应当建立起自己固定的消费群体，与粉丝多交流，多做企业宣传工作。

三、微博营销的内容及功能

微博的火热预示着"移动互联网的SNS（SNS为社会性网络服务，Social Networking Services的缩写）时代"已经到来，传播方式的最新变革期已经到来。众多企业、明星开始关注、摸索微博营销，如何有效利用这一火爆的网络工具成为大家关心的核心问题。微博营销是一项系统工程，这里将简单介绍微博营销的五项内容及功能。

（一）品牌及产品曝光

一些比较大的企业，其经营微博的目标是希望通过微博来做品牌。它通过微博发布一些品牌信息，通过与客户建立关系，为品牌服务。许多企业微博上的一部分重要的内容就是企业近期的活动及新品等品牌信息、主题活动。

（二）互动营销活动

互动是互联网的精髓。在微博上，人情味、趣味性、利益性、个性化是引发网友互动的要点。在传播学中，人情味分数=3.365×每百字中的人称词数目+0.314×每百句中的人称词数目。人情味分数越高，广告或者新闻传播就越广泛迅速。所以，在微博上，公司一定要像一个人，公司或者机构与用户进行"朋友式的交流"最重要。

（三）微柜台、电子商务及售后管理

微博的出现给企业产品销售带来了一种全新的渠道。在微博上，传统的价值链条被大幅缩短或替代。公司发出的内容有时同时就是广告，甚至信息本身可以直接引导消费。

（四）CRM顾客/用户关系管理

目标营销网站上的链接，使用热门微博账号（Identity Document，ID）发出。在有经验的流量优化人员的操作下，一篇这样的微博可以为客户网站带去之后一周内每天两三千，乃至累计过万的陌生访客访问量。对一个日访问量通常在10000次以内的小型网站来说，这是一个很可观的数字。如何营销微博？在短短140个字内要有重点地突出微博站内搜索、文章阅读性、站外搜索引擎搜索各项因素。在站外搜索引擎优化方面，企业微博名称一定要取企业名称或是"拳头产品"（产品中的佼佼者）的名称。这样微博链接、微博标题都会对排名有加分，内容优化方法基本上和普通网页优化方法一样。

（五）植入式营销

微博是植入式广告的较好载体之一。先看一个宝马的植入式广告：我终究没能飙得过那辆宝马，只能眼看着它在夕阳中绝尘而去，不是我的引擎不好，而是我的车链子掉了。要推出LV的一款时尚新包、兰蔻的一种新化妆品、宝马的一款新车，通过一幅照片，一个话题，一个故事，加上代言人的人气，可以立即引起成千上万个粉丝的关注和讨论。

任务五 病毒视频营销策划

病毒视频并不是病毒，它是形容一个视频非常好，像病毒一样广泛传播。

一、病毒视频的定义

"病毒视频"可以被视作"病毒传播"的最新形态。借助电子邮件、视频博客及腾讯视频这样的视频托管网站，视频片段在互联网上得到大面积的传播。从制作风格上看，病毒视频通常十分诙谐幽默，除了一些精彩的原创剧本外，还包括为数众多的改编作品——从对知名视频片段的戏谑模仿到对某部影视作品的巧妙改造。

二、病毒视频营销的特点

病毒视频营销是利用传播源与传播载体节点在潜在需求上的相似性，将传播源或企业传播信息价值进行的一种像病毒传播一样以倍增的速度扩散并产生群体分享的传播过程。

2001年，广告制片人艾德·罗宾逊进行了异想天开的尝试。他花费1万美元制作了一段搞笑视频——一个中年男子正在为橡皮船卖力地吹气，孩子突然冲了过来坐到船上，中年男子的脑袋忽然被冲出的气流"炸"飞。他把公司的网址附在了影片结尾，用电子邮件传给了5个朋友，然后，他开始静候佳音。就在那个周末，超过6万人看了这个时长12秒的广告短片。视频像病毒一样蔓延开来，从罗宾逊的朋友传到朋友的朋友，再到从个人博客传到大型的视频托管网站。不到3个月，罗宾逊的网站获得了50万次的访问量。对于罗宾逊来说，流量证明了网络视频可以成为热门话题并且带来回报。罗宾逊说："我当时想证明：如果你取悦了观众，'病毒视频'自然就会带来人气。"

美国佛罗里达州迈阿密市广告人安德鲁·科勒在2005年帮助汉堡王快餐连锁店的鸡肉三明治制作了一个名叫"献媚小鸡"的页面。用户可以在文本框中输入各种各样的动作指令，屏幕上那个套着小鸡外衣的演员就会做出相应的表演——从号啕大哭到迈克尔·杰克逊的太空舞步，应有尽有。这是病毒视频史上成功的案例之一，超过4亿人次访问了这个页面。

三、病毒视频的传播方法及步骤

实际上，病毒视频作为病毒式营销的一种方式，其传播方法及步骤与病毒式营销相同。病毒视频的传播，也同样要经过六个步骤。

（一）制造"病毒"

先看看Gmail，它有Google这个品牌作为支撑，同时作为全球第一个1G免费邮箱，它的"酷"就已经形成了。然后，它采用神秘的邀请模式吊足用户的胃口。表面上看，Gmail并未大规模面对用户开放，而是采用有限的邀请方式，殊不知正是这种半遮半掩的姿态使得网民趋之若鹜，他们无不以获得一个邀请从而注册成功作为快事，更将有限的邀请权限像宝贝一样送出去，以表大方。整个过程使人们获得一种游戏般的精彩快乐。更有人在eBay（全球线上拍卖及购物网站）上高价拍卖，一时间，Gmail演变成了火热的地下交易商品。也许是巧合，也许本身就是营销策略中的一部分，隐私侵权官司为Gmail宣传起到了推波助澜的作用。Google为了在1G邮箱投放关键词广告，用机器人扫描邮件内容。此举被以侵犯用户隐私为名告上法庭，闹得满城风雨，由不得人们不知道Gmail的存在。

测试中的Gmail的确有些不稳定，但它在积极发展更多服务功能。Gmail做到这种地步，即使不做任何营销活动，一有什么风吹草动，都自有媒体、网民争相"报道"。

（二）选准方法

如果是普通的电子邮件，在用户阅读后往往被删除，甚至一开始就可能被视为垃圾邮件。相对来说，电子书的流传和保存时间可以更持久一些，因而营销效果也就更加明显。

（三）找准"低免疫力"人群

必须找到一部分极易感染的"低免疫力"人群，由他们将"病原体"散播到各处。腾讯在做QQ推广时，就非常注重对"低免疫力"人群的找寻和锁定。他们确定了用户的平均年龄。这些用户是一部分对时尚、对新潮流感应敏锐的人群。他们是绝对的"低免疫力"人群，他们对QQ"病毒"没有任何的抵御能力，能很快接受并积极进行传播。

（四）"病毒"激活的程序

为了防止"病毒"在流动中陷于"自我催眠"状态，必须赋予"病毒"本身"自我激活"功能，这种功能程序多在"病毒"的传播路径中写入。QQ在传播路径的开发上进行了一些新的尝试。初期，腾讯在各大主流网站上建立了链接和QQ软件下载功能，并号召"Q虫"们"别Call我，请Q我"；随后，通过QQ文化的建立和传播，提倡QQ族建立自己的网上社区，让QQ族有更强烈的归属感。

（五）"病毒"更新

网络产品是有自己独特的生命周期的。仍以QQ为例，作为一种"病毒"，QQ的周期是非常短的。通常一版QQ推出后，开始QQ族们会因为新奇而疯狂追逐，但很快，他们就会感到厌倦。如果在他们厌倦时企业还不及时进行版本更新，QQ族群就会慢慢流失，"病毒"的"乘数效应"就开始递减。

市场对一个新事物的接受进程总是会有所不同。实验表明，在"病毒"导入初期真正的"低免疫力"人群其实很少，"病毒"的扩散会是一个逐步递增的过程，随着"病毒"的散播，病毒的感染者才开始大面积地显现。

（六）腹地扩散

一旦"中毒"人群达到一定的规模，"病毒"本身所携带的产品和服务信息的作用才开始真正显现。受众一般都有爱屋及乌的特点，很自然地将自己对"病毒"的迷恋迁移到它所随身负载的产品或服务中去，从而形成产品或服务本身的自然销售。

综合训练一

欧莱雅男士护肤品的网络营销案例随着中国男士使用护肤品习惯的转变，男士美容市场的需求逐渐上升，整个中国男士护肤品市场也逐渐走向成熟。近两年的发展速度更是迅速，越来越多的中国年轻男士护肤已从基本清洁开始发展为护理。美容的成熟消费意识也逐渐开始形成。

1．营销目标

（1）推出新品巴黎欧莱雅男士极速激活醒肤露，即欧莱雅男士BB霜。欧莱雅希望迅速占领中国男士BB霜市场，树立该领域的品牌地位，并希望将新品打造成为中国年轻男性心目中人气最高的BB霜产品。

（2）欧莱雅男士BB霜目标客户定位于18岁到25岁的人群。他们是一群热爱分享、热衷于社交媒体，并已有一定护肤习惯的男士群体。

2．执行方式

（1）在新浪微博上引发了针对男生使用BB霜的接受度的讨论。他们发现男生及女生对于男生使用BB霜的接受度都大大高于人们的想象，为传播活动率先奠定了舆论基础。

（2）代言人阮经天加入，并发表了属于他的先型者宣言："我负责有型俊朗，黑管BB负责击退油光、毛孔、痘印，我是先型者阮经天。"他号召广大网民，通过微博申请试用活动，发表属于自己的先型者宣言。微博营销产生了巨大的参与效应，更将微博参与者转化为品牌的主动传播者。

（3）在京东商城建立了欧莱雅男士BB霜首发专页，开展"占尽先机，万人先型"的首发抢购活动。设立了欧莱雅男士微博部长，为BB霜使用者提供一对一的专属定制服务。另外，特别开通的微信专属平台，每天即时将从新品上市到使用教程、前后对比等信息推送给关注微信公众号的每一位用户。

3. 营销效果

该活动通过网络营销引发了在线热潮。两个月内，在没有任何传统电视广告投放的情况下，该活动覆盖人群达到3500万人，共307107位用户参与了互动。仅来自新浪微博的统计，微博阅读量即达到560万次。在整个微博试用活动中，一周内即有超过69136位男性用户申请了试用，在线的预估销售库存在一周内即被销售一空。

思考题：

> 结合本章的知识点，归纳欧莱雅男士护肤品在网络营销推广中使用了哪些网络营销手段，并分析品牌方为何选取以上营销手段进行网络营销活动。

综合训练二

假如你有一款智能手环需要进行网络营销，但你没有太多的推广预算。请问你该如何开展网络营销？请简述你的思路。

参考文献

[1] 黄尧. 营销策划[M]. 北京：高等教育出版社，2015.
[2] 张建华. 市场营销策划[M]. 北京：中国人民大学出版社，2010.
[3] 王方. 市场营销策划[M]. 3版. 北京：中国人民大学出版社，2015.
[4] 章金萍. 营销策划[M]. 2版. 北京：高等教育出版社，2019.
[5] 王学东. 营销策划：方法与实务[M]. 北京：清华大学出版社，北京交通大学出版社，2010.
[6] 秦仲麓. 市场营销策划[M]. 北京：清华大学出版社，2015.